Leo Ochsenbauer
Marcus Hantschel

Noch mehr Sex und Tiefenrausch

Weitere 333 Taucherfragen

Phantasie ist wichtiger als Wissen,
denn Wissen ist begrenzt.
Albert Einstein

KOSMOS

Zu diesem Buch

WER IST LEO OCHSENBAUER?

Leopold Ochsenbauer, wie sein vollständiger Name lautet, wurde am 29.09.1967 in Wien, Österreich, geboren und ist Herausgeber des Wassersportmagazins nullzeit.at, Verleger und Autor mehrerer Bücher, unter anderem „Nullzeit, Sex und Tiefenrausch – 333 Antworten auf Taucherfragen", dem ersten Teil des Werkes, das Sie soeben in Händen halten. Neben diesen Tätigkeiten arbeitet er als freier Journalist und Fotograf für diverse Medien, wie etwa den Magazinen Aquanaut (CH), Seastar und Tauchsport (D). Seinen journalistischen Grundstein legte er – nach einigen Jahren Tätigkeit als Aufnahmeleiter beim österreichischen Spielfilm – bei der Austria Presse Agentur (APA). Seit 1994 zählt der Tauchsport zu seinen großen Leidenschaften, seit 2003 ist er auch zertifizierter Tauchlehrer und Erste-Hilfe-Ausbilder (PADI MSDT, IANTD-Instructor, EFR-Instructor) mit über 1000 Tauchgängen weltweit.

WER IST MARCUS HANTSCHEL?

Am 28. Januar 1971 in Wien geboren und in Niederösterreich aufgewachsen absolvierte er ein College für Maschinenbau, bevor er „nebenberuflich" ein Studium der internationalen Betriebswirtschaft aufnahm. Während dieser Zeit war er als Marketingleiter einer Internetagentur und später als CRM Berater und Etatdirektor in einer Werbeagentur tätig. Seit seiner einjährigen Weltreise arbeitet er als selbstständiger Berater namhafter österreichischer Unternehmen und am Aufbau seiner eigenen Agentur. Neben diesen Tätigkeiten ist er Chefredakteur der Wassersportillustrierten „nullzeit Magazin". Das Meer ist seine Leidenschaft, die er unter und über Wasser in seiner Freizeit auslebt: als Skipper, Windsurfer, Wasserskifahrer und natürlich als Taucher. Seine Liebe zum Reisen und fremde Kulturen zu „erleben" spiegelt sich in der einen oder anderen Frage dieses Buches wider.

WELCHES TAUCHERBUCH STEHT IM GUINNESS BUCH DER REKORDE?

Der erste Teil dieses Buches wurde am 17. Juni 2006 auf einer Plattform in fünf Meter Tiefe im österreichischen Traunsee im Zuge der weltgrößten Unterwasser-Pressekonferenz vorgestellt. Die zu diesem Zweck unter Wasser anwesenden 21 Journalisten aus dem Zeitungs- und Fernsehbereich verfolgten die Buchpräsentation auf einem Flipchart und einem wasserfesten Unterwasser-Computer und konnten mittels überdimensionalen Unterwasser-Schreibtafeln den beiden Autoren Leo Ochsenbauer und Klaus-M. Schremser sogar Fragen stellen. Diese Präsentation brachte „Nullzeit, Sex und Tiefenrausch – 333 Antworten auf Taucherfragen" als einzigem Taucherbuch den Eintrag ins „Guinness Buch der Rekorde".

Inhalt

Lesenswertes Taucherwissen

Im Jahr 2006 wurde aus einer Idee ein Buch: „Nullzeit, Sex und Tiefenrausch – 333 Antworten auf Taucherfragen". Mit der Sammlung von skurrilen, interessanten, spannenden und informativen Fragen und Geschichten rund um das Thema Tauchen, die uns von Tauchlehrern, Tauchanfängern, Meeresbiologen, Medizinern und Physikern ans Herz gelegt wurden, schienen mein damaliger Co-Autor, Klaus-M. Schremser und ich den Zeitgeist genau getroffen zu haben. Binnen weniger Monate war die gesamte 1. Auflage vergriffen und unser Verlag musste nachproduzieren. Das freute uns natürlich und bestärkte uns gleichzeitig darin, unser ursprüngliches Vorhaben, insgesamt 666 Taucherfragen zu beantworten, wieder aufzunehmen. Im Zuge der Recherchen für unser erstes Buch hatten wir schon weit mehr Fragen zusammengetragen. Schnell war uns klar, dass unser geplantes Werk ein derart dicker Wälzer werden würde, dass sich dafür nur schwer ein Verlag finden ließe. Also beschlossen wir, eine Auswahl zu treffen und diese ersten 333 Fragen auszuarbeiten. Beim Schreiben ergaben sich ständig neue Fragen, die teilweise Eingang in das erste Buch fanden, teilweise aber auch einfach zurückgestellt wurden. Nicht etwa, weil sie nicht interessant, skurril, witzig oder spannend genug gewesen wären, sondern weil wir eine ausgewogene Mischung an Informationen aufnehmen wollten. Unser neues Buch ist keine Fortsetzung, sondern ein eigenständiges Werk, genauso informativ wie das erste. Neue Fragen und Geschichten gibt es unendlich viele, ist doch die Unterwasserwelt derart faszinierend und geheimnisvoll, dass es wahrlich genug darüber zu erzählen gibt.

In den einzelnen Kapiteln finden sich also wieder spannende Fragen und Antworten rund ums Tauchen: Wie kam es zum ewig währenden Kampf PADI vs. CMAS, wie funktionieren Rebreather, was muss man beim Kindertauchen beachten, und kann man eigentlich von Sperma im Wasser schwanger werden – weil wir grad von Kindern gesprochen haben. Selbstverständlich wurde auch der Tier- und Unterwasserwelt wieder ausreichend Platz eingeräumt. Wir beantworten die Frage, wo das größte Unterwassergebirge der Welt liegt, wie viel Gold im Wasser liegt, wir berichten über das Sex-Verhalten von Fischen und anderen Meereslebewesen und lassen auch die Homosexualität in deren Welt nicht unkommentiert. Im Kapitel „Wracks" geht es unter anderem um die große Flut, lassen wir den amerikanischen Bürgerkrieg wieder aufleben und erzählen von Schatzsuchern und riesigen Goldfunden. Besonders beliebt waren im Vorgängerband auch unsere Kapitel „Auf Tauchreise" und „Zahlen und Fakten", in denen wir auch diesmal wieder skurrile Rekorde vorstellen und die Frage nach den schönsten Tauchgebieten der Welt beantworten. Wie immer versuchen wir all dies mit einem kleinen Augenzwinkern, man soll ja nicht alles nur ernst sehen.

Wir freuen uns, wenn Sie unser neues Buch ebenso positiv wie das erste aufnehmen und uns wie beim ersten Mal wieder helfen, durch Ihr Feedback auf unserer Webseite „DasBuch.nullzeit.at" eventuelle Irrtümer oder Unklarheiten zu korrigieren. Jede Frage für sich wurde nach bestem Wissen und Gewissen überprüft – aber Sie wissen ja, es gibt auf jede Frage immer mehrere Antworten. In diesem Sinne wünsche ich Ihnen viel Spaß beim Schmökern.

Herzlichst
Ihr Leo Ochsenbauer
Herausgeber nullzeit Magazin

Es gibt keine dummen Fragen

Noch mehr Sex und Tiefenrausch – nie hätte ich gedacht, einmal ein Buch mit diesem Titel mitzuverfassen. Doch nachdem mein geschätzter Kollege Klaus-M. Schremser aus Zeitgründen als Co-Autor für die zweite Hälfte der insgesamt 666 Taucherfragen absagen musste, fiel diese Rolle an mich.

Taucherfragen und Diskussionen über Details dieses Sports und angrenzende Themen, die sich um physikalische, biologische und chemische Vorgänge drehen, habe ich auf meinen Reisen häufig erlebt. Aber nur selten waren sich die Gesprächspartner in kniffligen Fragen einig, wurden eindeutige Antworten zu einem Thema gefunden.

Da Wissen aus all jenen Dingen besteht, die man in seinem Leben schon einmal gehört, gesehen, erfahren, erlebt oder vorgetragen bekommen hat, ist dieses Buch eine weitere Quelle für wissbegierige Taucher, die es immer schon ganz genau wissen wollten. Dass dieses Werk Nährboden für ebenso große Kontroversen und Diskussionen darstellen wird, ist mir wohl bewusst und davor scheue ich auch nicht zurück. Das soll nicht heißen, dass konstruktive Kritik, andere Meinungen oder selbst besseres Wissen nicht jederzeit willkommen wären, sondern es soll den Anspruch verdeutlichen, mit dem ich an diese Aufgabe heranging. Ihnen bleibt es nun überlassen zu beurteilen, ob wir diesem auch gerecht werden.

Dabei wünsche ich Ihnen ein wissenshungriges Lesevergnügen

Ihr
Marcus Hantschel
Chefredakteur nullzeit Magazin

Rund ums Tauchen

Kann man für einen Alkoholspiegel beim Tauchen bestraft werden?

Ja, mit dem Tode. Immer wieder sind Drogen und vor allem die Salondroge Alkohol Ursache für Tauchunfälle, die meistens tödlich enden. Wer alkoholisiert taucht, gefährdet sich und seine Tauchpartner und sollte dafür bestraft werden. Es gibt (bisher) weder eine gesetzliche Regelung, die ein Limit für den Alkoholpegel festlegt, noch ein festgelegtes Strafmaß. Im Falle eines Tauchunfalls unter Einfluss von Alkohol haftet aber grundsätzlich keine Unfall- oder Haftpflichtversicherung. Sämtliche Rettungs- und Bergekosten sowie die medizinische Betreuung müssen aus eigener Tasche bezahlt werden. Dies ist zwar keine präventive Strafandrohung im Sinne einer Verordnung, sollte aber jedem Anlass genug sein, im eigenen Interesse von Alkohol und Drogen vor dem Tauchen die Finger zu lassen.

Was löst den Atemreiz aus?

Menschen atmen in der Regel 10 bis 15 Mal in der Minute ein und wieder aus. Dabei strömt die Luft, bestehend aus ca. 78 Prozent Stickstoff, einem Prozent Edelgasen und 21 Prozent Sauerstoff, in die beiden Hauptäste (Hauptbronchien) der Lunge. In den Lungenbläschen (Alveolen) erfolgt der Austausch des Sauerstoffs mit den roten Blutkörperchen, die für den Weitertransport in alle Regionen des Körpers – in die Muskulatur und das Gehirn – verantwortlich sind. Der Sauerstoff wird verbraucht und in Kohlendioxid umgewandelt, das wiederum an die Alveolen weiter- und durch die Lunge abgegeben wird. Halten wir nun die Luft an, erfolgt weiterhin dieser Austausch, ohne jedoch dass frischer Sauerstoff aufgenommen und Kohlendioxid ausgeatmet wird. Der Kohlendioxidgehalt im Blut steigt. Nach durchschnittlich 40 Sekunden wird der Atemreiz ausgelöst.

Wieso tauchen Babys?

Anfang der 1950er Jahre fand man heraus, dass Babys, die nicht mit dem Po voran in Wasser getaucht werden, nicht schreien, sondern Freude am Wasser zeigen. Sie rudern mit Armen und Beinen und bewegen sich selbstständig durch das nasse Element. Sie halten instinktiv die Luft an, wenn sie mit dem Kopf unter Wasser geraten, und tauchen mit offenen Augen. Der Tauchreflex, der bei der Berührung des Gesichts mit Wasser dem Gehirn signalisiert, die Luftröhre zu verschließen, stammt aus der Zeit im Mutterleib. Dabei pressen sich die Stimmbänder aneinander und verhindern das Eindringen von Wasser in die Lunge. Nach dem vierten bis sechsten Lebensmonat verlieren Babys zusehends diesen angeborenen Reflex und das Vertrauen zum Wasser schwindet. In Babyschwimmkursen lernt das Baby nicht etwa schwimmen, sondern sich im Wasser zu bewegen und sich dabei wohlzufühlen. Ob aus solchen Rackern später einfacher begeisterte Taucher werden, ist noch nicht erforscht.

Kann Tauchen bei Beziehungskrisen helfen?

Sofern Ihr Partner Taucher ist, Sie selbst aber nicht, könnte es durchaus sein, dass sich die Ausübung des Tauchsports ein wenig hinderlich für Ihre Beziehung erweist. Zwar kann man gemeinsam an den See oder ans Meer fahren, spätestens jedoch wenn der Lebensabschnittspartner untertaucht, ist man die nächste Zeit für sich allein. Sollte die Beziehung in eine Krise geraten, empfiehlt sich eine Paartherapie. Um den Wasser liebenden Partner dazu zu verführen, können Sie die sogenannte Aquatherapie vorschlagen: Nirgends entspannt man sich so schnell wie in warmem Wasser. Im Zustand der Schwerelosigkeit trägt Sie Ihr Partner bzw. Ihre Partnerin auf Händen (ja, das kann auch ruhig mal die tauchende Partnerin bei Ihnen machen). Sie lassen sich sanft berühren und massieren. Körperliche und emotionale Verspannungen werden so gelöst. Das Element Wasser und das gegenseitige Vertrauen (taucht er/sie mich sicher nicht unter?) erzeugt ein enges Gefühl der Verbundenheit. Diese Therapie haben sich die Autoren übrigens nicht selbst ausgedacht: sie nennt sich Aqua-Tantra und wird seit einiger Zeit in der Paartherapie eingesetzt. Sollte Ihr Partner auch Taucher sein, ist alles noch viel einfacher: Gehen Sie einfach gemeinsam tauchen, genießen die Stille der Unterwasserwelt und nutzen Sie Ihr gemeinsames Erlebnis, um Ihre Beziehung wieder in den Griff zu kriegen. Wie das mit dem Sex unter Wasser funktioniert, hatten wir in unserem ersten Buch „Nullzeit, Sex und Tiefenrausch" bereits erklärt – ein solches Erlebnis kann eventuell auch sehr hilfreich sein!

Woher kommt der Ausdruck „Bis zum bitteren Ende"?

Dieser Begriff entstammt nicht etwa den feudalen Tafelsitten des Mittelalters, sondern betraf (indirekt) einige der ersten Taucher. Da in den vergangenen Tagen auf See raue Sitten herrschten, wurde auch nicht lange gefackelt, wenn es um das Verhängen von drastischen Strafen ging. Sehr beliebt war das Über-die-Planke-gehen-Lassen. Dabei wurden dem Verurteilten die Hände hinter dem Rücken zusammengebunden und er musste eine am Schiff angebrachte Holzplanke „bis zum bitteren Ende" gehen – sprich ins Wasser. Da seine Hände keine Schwimmbewegungen vollführen konnten, dürfte er allerdings diesen Tauchgang nicht lange genossen haben.

Was ist ein kartesischer Taucher?

Ein kartesischer Taucher, auch Flaschenteufel oder Wasserteufel genannt, ist eine Figur, die sich in einer Wasserflasche wie von Geisterhand hebt oder senkt. Das Teufelchen ist ein Hohlkörper, der mit Flüssigkeit und Luft gefüllt ist und an seiner Unterseite eine kleine Öffnung besitzt. Diese taucherglockenähnliche Figur wird so weit mit Luft und Wasser gefüllt, dass sie in einem wassergefüllten Behälter auf einer bestimmten Höhe schwebt. Der Druck im luftgefüllten Teil des kartesischen Tauchers entspricht dem Luftdruck plus dem Druck der Wassersäule, die sich über ihm befindet. Ändert sich nun der Druck in der Umgebung, z. B. der Luftdruck, der auf die Flüssigkeit im Behälter wirkt, so wird die Luft im Taucher weiter komprimiert oder entspannt, wodurch die Figur zu sinken oder steigen beginnt. Die Erfindung des kartesischen Tauchers wurde zu Unrecht dem Physiker Descartes (lateinisiert Cartesius, daher der Name) zugeschrieben. In Wirklichkeit wurde der Flaschenteufel erstmals 1648 von einem Schüler Galileis, dem Italiener Rafaello Magiotti, beschrieben.

Gibt es Katzen, die tauchen?

Es gibt zumindest eine Katze, die taucht, sogar mit einem Presslufttauchgerät. Ihr Name ist Hawkeye und sie lebt in Kalifornien und schwimmt sehr gerne. Gene Alba, das Herrchen des etwas beleibten Stubentigers, wollte seinen Lieblingssport zusammen mit seinen liebsten Gefährten ausüben. Es gelang ihm tatsächlich, spezielle Tauchausrüstungen für die beiden zu entwerfen. Zuerst für seinen Hund Motley und danach auch für seine Katze Hawkeye. Das Gerät ähnelt einem Raumanzug oder Mini U-Boot, wobei die Tiere selbst durch Paddeln mit den Pfoten für den Antrieb sorgen und unabhängig voneinander und vom Besitzer bis zu einer Stunde tauchen können. Es gibt tatsächlich nichts, was es nicht gibt.

Was ist ein Knoten?

Wir sprechen hier vom Knoten (kn) als Geschwindigkeitsmaß in der Seefahrt. Ein Knoten entspricht dabei einer zurückgelegten Seemeile/Stunde (sm/h), also 1,852 km/h. Festgelegt wurde diese exakte Angabe in der DIN (Deutsche Industrienorm) 1301 vom Februar 1978. Das Maß einer Seemeile ist die Länge einer Winkelminute auf einem Meridian, also dem 60sten Teil der Entfernung zwischen zwei Breitengraden. Bei Einführung des metrischen Systems wurde der nominelle Erdumfang (Meridiankreis) mit 40 000 Kilometer festgelegt. Dadurch ergibt sich die einfache Rechnung 40 000 km geteilt durch 360 Grad geteilt durch 60 Bogenminuten ergibt 1,8519 km. Der Begriff Knoten, der die zurückgelegte Wegstrecke bezeichnet, stammt aus den Urtagen der Schifffahrt, als die Geschwindigkeit noch mit einer Holzlogge gemessen wurde, in deren Seil alle 14,4 Meter Knoten gebunden waren. Ein Seemann warf sie am Bug ins Wasser, während ein anderer mit einer 28 Sekunden-Sanduhr am Heck wartete, bis das Holzstück vorbeitrieb. Auf diese Weise ermittelte man die Geschwindigkeit mit 1,85166 km/h, also annähernd so präzise wie in unseren Tagen.

Wieso können Freitaucher so lange die Luft anhalten?

Freitaucher können bis über zehn Minuten die Luft anhalten, indem sie den Zeitpunkt des Atemreizes hinauszögern. Allen voran ist physisches

Training nötig, um sowohl das Lungenvolumen als auch die Anzahl der roten Blutkörperchen zu vergrößern, wodurch umso mehr Sauerstoff pro Atemzug „gespeichert“ werden kann. Vor dem Luftanhalten verringern Apnoeisten durch Entspannungsübungen den Herzschlag, um den Transport des Sauerstoffs zu den „Verbrauchern“ zu verlangsamen, auf bis unter zwölf Schläge pro Minute. Durch spezielle Atemübungen und tiefes Einatmen (Hyperventilation) wird zudem der Kohlendioxidanteil im Blut gesenkt, der für das Auslösen des Atemreizes bei 80 mb CO_2-Partialdruck verantwortlich ist. Und schließlich reduziert man den Verbrauch des Sauerstoffs, indem man regungslos verharrt. Über zehn Minuten lange Atemlosigkeit ist möglich, psychische Stärke vorausgesetzt. Aber das lässt sich trainieren.

Gibt es Märchen, in denen Taucher vorkommen?

Taucher gab es bereits vor Jahrhunderten – wenngleich auch ohne Tauchgerät. Ihnen widmeten zahlreiche Dichter und Erzähler Märchen und Geschichten. Einige der bekanntesten Geschichten sind „Die kleine Meerjungfrau“ von Hans Christian Andersen, „Die Wassernixe“ der Gebrüder Grimm und das Gedicht „Der Taucher“ von Friedrich Schiller, dem eine weitaus ältere Sage zugrunde liegt. Die Vielfalt der Unterwasserlebewesen in den Märchen und Sagen reicht von Seemännlein und Wassermännern bis hin zu Nixen, Seejungfrauen und Meerweiblein. Der oftmals vorkommende Wassermann oder aber auch die Meerjungfrau stellen die damaligen Zeremonienmeister bzw. Zauberer oder aber auch Götter dar. In jedem Märchen steckt also ein Fünkchen (Unterwasser)wahrheit. Und darum geht es ja in diesem Buch.

Kann man nackt tauchen?

Jeder, der schon mal nackt schwimmen war, kennt dieses angenehme Gefühl, wenn die Lenden von Salzwasser umströmt werden. Das notwendige Tauchequipment dürfte den Genuss etwas trüben. Vorausgesetzt man hat keine Angst, besonders im Falle nackt tauchender Männer, dass das Gemächt von einem vorbeischwimmenden Fisch auf Jagd als Beute missdeutet wird, trübt nur noch die rasche Abkühlung des Körpers das freikörperliche Empfinden. Es empfiehlt sich daher, solcherlei Ausflüge nicht im heimischen Baggersee, sondern in tropischen

Gewässern zu versuchen und beim Verlassen des Wassers eine warme Dusche aufzusuchen, um etwaigen Verkühlungen in der Lendengegend vorzubeugen.

Was ist die NUMA?

Die NUMA (National Underwater and Marine Agency) wurde 1979 vom amerikanischen Schriftsteller Clive Cussler in Texas als maritimes Pendant zur NASA gegründet. Die in den USA beheimatete Non-Profit-Organisation setzt sich für die Entdeckung und archäologische Erforschung und Konservierung von Schiffswracks und für die Erhaltung des maritimen Erbes ein. In zahlreichen Expeditionen wurden von Marineexperten und Freiwilligen bislang 60 historisch wertvolle Wracks wissenschaftlich untersucht und ihre Geschichte vor dem Vergessen gerettet. Nach der Katalogisierung der Funde überträgt die NUMA alle Rechte an den Artefakten an andere Non-Profit-Organisationen wie Universitäten oder Regierungsstellen. Clive Cussler (geb. 1931 in Illinois, USA) ist Autor des Erfolgstitels „Hebt die Titanic!“ (Raise the Titanic!). Er finanziert durch seine Bücher, die sich hauptsächlich um verschwundene und verlorene Schiffe und berühmte Schätze unter Wasser drehen, den Fortbestand der NUMA.

Kann man unter Wasser rauchen?

Kurz gesagt: Nein. Rauch ist per Definition Gas, die kleinste, fein verteilte, feste Schwebeteilchen beinhaltet. Unter Wasser sinken diese Schwebeteilchen ab – es gibt daher keinen Rauch im herkömmlichen Sinn. Was jedoch durchaus möglich ist, und leider Gottes auch immer wieder gemacht wird, ist das Rauchen von Zigaretten in Unterwasser-Glocken. Diese an vielen Tauchseen unter Wasser angebrachten Behälter, dienen eigentlich zum kurzen Auftauchen während eines Tauchgangs, um sich z. B. mit seinem Tauchpartner kurz zu besprechen. Wenn nun zuvor ein tauchender Spaßvogel diese Wanne anstatt mit Luft mit dem Rauch seiner Zigarette gefüllt hat, wird’s für die Nachfolgenden problematisch, denn dass das Einatmen dieses Rauches nicht empfehlenswert ist, versteht sich von selbst. Man merke sich also: Bevor Sie in einer Unterwasser-Badewanne den Regler aus dem Mund geben, sollten Sie zuerst Luft mit seiner alternativen Luftversorgung (Oktopus) hineinblasen. Dann klappt’s auch sicher mit dem Atmen.

Wieso soll man vor einem Tauchgang nicht rauchen?

Raucht man direkt vor einem Tauchgang, wird das Blut mit Kohlenmonoxid angereichert, das sich an den Blutfarbstoff Hämoglobin bindet. Dieser ist normalerweise für den Transport von Sauerstoff zuständig – was nun nicht ausreichend gewährleistet ist. Gar nicht gut! Die Organe, besonders das Gehirn, können so aufgrund des erhöhten Umgebungsdrucks während eines Tauchgangs nicht ausreichend mit Sauerstoff versorgt werden. Da zusätzlich noch die Blutgefäße verengt werden, wird der Sauerstoff- und Stickstofftransport massiv herabgesetzt und der Stickstoffanteil in den Geweben steigt. Das Risiko eines Dekompressionsunfalls und der Bildung von Mikrobläschen im Gewebe nimmt zu. Ebenfalls nicht gut! Wenn Sie schon länger rauchen, produziert Ihr Körper Schleim in den Atemwegen, der im Laufe der Zeit die Lungenbläschen (Alveolen) und Bronchialzweige der Lunge verstopft. Durch diese eingeschränkte Lungenfunktion kann während eines Tauchgangs die in der Tiefe geatmete Luft beim Aufstieg nicht mehr abgeatmet werden. Der zunehmende Druck kann die schwächsten Lungenbläschen platzen lassen. Überhaupt nicht gut!

Wer ist mit Tauchen reich geworden?

Den Autoren dieses Buches ist es bislang leider nicht gelungen. Besitzer von Tauchbasen in den beliebtesten Urlaubsländern, Berufstauchunternehmer und professionelle Schatztauchorganisationen dagegen zählen mit Sicherheit nicht (mehr) zu den Armen. Zwei Personen, die ein erhebliches Vermögen durch den Tauchsport gemacht haben, sind die Gründer von PADI, der weltgrößten Tauchsportorganisation, Ralph Erickson und sein Partner John J. Cronin. Wenn man bedenkt, dass ihre Organisation (inklusive der im Franchiseverfahren beteiligten Länderorganisationen) jährlich rund eine Million Taucher ausbildet und pro Taucher im Durchschnitt 20 Euro an PADI abzuführen sind, ergibt sich ein beeindruckendes Sümmchen. Zusätzlich bilden rund 130 000 Mitglieder in 180 Ländern nach den PADI-Richtlinien aus. Jeder von ihnen muss pro Jahr nochmals rund 150 Euro an Mitgliedsbeträgen bezahlen. So kommen im Laufe der Zeit ebenfalls ganz schöne Beträge zusammen. Die beiden Gründer sind mittlerweile verstorben. Ihre Nachfolger werden aber wohl ebenfalls nicht darben müssen.

Wieso verabreicht man bei Tauchunfällen Sauerstoff?

Ist der Fall der Fälle eingetreten und ein Taucher hatte einen Tauchunfall (Dekompressionsunfall oder Lungenüberdehnungsverletzung), wird von allen Erste-Hilfe-Organisationen bis zur Behandlung in einer Druckkammer (hyperbare Sauerstofftherapie) die Verabreichung von 100 Prozent Sauerstoff bei Normaldruck (normobare Sauerstofftherapie), verbunden mit einer hinreichenden Gabe von Flüssigkeit, empfohlen. Bei einem Tauchunfall kommt es zu einem Ausperlen von Stickstoffbläschen in den körpereigenen Geweben und in der Blutbahn. Die Organe werden nicht mehr ausreichend mit Sauerstoff versorgt. Lässt man den Verunfallten nun weiterhin Luft atmen, die zu 79 Prozent aus Stickstoff besteht und nur zu 21 Prozent aus dem lebenswichtigen Sauerstoff, nimmt er noch mehr Stickstoff auf. Die Gabe von reinem Sauerstoff verhindert dies nicht nur, sondern bewirkt zugleich eine Verkleinerung der durch den Tauchunfall entstandenen Gasblasen in den Geweben. Durch den erhöhten Sauerstoffpartialdruck im Körper kommt es zudem zu einer rascheren Abgabe des Stickstoffs. Die Erstbehandlung sollte bis zum Eintreffen eines Notfallmediziners oder aber auch bis zum Erreichen der nächsten Druckkammer fortgesetzt werden.

Was bedeutet Scuba?

Der Begriff Scuba, der vor allem in der englischsprachigen Welt den Tauchsport an und für sich bezeichnet, ist auch im deutschen Sprachraum relativ weit verbreitet. Im Prinzip handelt es sich bei diesem Begriff um ein Akronym – Self-Contained Underwater Breathing Apparatus, zu deutsch also einem selbst versorgten Unterwasser-Atemgerät. Ursprünglich wurde damit das Sauerstoff-Kreislauftauchgerät der US Navy bezeichnet, das diese im 2. Weltkrieg zur Unterwasser-Kriegsführung eingesetzt hatten. In Europa wurde kurz darauf der Begriff auf die Aqualunge der beiden Franzosen Jacques-Yves Cousteau und Emile Gagnan umgemünzt. Tatsächlich wurde das Wort in den Anfängen des Gerätetauchens sehr spärlich eingesetzt. Erst 1952 wurde es erstmals öffentlich gebraucht. Das englische Verb „to scuba“ (also tauchen) wurde überhaupt erst 1973 eingeführt. Man sieht also: die Geschichte des Gerätetauchsports ist wahrlich noch eine sehr junge.

Was sind die SEALs?

Eine der berühmtesten Spezialkampfeinheiten der Welt sind die amerikanischen Navy SEALs, deren Namen sich aus ihrem Einsatzgebiet ableitet: SEa, Air, Land. Die Geschichte der SEALs beginnt im 2. Weltkrieg mit Phil H. Bucklew, dem „Vater der speziellen Marinekriegsführung". Er befehligte im Jahr 1942 eine Gruppe Soldaten, die aus der Elite der Army und der Navy rekrutiert wurde und die für ihren Einsatz auf der Amphibious Training Base im US-amerikanischen Little Creek die erste Spezialausbildung für Operationen im Meer, in der Luft und an Land bekamen. Der erste Einsatz dieser zusammengewürfelten Einheit war bei der Landung der alliierten Truppen in Nordafrika, der „Operation Torch". Ermuntert durch die erfolgreichen Operationen gründete LCDR Draper L. Kauffman am 6. Juni 1943 eine eigene Schu-

le für diese Art von Kampfeinsätzen, das Naval Combat Demolition Unit Trainings-Zentrum in Ft. Pierce. Nach mehreren Einsätzen im 2. Weltkrieg und im Koreakrieg veranlasste im Januar 1962 der damalige Präsident John F. Kennedy die endgültige Ausbildung der SEALs unter diesem Namen, die auch sofort im Vietnam-Krieg eingesetzt wurden. Bis zum heutigen Tage waren bei allen wichtigen US-Militäreinsätzen auch Einheiten der SEALs beteiligt.

Kann Sex unter Wasser Leben retten?

Ein Verhalten, dass bislang nur bei Säugetieren bekannt war, wurde nun auch bei männlichen Flusskrebsen entdeckt. In einer Studie von Fadi A. Issa und Donald H. Edwards von der Georgia State University wurde zum ersten Mal bei wirbellosen Tieren festgestellt, dass im Zweikampf unterlegene Männchen durch einen Trick ihr Überleben sichern können. Sie „wechseln das Geschlecht“, indem sie die Verhaltensweisen eines Weibchens annehmen. Das dominierende Männchen baut daraufhin während des Kopulierens seine Aggressionen ab und lässt den Kontrahenten am Leben. Alle Verlierer dieses, wohl für beide Seiten peinlichen, Sexualaktes überlebten zumindest für weitere 24 Stunden. Von den übrigen, die den Geschlechtsverkehr ablehnten, wurde jeder Zweite getötet. Ein Beweis dafür, dass Liebe Leben retten kann – Make Love, not War!

Was ist ein Skaphander?

Aqualunge, Scubagerät, Tauchequipment – all dies sind gängige Bezeichnungen für das Gerät, das uns Menschen den Aufenthalt unter Wasser ermöglicht. Ein Skaphander ist nichts anderes als eine veraltete Bezeichnung für unser Tauchgerät und setzt sich aus den griechischen Begriffen für „Boot“ (skaphe) und „Mann“ (andrós) zusammen – bezeichnet also quasi einen Bootsmenschen. Geistiger Vater dieses Begriffs, der heutzutage noch in Frankreich das Tauchgerät bezeichnet (Scaphandre) und in Russland den Tauchanzug (Skanfandr), war der französische Mathematiker Jean-Baptiste de La Chapelle (1710–1792), der damit erstmals 1775 in seinem Werk „Traité de la construction théorique et pratique du Scaphandre ou du bateau de l'homme“ eine von ihm erfundene Schwimmweste aus Kork bezeichnete. Erst 80 Jahre später wurde der Begriff wieder aufgenommen, als der Franzose Joseph-

Martin Cabirol im Jahr 1855 sein oberflächenversorgtes Helmtauchgerät als „Scaphandre" bezeichnete. Durch den Einsatz dieses Geräts bei der französischen Marine wurde der Begriff immer populärer, bis er schließlich in die Alltagssprache überging. Im deutschen Sprachraum wurden früher schwere Helmtauchgeräte so bezeichnet.

Welche interessanten Tauchfilme gibt es?

Tauchen ist seit Jahrzehnten ein ständig wachsender Sport und so gibt es auch immer mehr Filme, in denen das Tauchen eine mehr oder weniger große Rolle spielt. Neben den Verfilmungen von Klassikern der Weltliteratur (wie etwa „20 000 Meilen unter dem Meer" von Jules Verne) gibt es aber einige Filme, die wir besonders hervorheben wollen, und die jeder Taucher gesehen haben sollte (wobei die Reihung selbstverständlich subjektiv von den Autoren vorgenommen wurde):

1. The Abyss, 1989, Regie: James Cameron, Darsteller: Ed Harris, Mary Elisabeth Mastrantonio
2. Im Rausch der Tiefe, 1988, Regie: Luc Besson, Darsteller: Jean Reno, Jean-Marc Barr, Rosanna Arquette
3. Menschen unter Haien, 1947, Regie: Prof. Dr. Hans Hass, Darsteller: Hans Hass, Lotte Hass
4. Ocean Men – A Challenge in the Deep, 2001, Regie: Bob Talbot, Darsteller: Pipin Ferreras, Umberto Pelizzari
5. Open Water, 2003, Regie: Chris Kentis, Darsteller: Blanchard Ryan, Daniel Travis, Saul Stein

Wann zählt ein Tauchgang als Tauchgang?

Vor allem zu Beginn seiner taucherischen Laufbahn ist manch einer versucht, die Anzahl an bereits absolvierten Tauchgängen künstlich zu erhöhen, um als erfahrener dazustehen, als er oder sie in Wirklichkeit ist. Es gibt aber eine genaue Definition, was als Tauchgang zu rechnen ist, und daher auch ins Logbuch aufgenommen werden sollte. Nach den Regeln der Tauchsportorganisation PADI muss die Tauchumgebung „beträchtlich größer" sein als ein Schwimmbad und Bedingungen aufweisen, wie sie ein Sporttaucher normalerweise vorfindet. Der Taucher muss mindestens 20 Minuten in mindestens fünf Metern Tiefe unter Wasser sein, und dabei mindestens 1400 Liter Pressluft veratmen. Taucherfahrung braucht Zeit – und die verbringen wir doch nur allzu gerne unter Wasser!

Wie wird man Tauchredakteur?

Die tauchende Öffentlichkeit hat häufig ein sehr positives Bild vom Beruf eines Tauchredakteurs: Einladungen in die schönsten Tauchgebiete der Welt, schnell ein paar Zeilen schreiben und den Rest der Zeit als bezahlten Urlaub genießen. So weit – so falsch. In Wirklichkeit sollte man als Tauchredakteur – genauso wie bei jeder anderen journalistischen Tätigkeit – in jedem Fall eine entsprechende Ausbildung vorweisen können. Viele Tauchredakteure (wenn auch nicht alle) sind zugleich Unterwasserfotografen, denn zu jedem Bericht wird auch entsprechendes Fotomaterial benötigt. Auch dafür empfiehlt sich eine entsprechende Ausbildung. Zu guter Letzt benötigt der interessierte Bewerber um einen solchen Job aber auch noch das berühmte Quäntchen Glück: Die Konkurrenz ist groß und die Anzahl der Magazine, in denen Unterwasserberichte veröffentlicht werden können, bescheiden. In jedem Fall hilft der Aufbau eines persönlichen sozialen Netzwerks. Vielleicht lesen wir dann in einer der nächsten Ausgabe eines Tauchmagazins auch einen Bericht von Ihnen?

Gibt es ein gesetzliches Tiefenlimit?

In manchen Ländern gibt es eine gesetzliche Regelung, die eine Maximaltiefe für Tauchgänge von Sporttauchern festlegt. Das in Taucherkreisen bekannteste Tiefenlimit schreibt sicherlich Ägypten vor: 30 Meter, sofern man keine entsprechende Tief- oder Techtauchausbildung vorweisen kann. Andere beliebte Urlaubsgebiete mit einer solchen Verordnung sind beispielsweise Malta (40 Meter), Thailand (30 Meter) und die Malediven (30 Meter). Der Anlass für solche Verordnungen, die meist nur regionale Geltung haben, liegt in der Zahl der gestiegenen Tauchunfälle besonders in jenen Gebieten, die von Tauchtouristen stark frequentiert werden. In erster Linie ist die Tauchschule für die Einhaltung des jeweiligen Limits verantwortlich, andernfalls riskiert sie ihre

Lizenz. In den meisten Fällen handelt es sich aber um zahnlose Gesetze, die weder überprüft noch strafrechtlich verfolgt werden und lediglich in den Tauchgangsbriefings erwähnt werden. Zu wichtig sind die zahlungskräftigen Touristen, die es nicht zu vergrämen gilt.

Wer hat das Urheberrecht an See- und Unterwasserkarten?

Als Seekarte werden grafische Darstellungen der Meere und einzelner Meeresteile mit den angrenzenden Küstenabschnitten mit nautischen Informationen über Seewege, Untiefen und Fahrrinnen bezeichnet. Die ältesten bekannten Abbildungen von Häfen und Ankerplätzen stammen aus dem 13. Jahrhunderts als noch vorrangig Seebücher zur Navigation herangezogen wurden. Diese wertvollen Aufzeichnungen stellten aktives Kapital der Reedereien dar, die mit Hilfe dieser Unterlagen ihre Schiffe sicher wieder an Land brachten. Seekarten sind, wie jedes vom Menschen geschaffene Werk, das eine persönliche geistige Schöpfung darstellt, urheberrechtlich geschützt. Das Urheberrecht liegt in der Regel bei privaten oder staatlichen kartografischen oder ozeanografischen Instituten. Das Urheberrecht wird aber nicht verletzt, wenn man erworbene Karten für den eigenen Gebrauch vervielfältigt oder durch Scannen digitalisiert. Die Weitergabe dieser Daten ohne Lizenz ist verboten.

Gibt es Unterwasser-Schach-weltmeisterschaften?

Rugby, Handball, Eishockey, Landhockey, Orientierungslauf, Fahrradfahren, Marathonlauf und vieles mehr gibt es bereits in einer abgewandelten Form auch unter Wasser – inklusive den dazugehörigen Meisterschaften. Beim Schach gibt es jedoch nur vereinzelte Personen oder Organisationen, die dieses Spiel in das nasse Element transferiert haben und bis heute keine Weltmeisterschaften. So trug etwa die Deutsche Schachjugend bereits einige Partien unter Wasser aus, wofür ein spezieller Schachtisch und entsprechende Figuren angefertigt wurden. Es gab auch Rekordversuche im Unterwasserschach. Die Ecstasea Dive School in Südafrika führte über mehrere Tage einen Unterwasser-Schachmarathon durch, bei dem über 50 Taucher gegeneinander antraten – allerdings mit Tauchgerät. Weitaus interessanter klingt da ein anderer Wettbewerb, bei dem die Taucher ohne Gerät gegeneinander kämpfen. Jeder Spieler hat für seinen Zug gerade so viel Zeit, wie seine Luft reicht. Durch die verringerte Sauerstoffzufuhr im Gehirn sind interessante Züge garantiert.

Wer hat die Unterwasser-Verständigungszeichen erfunden?

Diese Frage klingt einfach und ist doch nicht leicht zu beantworten. Die Zeichensprache ist so alt wie die Menschheit und Körpersprache ist unbestritten das wichtigste non-verbale Kommunikationsmittel. Was die Gebärdensprache den Gehörlosen, sind die Handzeichen den Tauchern, die unter Wasser keine andere Möglichkeit haben, sich zu verständigen. Der Ursprung der einzelnen Zeichen ist nicht genau zu bestimmen, vielmehr wurden von den ersten Tauchern gelernte Gesten und Zeichen verwendet, um unter Wasser zu kommunizieren. Das OK-Zeichen etwa stammt aus der englischen Armee, in der nach Kämpfen abgefragt wurde, wie viel Mann denn getötet wurden. Wenn darauf die Antwort kam „null getötet" (englisch: zero bzw. 0 killed, also 0 k), war alles O.K. Die ersten standardisierten Tauchzeichen können aber der YMCA (Young Men's Christian Association) zugeschrieben werden, die als eine der ersten Organisationen Standards für die Tauchausbildung festlegte. Diese Zeichensprache wurde von anderen Tauchverbänden übernommen. Neben den international gültigen „Standardzeichen", die jeder Taucher beherrschten muss, existieren unzählige weitere für Pflanzen, Tiere und außergewöhnliche Situationen. Wie etwa machen Sie Ihrem Buddy begreiflich, dass er einen Pilotfisch an der Flasche kleben hat?

Welche Tricks zum Warmhalten beim Tauchen gibt es?

Während eines Tauchgangs kühlt der Taucher aus – und zwar bedeutend schneller als an der Oberfläche. Nicht einmal im wärmsten Wasser der Karibik ist er davor geschützt. Die Erklärung dafür liefert der zweite Hauptsatz der Thermodynamik, der besagt, dass der Wärmetransport immer von einem heißen Körper (37° = der Mensch) zu einem kalten (maximal 31° = das Wasser) erfolgt. Über kurz oder lang wird einem daher saukalt beim Tauchen – es sei denn, man kennt einige Tricks. Der bekannteste ist die Wahl des geeigneten Tauchanzugs, der Kopfhaube (denn hier kühlt man am schnellsten aus) und dicker Handschuhe: Die richtige Neoprenschicht am Körper ist immer noch die beste Warmhaltetaktik, sofern man keinen Trockentauchanzug wählt. Da dieser, im Vergleich zum Nasstauchanzug, mit Luft gefüllt wird, dauert der Wärmeverlust länger. Ein weiterer altbewährter Trick ist der Einsatz von Wärmekissen. Diese zumeist mit dem Salzhydrat Natriumacetat-Trihydrat gefüllten Beutel erzeugen eine Hitze von bis zu 50° Celsius und halten für die gesamte Tauchdauer schön warm. Am besten bringt man sie in der Nierengegend des Tauchanzugs an. Apropos Nieren: Um nichts ineffizienter, aber bedeutend billiger ist das Urinieren in den Tauchanzug (wohlweislich nur in den Nasstauchanzug). Immerhin hat frisch gelassener Urin für bis zu vier Minuten eine Temperatur von rund 35° Celsius – und wird durch den Wasserdurchsatz im Nasstauchanzug sowieso bis zum Ende des Tauchgangs weggespült. Nebenbei ist der frisch gelassene Urin übrigens nahezu steril und kann Sonnenbrand lindern. Zwei Fliegen mit einer Klappe schlagen, nennt man so etwas dann wohl.

Gibt es wasserfeste Bücher?

Ursprünglich wurden wasserfeste Bücher aus Leinenmaterialien hergestellt und waren vor allem bei verschiedenen Militäreinheiten im Einsatz. Heute gibt es modernere Materialien, aus denen 100 % wasserfeste Bücher erzeugt werden. So gibt es im englischsprachigen Raum etwa mit dem Buch „Immerse“ eine wasserfeste Bibel aus dem Verlag Thomas Nelson zu kaufen. Das Buch der Bücher kann Sie damit unbeschadet auf jeden Missionstrip begleiten. Ob man so seinen ungläubigen Tauchpartner bekehren kann? Eher für den Strand sind die Bücher vom amerikanischen Verlag DuraBooks konzipiert, wobei jedoch das Buch „AquaErotica“ aus dem Rahmen fällt. Die darin enthaltenen Geschichten für „Erwachsene“ sind wohl eher für ein anregendes gemeinsames Bad gedacht. Speziell an Taucher richten sich hingegen die Bücher des österreichischen Verlags Nullzeit, der mittlerweile bereits einige Fischführer und einen Taucherroman auf wasserfestem, synthetischem Papier veröffentlicht hat. Diese Bücher sind zudem noch mit einer praktischen Unterwasser-Schreibtafel, die zugleich als Weißabgleichstafel beim Fotografieren verwendet werden kann, sowie einer Tiefenfarbskala ausgestattet. Der nächste Dekompressionsstopp sollte damit also weitaus kurzweiliger werden, als man es bisher gewohnt war.

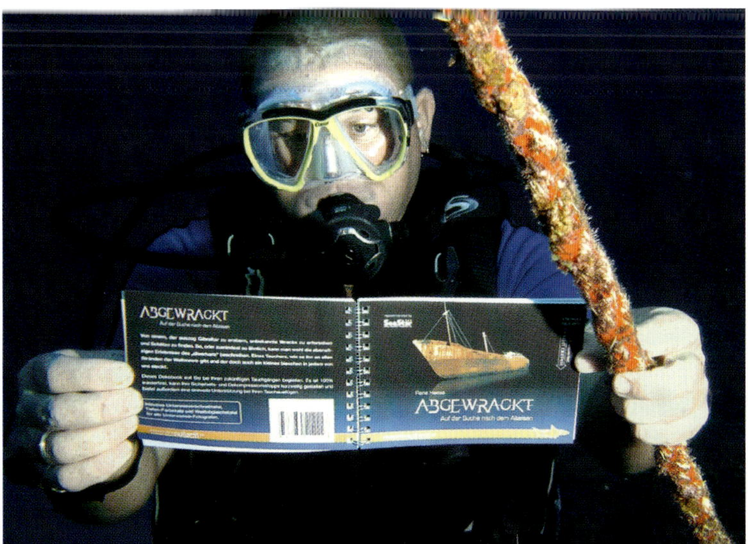

Was ist ein Wellenauflauf?

Das ist nicht etwa ein neues Gericht, sondern der durch das Brechen von Wellen hervorgerufene Schwall an einer Böschung oder einem Strand. Die Wellenauflaufhöhe ist der senkrechte Abstand des höchsten Punktes (Umkehrpunkt) des Wellenauflaufs bezogen auf den Ruhewasserstand. Wenn Sie also bei einem romantischen Picknick am Strand sitzen und plötzlich nass werden, dann hat es entweder zu regnen begonnen oder der Wellenauflauf hat zugenommen, was durch die einsetzende Flut bedingt sein kann. Die Zeitspanne, in der das Wasser an Land schwappt, nennt man Wellenperiode. Das ist die Zeitspanne zwischen dem Durchlaufen von zwei aufeinander folgenden Wellenscheiteln oder auch jene Zeit, in der Sie sich vor den herannahenden Fluten in Sicherheit bringen können.

Wieso härtet Zement unter Wasser aus?

Zement ist der wichtigste Bestandteil von Beton, einer Mischung aus Kies, Sand, Zement und Wasser. Zement selbst wird aus natürlichem Kalkstein unter Zusatz von Ton zu Zementklinkern gebrannt und gemahlen. Dabei wird Kalkstein auf rund 1000 Grad Celsius erhitzt, wobei durch Abgabe von Kohlendioxid Brandkalk entsteht. Durch Löschen mit Wasser bildet sich unter Wärmeeinwirkung Löschkalk (Calciumhydroxid), der ausschließlich an der Luft aushärtet. Brennt man jedoch unter guter Durchmischung ein Kalk-Ton-Gemisch (Mergel) über der Sintergrenze von 1450 Grad Celsius, so entsteht der sogenannte Zementklinker, der zu feinem Zement zermahlen wird. Dessen Eigenschaften, mit Wasser und auch mit Bestandteilen der Luft zu reagieren, und die hydraulische Fähigkeit, unter Luftabschluss und sogar unter Wasser auszuhärten, unterscheidet ihn vom Kalkmörtel, der nur aus Löschkalk und Sand besteht. Die Festigkeit des Betons entsteht nach Zugabe von Wasser durch Auskristallisieren der einzelnen Bestandteile des Zements. Es bilden sich kleinste, in sich verzahnende Kristallnadeln, wobei die Bildung der Ettringit-Kristalle beim Erstarren nach ein bis drei Stunden von vorrangiger Bedeutung ist. Die Tri- und Dicalciumsilicate wandeln sich nach etwa vier Stunden in Calciumsilicathydrate um und füllen, indem sie ineinanderwachsen, alle Zwischenräume zwischen den beigefügten Steinen aus. Die endgültige Festigkeit wird aufgrund des Kristallwachstums erst nach Monaten erreicht.

Zur Tauch-ausbildung

Was ist ANDI?

Kurz nachdem Dick Rutkowski im Jahr 1985 seine IAND (International Association of Nitrox Divers) gegründet hatte, traf er 1988 auf Ed Betts, der ihn davon überzeugte, ein weiteres Unternehmen zu gründen: ANDI (American Nitrox Divers, Inc.). Unter diesem Markennamen forcierten die beiden die Ausbildung von Nitrox-Tauchlehrern und unterwiesen Mitarbeiter von Tauchbasen im Umgang mit den bis dahin nicht so verbreiteten Enriched Air Nitrox-Füllungen. Ed Betts hatte zuvor bereits mit seinem Island Scuba Center in Freeport, New York, Erfahrung im Tauchsportbereich gesammelt, das er zu einem der modernsten Tauchcenter der damaligen Zeit ausbaute und das seine Familie noch bis 1997 betrieb. Im Jahr 1991 wurde die erste Zweigstelle außerhalb der USA eröffnet. Mittlerweile unterrichten Ausbildungsstätten in 69 Ländern nach den Standards von ANDI.

Wie wird man Berufstaucher?

Eigentlich sind auch Polizeitaucher, Feuerwehrtaucher, Schatzsucher, Tauchlehrer und viele mehr, die ihren Lebensunterhalt mit dem Tauchen verdienen, Berufstaucher. Hier geht es um den klassischen Berufstaucher, der im Inshore- oder Offshore-Bereich Unterwasserarbeiten jedweder Art verrichtet. Ein Inshore-Taucher arbeitet in Küstennähe, ein Offshore-Taucher auf offener See, meistens auf Bohrinseln. Um für diesen Job gerüstet zu sein, gibt es weltweit nur einige wenige Organisationen, die entsprechende Standards ausgearbeitet haben und über angeschlossene Tauchschulen Ausbildungen anbieten. Die wichtigsten sind dabei die IDSA (International Diving School Association)

sowie die britische HSE (Health and Safety Executive). Generelle Kursinhalte bei der Ausbildung zum Berufstaucher sind dabei die Grundlagen des Berufstauchens, Unterwasserarbeiten mit Gerät, wie etwa Schweißarbeiten und Betonarbeiten, die richtige Unterwasser-Kommunikation sowie die entsprechende Berücksichtigung der Sicherheitsaspekte. Die erforderliche Teamarbeit wird ebenso gelehrt wie Mischgastauchen, oberflächenversorgtes Tauchen und das Arbeiten von der Taucherglocke aus (also Langzeitarbeiten). Die Ausbildungskosten betragen rund 3500 bis 14000 Euro je nach gewünschter Ausbildungsstufe. Wenn Sie also eine entsprechende Berufsausbildung planen, sollten Sie schon mal anfangen zu sparen.

Wie viel verdient ein Berufstaucher?

Ein Berufstaucher kann je nach Ausbildungsgrad eine „Scuba Commercial Licence" (Tauchen mit Tauchgerät) oder eine „Surface Supplied Commercial Licence" (Tauchen mit Oberflächenversorgung) haben. Nach diesen Zertifizierungen richtet sich auch sein Einsatzgebiet, nämlich ob er Inshore (also in Küstennähe) oder Offshore (also auf offener See) arbeitet. Nach erfolgter Ausbildung benötigt man zusätzlich noch durchschnittlich 150 nachgewiesene Tauchtage als Berufstaucher, um eine entsprechend gut bezahlte Stellung zu bekommen. Der knochenharte und oftmals der Gesundheit nicht sonderlich zuträgliche Job eines Offshore-Tauchers auf einer Bohrinsel wird im Durchschnitt mit rund 5000 Euro entlohnt, zuzüglich freie Kost und Logis sowie die Flugspesen. Nicht schlecht, wenngleich klar sein muss, dass man diesen Beruf sicherlich nur eine begrenzte Zeit ausüben kann.

Wer ist der Chef der CMAS?

Der weltweit tätige Tauchverband CMAS (Confédération Mondiale des Activités Subaquatiques) hat seine Zentrale in Rom, wo es auch mehrere Ausschüsse und Unterorganisationen gibt. Der höchste Funktionär der Organisation ist der Vorsitzende des Koordinationsausschusses, der Italiener Achille Ferrero, dem auch die einzelnen Vorsitzenden der Unterausschüsse (Sport, Technik bzw. Ausbildung und Wissenschaft) unterstehen. Die CMAS versteht sich als ideeller Verbund von Organisationen, die aus 118 Staaten stammen und deren Ziel es ist, den Tauchsport zu fördern. Im Gegensatz zu einer privat organisierten Firma, wie es etwa die Tauchsportorganisation PADI ist, kann das Direktorenkomitee nur Empfehlungen aussprechen und die Mitglieder zu nichts „zwingen“. Die Befehlsgewalt eines Achille Ferrero ist dementsprechend gering. Die Mitglieder des ihm unterstellten Direktionsteams setzen sich auch nicht aus Fachleuten zusammen, sondern aus Delegierten mehrerer Nationen. Das ein oder andere gewichtige Wort dürfte Herr Ferrero aber schon zu sagen haben, wurde er doch bei der letzten Mitgliederversammlung mit großer Zustimmung wiedergewählt.

Was ist DSAT?

Bis ins Jahr 1987 verwendete die Tauchsportorganisation PADI (Professional Association of Diving Instructors), wie viele andere Verbände auch, eine von der US Navy-Tauchtabelle abgeleitete Variante eines Tauchgangsplaners. Der amerikanische Wissenschaftler Dr. Michael Powell wurde damit beauftragt, eine neue Tauchtabelle zu entwickeln, den Recreational Dive Planner (RDP), in der die neuesten Erkenntnisse der Tauchphysik berücksichtigt sein sollten. Bisher verlangte die Philosophie des Unternehmens, nur Nullzeittauchgänge durchzuführen, und so gründete man kurzerhand eine Tochterfirma, die sich fortan mit dem Bereich des Technischen Tauchens beschäftigen sollte. Die Aufgabenstellung dieses neuen Unternehmens wurde zugleich Bestandteil ihres Namens: die DSAT (Diving Science and Technology) war geboren. Das US-amerikanische Unternehmen deckt all jene Bereiche des Tauchsports ab, die außerhalb der traditionellen Grenzen des Sporttauchens liegen und die vom Mutterkonzern nicht behandelt werden, so etwa Tauchgänge mit verschiedenen Atemgasen (100 Prozent Sauerstoff, Trimix mit Heliumgemischen) sowie Dekompressionstauchgänge.

Wer waren Ralph Erickson und John Cronin?

Der am 25. Juni 1922 in South Dakota, USA, geborene Ralph Erickson zählt zu den wichtigsten Personen im Tauchsport. Schuf er doch 1966 gemeinsam John J. Cronin die weltgrößte Tauchsportorganisation PA-

DI. Nach seiner Dienstzeit als Fallschirmspringer während des 2. Weltkriegs gründete er 1959 die Erickson Underwater Swimming School. Er entdeckte seine Leidenschaft für den Tauchsport und wurde 1961 Tauchlehrer bei NAUI. Im selben Jahr brachte er auch sein erstes Lehrbuch "Under Pressure" heraus. John J. Cronin war Verkaufsleiter beim größten Tauchartikelhersteller US Divers. Sie trafen sich 1961 auf einem Bankett und beschlossen, eine neue Form der Tauchausbildung anzubieten und dadurch den Absatz von Tauchartikeln zu erhöhen. Die Lehrpläne, Tauchereinstufungen und vieles mehr waren Ericksons Idee, für die Vermarktung und die weltweite Verbreitung von PADI war Cronin zuständig. Ihm ist zu verdanken, dass die Organisation heute für über 60 Prozent aller Tauchausbildungen jährlich verantwortlich zeichnet und bereits über zwölf Millionen Taucher zertifiziert hat. Das erfolgreiche Duo prägte über 40 Jahre lang die Geschichte des professionellen Tauchsports in der Welt.

Welche Voraussetzungen gelten für das Tauchen in Frankreich?

Lange war das Tauchen in französischen Gewässern für PADI-Taucher strengen Auflagen unterworfen. Im Oktober 2001 wurde zwischen PADI Europe und dem französischen Tauchsportverband FFESSM zur gegenseitigen Anerkennung von Tauchbewilligungen ein Abkommen unterzeichnet, das klare Richtlinien für PADI-Taucher und für die französischen Tauchsportcenter enthält. Jeder Taucher mit PADI-Brevet muss ein höchstens zwölf Jahre altes ärztliches Attest vorlegen, das seine Tauchtauglichkeit nachweist, oder eine von einem Arzt unterschriebene Erklärung zum Gesundheitszustand vorweisen. Zusätzlich sollen Taucher einen FFESSM-Tauchschein kaufen, welcher bei allen FFESSM-Veranstaltern ein Jahr lang gültig ist und gleichzeitig eine Tauchversicherung mit beinhaltet. PADI Open Water Divers, die beide Bedingungen erfüllen, können sich vom französischen Verband den FFESSM-Schein Stufe 1 ausstellen zu lassen.

PADI-Professionals, die in Frankreich lehren wollen, benötigen eine BEES-Erlaubnis (Brèvet d'état), eine staatliche Lehrerlaubnis für Sportlehrer, die eingeführt wurde, um die allgemeine Qualifikation von Sportlehrern und Ausbildern zu kontrollieren. PADI strebt eine europaweite Vereinheitlichung der Bestimmungen an, der auch die französische Gesetzgebung Rechnung tragen müsste.

Welche Freitauchverbände gibt es?

Das Freitauchen oder Apnoetauchen ist die älteste Form des Tauchens überhaupt. Das Wort „Apnoe" selbst stammt aus dem Altgriechischen und bedeutet „ohne Atem". Obwohl die Menschen schon seit Urzeiten ohne Atemgerät nach Perlen und Schwämmen am Meeresgrund tauchen, dauerte es doch bis Anfang der 1990er Jahre, bis es die ersten Verbände gab, die sich der Ausbildung des Freitauchens verschrieben. Der wohl bekannteste ist die AIDA (Association Internationale pour le Développement de l'Apnée), die am 2. November 1992 durch Roland Specker und einige Freunde in St. Louis, Frankreich, gegründet wurde. Seit damals hat die AIDA 181 offizielle Weltrekorde in ihren Annalen gelistet. Die erste Weltmeisterschaft wurde durch diese Organisation im Oktober 1996 in Nizza ausgerichtet, wobei nur eine Handvoll Länder damals daran teilnahmen. Bereits zwei Jahre später, bei den 2. Weltmeisterschaften auf Sardinien, konnte Veranstalter und mehrfacher Weltrekordhalter Umberto Pelizzari 26 Nationen am Start begrüßen. Als erste Organisation, die sich ebenfalls dem Wettkampfsport verschrieben hat, hat die CMAS offizielle Weltrekorde im Apnoe anerkannt, nachdem sie 1970 die Anerkennung von Freitauchweltrekorden eingestellt hatte. Die Gründung der AIDA wurde wohl als Konkurrenz gesehen. 1995 wurden wieder die ersten Wettkämpfe ausgetragen. Weitere Organisationen, die spezielle Freitauchkurse anbieten, sind IANTD und selbstverständlich auch die Apnea Academy von Freitauchlegende Umberto Pelizzari.

Wer war der erste Freitaucher?

Der erste, der das Augenmerk der Massen auf das Freitauchen richtete, war aber nicht eine jener bekannten Apnoe-Größen wie Umberto Pelizzari oder Herbert Nitsch, sondern Anfang des 20. Jahrhunderts der Zauberer Harry Houdini, der es unter dem tosenden Applaus des Publikums mehrere Minuten lang mit Ketten gefesselt in Flüssen, Schwimmbecken und Milchkannen aushielt. Leider fanden seine Leistungen niemals Eingang in die Geschichte des Freitauchsports.

Welche Ausbildung benötigt ein Höhlentaucher?

Höhlentauchgänge gehören zu den eindrucksvollsten Erlebnissen im Leben eines Tauchers. Doch bevor man sich in eine sogenannte „überdachte Umgebung" (englisch: overhead environment) begibt, muss man Richtlinien, Verfahren und Techniken kennen, die man am besten in den entsprechenden Kursen der Höhlentauchorganisationen erlernt. Jede Höhle ist anders, so dass sich die Technik an die jeweiligen Gegebenheiten anpassen muss. Die meisten Verbände unterteilen eine Höhle in die Grottenumgebung (Cavern), einen begrenzten Teil der Höhle (Intro Cave) sowie die komplette, unbegrenzte Höhle (Full Cave). Als Grotte ist der Bereich einer Höhle definiert, der noch von Tageslicht durchflutet wird und der nicht weiter als 45 Meter vom Höhlenausgang entfernt liegt. Beim Intro Cave wird die Tauchtiefe auf 30 Meter begrenzt und der Taucher darf nicht mehr als ein Sechstel seines Atemgasvorrats verbrauchen (Sicherheit muss sein!). Abzweigungen sind nicht erlaubt, so dass der Weg linear zurückzulegen ist. Dem Full Cave Diver steht im Anschluss an seinen Kurs die gesamte Höhle offen. Neben der Leinenführung und der geeigneten Lampenanzahl gilt beim Betauchen einer Höhle die (überlebens)wichtige Drittel-Regel. Dabei wird ein Drittel des mitgebrachten Gasvorrats zum Eintauchen in die Höhle, ein Drittel

zum Austauchen aus der Höhle und ein Drittel als Sicherheitsreserve verwendet. Mit dem Befolgen dieser Regel allein ist es nicht getan, werden doch bei den meisten Höhlentauchgängen verschiedenste Gasgemische und eine Vielzahl an Tauchflaschen benötigt. Der Umgang mit dieser speziellen Ausrüstung ist ebenfalls Bestandteil der jeweiligen Kurse. Sollten Sie nach bestandenem Höhlentauchkurs ihre erste Höhle erforschen, können Sie sich voll Stolz einen „Speläologen" nennen, so bezeichnet man nämlich Höhlenforscher.

Was ist IANTD?

Als der US-Amerikaner Dick Rutkowski im Jahr 1985 die „International Association of Nitrox Divers" (IAND) gründete, wollte der ehemalige Tauchausbildungsleiter der staatlichen US-amerikanischen NOAA (National Oceanic and Atmospheric Administration) eigentlich nur das Tauchen mit Pressluft mit erhöhtem Sauerstoffanteil (Enriched Air Nitrox), das die NOAA zuvor entwickelt hatte, fundiert unterrichten. Bis zu diesem Zeitpunkt war diese Tauchtechnik weltweit noch unbekannt. Seine Organisation war die Erste, die Kurse dafür anbot. Das „T" im heutigen Namen, das den Technischen Tauchaspekt hervorheben soll, kam erst 1992 hinzu. In diesem Jahr schloss sich die europäische EATD (European Association of Technical Divers) mit der IAND zusammen und die IANTD (International Association of Nitrox and Technical Divers) war geboren. Der mittlerweile weltgrößte Verband im Segment Techtauchen bietet Kurse für das Technische Tauchen an, die von Nitrox-, Trimix- und Rebreather- über Höhlen- und Wrack- bis zu Tieftauchgängen reichen. Das Hauptaugenmerk der Organisation liegt im Technischen Tauchbereich. Seit 1992 führen Tom und seine Frau Patti Mount die internationalen Geschäfte des Verbandes, nachdem Rutkowski seine Anteile an Mount verkaufte. Patti Mount ist übrigens nicht nur Präsidentin und Instruktorin sondern auch noch Reverend of the Society for Vitalistic Health – wollen wir nur hoffen, dass sie die Tauchgemeinde nicht bekehren möchte.

Wie wird man Kampftaucher?

Vorweg gesagt: Bezeichnen Sie bitte tauchende Mitglieder von Kampfeinheiten der diversen Militärs nicht als Kampftaucher. Das wird nicht gern gesehen. Wollen Sie diesen Berufsweg einschlagen, sollten Sie

diese erste Lektion beherzigen. Um aufgenommen zu werden, müssen Sie sich einem harten Auswahlverfahren unterziehen, das sich von einer Kampfeinheit zur anderen nur geringfügig unterscheidet. Das Hauptaugenmerk der Auswahlkommission liegt auf Leistung, Ausdauer, Stressbewältigung und Teamfähigkeit des Bewerbers. Sollten Sie z. B. Mitglied der bereits erwähnten US Navy SEALs werden wollen, benötigen Sie als Mindestvoraussetzung die US-Staatsbürgerschaft, ein Maximalalter von 28 Jahren und dürfen keine Vorstrafen haben. Ach ja – eine Frau dürfen Sie auch nicht sein. Im SEAL-Basic-Training BUD/S (Basic Unterwater Demolition/SEAL, – frei übersetzt: grundlegende Unterwasser-Zerstörung) werden laut Auskunft der Navy Ihr Charakter gebildet, Ihr Körper gestärkt und an das Element Wasser gewöhnt sowie eine umfassende technische Ausbildung durchgeführt. Die meisten Bewerber scheiden bereits in der 4. Woche aus, die unter Eingeweihten zutreffend als „Hell Week“ bezeichnet wird. Nach erfolgreichem Abschluss des BUD/S gibt es die weiterführende SEAL-Ausbildung, die zwischen sechs Monaten und einem Jahr dauert. Nur rund ein Drittel der ursprünglichen Anwärter schafft es, die gesamte Ausbildung des BUD/S zu absolvieren. Die deutsche Marine lässt es da weitaus gelassener angehen: Laut dortiger Auskunft ist als Voraussetzung nur das deutsche Schwimmabzeichen notwendig und es werden keine unmenschlichen Anforderungen gestellt. Wer's denn glaubt! Der Job eines Buchhalters soll ja auch nicht so übel sein!

Ab welchem Alter dürfen Kinder tauchen?

Darauf hat die Tauchmedizin bis heute keine endgültigen Antworten parat. Die Mediziner sind sich einig, dass individuelle Unterschiede beim heranreifenden Kind eine große Rolle spielen. Eine gültige Tauchtauglichkeitsuntersuchung des Kindes vorausgesetzt, sind beim Tauchen einige kindertypische Besonderheiten problematisch: Häufig sind bei Kindern die Rachenmandeln geschwollen und die Eustachische Röhre läuft im Gegensatz zum Erwachsenen nicht im schrägen Winkel vom Nasen-Rachenraum zum Mittelohr, sondern liegt fast waagrecht. Beides kann zu massiven Problemen beim Druckausgleich führen. Da Kinder eine fast 1,5-mal so große Körperoberfläche haben wie wir Erwachsene und die wärmende Fettschicht noch nicht so ausgeprägt ist, kühlen sie im Wasser bedeutend schneller aus. Auch die Lunge ist nicht vollständig ausgereift. Bei Säuglingen ist sie relativ unelastisch, wenig dehnbar und weist nur wenige Lungenbläschen auf. Erst nach dem siebten Lebensjahr gleicht sie annähernd der eines Erwachsenen. Dadurch ergibt sich eine höhere Atemfrequenz, so dass sich ein Kind bei der Atmung unter Wasser mehr anstrengen muss und eine Art von Asthma-Anfall die Folge sein kann. Alle Verbände sind sich daher einig, dass die Tauchtiefe beim Kindertauchen nur gering sein kann. Bei PADI etwa werden, ähnlich wie beim Konkurrenten SSI, Kinder mit den Programmen Seal Team und Bubblemaker ab einem Mindestalter von acht Jahren bis zu einer Tiefe von zwei Metern in die Unterwasserwelt eines Schwimmbads mitgenommen. Den „richtigen“ Tauchschein, mit dem man auch im See oder Meer tauchen darf, können Kinder bei dieser Organisation mit zehn Jahren machen, wobei bis elf Jahre die Tauchtiefe auf zwölf Meter begrenzt bleibt und immer ein Erziehungsberechtigter mittauchen muss. Bei der CMAS bzw. deren Mitgliedsverband VDST (Verband Deutscher Sporttaucher) tut man sich mit der genauen Altersangabe schwerer und behält es sich vor, mit Einverständniserklärung der Erziehungsberechtigten auch jüngere Kinder in die faszinierenden Unterwasserwelten mitzunehmen, wobei als Altersrichtlinie hier acht Jahre angegeben wird. Vielleicht sollte man doch bei Sandkastenspielen bleiben und Taucherlebnisse erst mit Jugendlichen teilen.

Kann man unter Wasser malen?

Es war tatsächlich ein Unterwasser-Maler, der die Schönheiten der Unterwasserwelt erstmals einer breiten Öffentlichkeit präsentiert hat, und zwar in einer Zeit, als dies noch die einzige Möglichkeit war, das Gesehene den Daheimgebliebenen zu präsentieren. Freiherr Baron Eugen von Ransonnet-Villez, im Jahr 1837 in Wien-Hietzing geboren und 1926 in Nussdorf am Attersee gestorben, arbeitete nach seinem Kunststudium als österreichischer Diplomat in Ceylon, am Golf von Sinai und an der Küste Dalmatiens. Getrieben vom Reiz des Neuen ließ er eine Taucherglocke nach seinen Entwürfen bauen, die ihn, versorgt mit einer Luftzufuhr von der Oberfläche, der Unterwasserwelt näherbrachte. Durch das Bullauge konnte er die Riffe bewundern und sie auf seinem Skizzenblock festhalten. Bald genoss er ob seiner neuartigen Unterwasserforschungen als erster Gerätetaucher und Unterwassermaler in der k.u.k-Monarchie Ruhm und Ansehen. Seine Unterwasser-Lithografien sind heute unter anderem im Naturhistorischen Museum in Wien zu bewundern.

Müssen Meeresbiologen tauchen können?

Kurz gesagt: Nein. In der Meeresbiologie geht es hauptsächlich um Grundlagenforschung, die vor allem eine fundierte Ausbildung und Kenntnisse in Physik, Chemie, Mathematik und Statistik voraussetzt. Da in der wissenschaftlichen Arbeit außerdem die Anzahl und die Qualität seiner Publikationen den „Wert" eines Wissenschaftlers ausmachen, erfolgt der Großteil der Arbeit eines Meeresbiologen am Computer, also im trockenen Element. Sollte man sich für dieses Studium entscheiden, wird häufig zuvor ein Studium in Biologie mit Schwerpunkt Ökologie oder Zoologie verlangt. In Deutschland empfehlen sich hier – unter anderem – das AWI (Alfred-Wegener-Institut für Polar- und Meeresforschung) in Bremerhaven, sowie das Max-Planck-Institut für marine Mikrobiologie in Bremen. In Österreich bietet unter anderem die Universität Wien Kurse in diesem Studiengang an. Es sollte Ihnen klar sein, dass die Berufsaussichten eines Meeresbiologen leider nicht rosig sind: Ihr Einsatzgebiet ist beschränkt und die weltweite Konkurrenz riesig. Vielleicht versuchen Sie es doch als Kampftaucher?

Was ist die NACD?

Die Non-Profit-Organisation NACD (National Association for Cave Diving) wurde am 15. Mai 1969 durch David Desautels, Larry Briel, Tom Mount, (dem jetzigen Geschäftsführer der IANTD), Dale Malloy, Gilbert Milner, Hal Watts, Jim Sweeney und Ron Wahl mit dem Ziel gegründet, das in dieser Zeit boomende Höhlentauchen durch gezielte Ausbildung und die Einführung von Standards sicherer zu machen und so die Aufhebung der gesetzlichen Tauchverbote bei vielen Höhlen zu erreichen. Die sechs Erstgenannten waren übrigens zugleich die ersten zertifizierten Höhlentauchlehrer des Verbandes. Zu den Hauptaufgaben des Verbandes – neben dem Lobbying für ihren Sport – zählen die Erstellung von Ausbildungsrichtlinien und Standards, die das Höhlentauchen sicherer machen sollen. Außerdem wurden Führungsleinen in den beliebtesten Höhlensystemen verlegt und bis dahin unbekannte Höhlensysteme erforscht. Durch die Zusammenarbeit mit verschiedenen Organisationen, wie dem National Underwater Accident Data Center (NUADC), der NOAA (National Oceanic and Atmospheric Administration) und der US-Küstenwache, konnte die anfänglich sehr hohe Unfallzahl bei Höhlentauchgängen mittlerweile drastisch gesenkt werden. Diese Erfolge erklären auch die weltweit sehr positive Resonanz auf die bisherige Arbeit der NACD.

Was ist die NASDS?

Die Tauchsportorganisation NASDS (The National Association of Scuba Diving Schools) wurde ursprünglich im Jahr 1961 durch John Gaffney in den USA gegründet. Sein Verband war auch einer der ersten weltweit, der die Verwendung von Tiefenmesser, Tarierjackets und das Tauchen mit Enriched Air Nitrox in die Tauchsportausbildung mit einbezog. Bedingt durch die starke Konkurrenz anderer Verbände beschloss man 1999, mit dem Konkurrenten SSI (Scuba Schools International), der 1970 von Bob Clark in den USA gegründet wurde, zu fusionieren. Da Bob Clark vor Gründung seines eigenen Tauchsportverbandes bei der NASDS tätig war, dürfte der Zusammenschluss für ihn wohl auch ein besonderer persönlicher Erfolg gewesen sein. Der gemeinsame Verband gilt mittlerweile als drittgrößter Tauchsportanbieter mit rund 2000 angeschlossenen Tauchschulen weltweit. Insgesamt 225 regionale Zentren koordinieren derzeit die Ausbildung in rund 80 Ländern nach den Richtlinien von SSI (und NASDS).

Woher kommt der klassische Kampf PADI vs. CMAS?

Welcher Taucher kennt nicht die einschlägigen Diskussionen, welche Tauchsportorganisation denn nun die bessere sei: PADI oder CMAS? Dass dabei Äpfel mit Birnen verglichen werden, scheint keine Rolle zu spielen. Im Prinzip unterscheiden sich die beiden Verbände mittlerweile nicht mehr so stark. Beide empfehlen eine maximale Tieftauchgrenze von 40 Metern für Sporttaucher, wobei bei beiden Organisationen mit der entsprechenden Brevetierung auch tiefere Tauchgänge möglich sind. Beide haben annähernd die gleichen Altersgrenzen für Tauchsportanfänger. In der Anfängerausbildung vermitteln sie auch beide annähernd dieselben Inhalte. Kein Wunder, basieren doch diese Inhalte auf Ergebnissen der Forschung und stammen nicht aus den Gehirnen der Mitglieder und Funktionäre der jeweiligen Verbände. Erst bei den weiterführenden Kursen unterscheiden sich beide Organisationen deutlich, was aber vor allem an den unterschiedlichen Lehrinhalten der Fortbildungskurse liegt. Der Hauptunterschied zwischen den beiden Organisationen besteht darin, dass bei der CMAS und ihren angeschlossenen Mitgliedsvereinen Tauchen mit Dekompressionsberechnungen unterrichtet wird, bei PADI hingegen Tauchen innerhalb der Nullzeitgrenzen. Doch das allein kann nicht der Grund sein – was also dann? Als das kommerziell ausgerichtete Unternehmen PADI den ideell ausgerichteten Vereinen der CMAS Konkurrenz zu machen begann, warf man dem um sieben Jahre jüngeren Verband vor, die Tauchausbildung nur zur Gewinnmaximierung zu betreiben. So entstanden auch Schmähsprüche à la „PADI = Put another Dollar in". CMAS hat inzwischen das von PADI entworfene modulare System für unterschiedliche Tauchausbildungsstufen übernommen, und viele ihrer Mitglieder sind Tauchbasen, die ebenso „nur" gewinnorientiert arbeiten wie ihre PADI-Konkurrenten. Die ideelle Ausbildung in Vereinen ist heute auch bei der CMAS eine Randerscheinung. Ein grundsätzliches Umdenken scheint aber schwer zu sein.

Gibt es Unterwasser-Pornofilme?

Die Pornoindustrie ist findig, und die Filmemacher haben natürlich längst das feuchte Element für ihre Filmproduktionen entdeckt. Was bei näherer Betrachtung des angebotenen Materials, natürlich ausschließlich zu Forschungszwekken, verwundert, sind die Freitauchleistungen der Darstellerinnen. Ist es normalerweise schon nicht leicht, über einen längeren Zeitraum unter Wasser die Luft anzuhalten, verblüffen die offenen Münder und die permanent ausgestoßene Atemluft den tauchversierten Zuseher doch sehr. Manche Filmemacher scheinen sich auch als Unterwasser-Choreografen zu versuchen, lässt man denn die teilweise ästhetische Vereinigung zweier oder mehrerer Menschen in der die Schwerkraft kompensierenden Umgebung des Wassers auf sich wirken. Der Begriff „Tauchbecken“ erscheint beim Betrachten dieser Bilder in gänzlich anderem Licht.

Wie entstehen Spezialkurse?

Kaum hat man seinen Grundtauchschein in der Tasche, hagelt es schon Empfehlungen, doch den einen oder anderen weiterführenden Spezialkurs zu einem bestimmten Thema zu belegen. Wie entstehen diese Kurse nun? Ein findiger Tauchlehrer an irgendeinem Ort der Welt kommt auf die Idee, dieses oder jenes Wissen seinen Schülern in Unterrichtsform (mit offizieller Brevetierung durch den jeweiligen Verband) vermitteln zu wollen. Dieser Unterwasser-Pädagoge entwirft Ausbildungsunterlagen mit den Inhalten, die er für das von ihm zu unterrichtende Spezialthema für wichtig erachtet, und reicht diese bei seinem Mutterverband ein. Sobald diese Genehmigung vorliegt, kann offiziell mit Brief und Siegel der Tauchsportorganisation ausgebildet werden. Eine Möglichkeit kann man allerdings nicht ausschließen: Der Verband befindet die Unterlagen oder den Kursinhalt für Schwachsinn – dann hat der ambitionierte Tauchlehrer einfach Pech gehabt.

Gibt es Staatsoberhäupter, die tauchen?

Der Tauchsport ist nicht nur beim „gemeinen“ Volk seit Jahrzehnten beliebt. Auch Staatsoberhäupter frönen dem nassen Element. Ein Beispiel dafür ist der amtierende Präsident von Palau in Mikronesien Tommy Remengesau jr. Er ist nicht nur begeisterter Taucher, sondern versucht auch verstärkt, immer mehr Taucher in sein Land zu bekommen. Anders bei Fürst Albert II von Monaco, der als Allroundsportler gilt und neben dem Tauchen noch viele andere Hobbys hat, so ihm seine Amtsgeschäfte Zeit lassen. Er setzt sich auch verstärkt für den maritimen Artenschutz ein, wie etwa als Schirmherr des Jahrs des Delfins 2007. Queen Elizabeth II aus dem Hause Windsor hingegen war in ihrer Jugend begeisterte Schwimmerin und liebte es, auf Reisen mit ihrem Mann zu schnorcheln.

Wer schreibt Tauchausbildungsunterlagen?

Man könnte versucht sein, diese Frage mit „Wer auch immer sich dazu berufen fühlt“ zu beantworten – doch ganz so ist es auch wieder nicht. Die meisten Tauchsportorganisationen setzen auf eigene Ausbildungsliteratur, die zumeist von Mitarbeitern oder freien Autoren erstellt wird. Erwähnt sei an dieser Stelle etwa PADI, bei denen die ersten Ausbildungsunterlagen – die bis Mitte der 1980er Jahre Verwendung fanden – vom PADI-Gründer, Ralph Erickson, selbst stammten. Diese Unterlagen wurden später von verschiedenen Autoren überarbeitet. So zeichnen etwa der Präsident Drew Richardson als Autor und Karl Shreeves als Chefredakteur für einen Großteil der Literatur und Ausbildungsbücher verantwortlich. PADI’s Standardwerk zum Thema Tauchsport, die „Enzyklopädie des Sporttauchens“, wurde hauptsächlich von Alex Brylske, Al Hornsby, Harry Averill, Charles Seaborn und wiederum Karl Shreeves verfasst. Beim drittgrößten Tauchsportanbieter, SSI, stammen die Manuals ebenfalls von Mitarbeitern der Organisation, wobei auch Außenstehende Bücher verfasst haben. Hervorgehoben sei hier etwa das 2007 erstmals präsentierte Buch zum Shark Speciality von SSI, das von der Vizepräsidentin von Sharkproject, Christine Gstöttner, verfasst wurde. Und bei der CMAS? Diese Organisation bietet keine eigenen Ausbildungsunterlagen an. Der jeweilige Tauchlehrer der angeschlossenen Verbände verweist auf die einschlägige Fachliteratur von renommierten Autoren. Zu den Klassikern hier empfohlener Literatur zählen sicher die Bücher „Tauchausbildung zum CMAS" von Thomas Kromp, Hans J. Roggenbach und Peter Bredebusch, „Scuba Diving" von Dennis K. Graver, oder „Moderne Tauchmedizin" von Christoph Klingmann und Kay Tetzlaff. Versuchen Sie es doch selbst einmal – vielleicht werden ja in Zukunft Tauchschüler nach Ihren Unterlagen ausgebildet?

Wie viele Tauchlehrer gibt es weltweit?

Diese Frage ist nicht vollständig zu beantworten. Weltweit gibt es eine riesige Zahl von Tauchsportorganisationen, und viele Tauchlehrer sind Mitglied bei zwei oder mehreren dieser Verbände. Wir wagen auf der Basis der Mitgliedszahlen der vier größten Tauchsportverbände, PADI, CMAS, SSI und NAUI eine Näherungszahl, die einen ganz guten Überblick über die derzeitige Tauchlehrersituation gibt. Nimmt man die offiziellen Mitgliederzahlen von PADI, bilden mit Stand 2007 rund 135 000 Tauchlehrer (wobei wir hier – nicht ganz fair – auch den Divemaster dazuzählen, da dieser auch schon im kleinen Rahmen unterrichten darf) in 180 Ländern nach deren Standards aus. Rund 1200 davon sind übrigens Course Director, bilden also selbst Tauchlehrer aus, und rund 100 sind Prüfer, die Tauchlehrerprüfungen durchführen. Bei der CMAS ist die Anzahl der Tauchlehrer (Moniteur genannt) nicht ganz so einfach herauszufinden, da die Ausbildung von unzähligen angeschlossenen Vereinen durchgeführt wird. Inoffizielle Schätzungen gehen hier von rund 60 000 CMAS-Moniteurs weltweit aus. Bei SSI gibt man offiziell rund 10 000 Tauchlehrer und rund 2 000 an SSI angeschlossene Tauchschulen in 90 Ländern an, NAUI beziffert die Anzahl der Tauchlehrer auf rund 20 000. Insgesamt kommt man so auf die beeindruckende Zahl von 225 000 Tauchlehrern der diversen

Organisationen, die bis heute weltweit rund 32,61 Mio. Gerätetaucher ausgebildet haben. Ganz schön beachtlich für eine sogenannte „Randsportart".

Was versteht man unter einem Tauchtopf?

Tauchtöpfe sind tiefe Wasserbecken, auf deren Grund eine funktionsgetreue Nachbildung eines U-Boots vorhanden ist. Hier wird die Rettung von verunglückten U-Boot-Besatzungen intensiv trainiert. Heute verzichtet keine moderne Marinestreitmacht auf U-Boote, doch nur wenige Länder haben auch die Möglichkeit, den U-Boot-Notausstieg sicher zu üben. Wie dringend notwendig das ist, hat der Untergang des U-Bootes „Hai" in der Nordsee am 14. September 1966 unterstrichen: 19 U-Boot-Fahrer verloren ihr Leben. Damit sich derartige Vorfälle nicht wiederholen, ist die deutsche Marine seit über 20 Jahren mit einem Tauchturm ausgestattet – speziell für die U-Boot-Rettungsausbildung. Der 42 Meter hohe Tieftauchtopf ragt über zehn Stockwerke empor und hat bei einer Tiefe von 36 Meter einen Durchmesser von sieben Metern. Die Wassertemperatur von 32 °C mag zunächst als unnötig warm empfunden werden, ermöglicht den Ausbildern jedoch einen stundenlangen Aufenthalt ohne Unterkühlung. Während der Ausbildung im Tauchtopf benutzt keiner der Ausbilder ein Tauchgerät, da es hinderlich wäre, hiermit durch die U-Boot-Luken mit nur 65 cm Durchmesser zu tauchen. Eine Tauchermaske ist das einzige Hilfsmittel unter Wasser. In seitlichen Luftfallen – den Blistern – haben die Ausbilder in Abständen von fünf bzw. zehn Metern die Möglichkeit zum Luftholen. In zehn und zwanzig Meter Wassertiefe befinden sich seitlich Ausstiegsschleusen, durch die U-Boot-Fahrer langsam an größere Tiefen gewöhnt werden können. Am unteren Ende befindet sich schließlich – in Schräglage – die U-Boot-Sektion mit Akkuluk, Turm- und Zentralluk im Originalmaß der U-Boot-Klasse 206 A. Um die Ausbildung im Tauchtopf kommt auch kein U-Boot-Fahrer herum, da ohne Ausbildung im Umgang mit dem URK 80 (U-Boot-Rettungskragen für bis zu 80 Meter Wassertiefe) keine Fahrt genehmigt wird. Die Ausbildung muss alle zwei Jahre wiederholt werden. In Deutschland gibt es zwei Tauchtöpfe. Sie unterstehen der U-Bootlehrgruppe in Neustadt/Holstein.

Wie wird man U-Boot-Fahrer?

Am besten man geht zur Marine, dort lernt man dieses Handwerk von der Pike auf und darf nach 30 Dienstjahren vielleicht ein Atom-U-Boot befehligen, vorausgesetzt die Gesundheit erlaubt es. Nach bestandenen Hör-, Seh- und Bluttests und der Überprüfung der Funktion der Lungen und der körperlichen Leistungsfähigkeit erfolgt ein Druckkammertest, in dem der Druck in einer Wassertiefe von 30 Metern simuliert wird. Nur wenn alle diese Untersuchungen bestanden sind, wird man zur Ausbildung zum U-Boot-Fahrer zugelassen. Die gesamte Ausbildung dauert mindestens ein Jahr. Nach dieser Grundausbildung folgen die speziellen Lehrgänge, denn an Bord eines 25 Mann und Frau starken U-Bootes erfüllen die einzelnen Mitglieder der Besatzung immer mehrere Aufgaben.

Rechtlich darf jeder Laie ein U-Boot lenken. Einen behördlichen Führerschein gibt es für privat genutzte Mini-U-Boote nicht. Da aber das U-Boot über Wasser ein ganz normales Boot ist, ist in verschiedenen Ländern ein Bootsführerschein, z. B. ein Küstenschifffahrtspatent, vorgeschrieben. Verfügt man auch darüber, braucht man nur noch ein U-Boot, das, wenn man keines sein Eigen nennt, ohne Nachweis einer Befähigung nicht so einfach anzumieten ist. Dazu muss man sich zumindest einer mehrtägigen Einschulung unterziehen und sollte bereits Vorkenntnisse in Tauchtheorie und Schifffahrtskunde vorweisen können. Dann steht dem Abtauchen in nie zuvor erreichte Tiefen nichts mehr im Wege – sofern man das nötige Kleingeld dafür hat.

Material und Technik

Was ist eine Absperrbrücke?

Dieser Begriff kommt nicht etwa aus dem Straßenverkehr oder der Mundheilkunde. Über eine Absperrbrücke werden beim Tauchen mit Doppelflaschen die Flaschen verbunden. So wird ermöglicht, dass beide Flaschen gleichmäßig leer geatmet werden. Aus Sicherheitsgründen führt man eine Atemreglergarnitur pro Flasche mit sich, da bei Gasverlust die Brücke über das vorhandene Absperrventil verriegelt wird. Im Normalfall entfällt aber der Wechsel des Lungenautomaten, sobald eine Flasche leer ist. Absperrbrücken haben abhängig von der Flaschengröße unterschiedliche Längen und werden über spezielle Ventile zwischengeschaltet. Wie sinnvoll diese Geräte sind, und wann man sie einsetzen sollte, ist in Tech-Taucher-Kreisen umstritten. Manche lieben sie, manche hassen sie.

Haben alle Akkulampen einen Memory-Effekt?

Nein. Hier sei kurz erklärt, was denn der Memory-Effekt genau ist. Man bezeichnet damit die Verringerung der Leistung von Akkumulatoren, die dann auftritt, wenn diese in nicht völlig entladenem Zustand neuerlich aufgeladen werden. Grund dafür ist eine elektrochemische Reaktion, die den Akku dazu veranlasst, nur noch die Energiemenge zu laden, die er bei den bisherigen Entladevorgängen benötigt hatte. Aufgrund dieser „Erinnerungswirkung" spricht man vom Memory-Effekt (engl. Erinnerung), der erstmals in den 1960er Jahren von der NASA beschrieben wurde. Von diesem Phänomen sind vor allem ältere Nickel-Cadmium-Akkumulatoren betroffen. Moderne Akkus dieser Bauart weisen nur mehr einen geringen Spannungsverlust auf, ein vollständiges Entladen nach rund 50 Ladezyklen scheint als Gegenmaßnahme zu reichen. Bei Nickel-Metallhydrid-Akkumulatoren tritt ebenfalls ein geringer Memory-Effekt auf, durch 2–3-maliges komplettes Entladen kann jedoch wieder die volle Leistung erzielt werden. Lithium-Ionen-Akkumulatoren sowie Lithium-Mangan-Akkumulatoren kann kaum mehr etwas anhaben. Die Batteriehersteller scheinen ja doch lernbereit zu sein.

Kann man sich durch seinen Atemregler erbrechen?

Sagen wir es gleich vorweg: Natürlich kann man oder frau ein zuvor eingenommenes Mittagessen wieder durch den Kopf bzw. Regler gehen lassen. Da der Durchmesser sowohl des Mundstücks als auch des Blasenabweisers eines Atemreglers groß genug gehalten ist, bleibt auch nichts von der üblen Brühe im Gerät hängen. Der Grund dafür, dass Ihr zuvor eingenommenes Wiener Schnitzel nicht großformatig die Atemöffnung verlegt, ist der Verdauungsvorgang in Ihrem Körper. Wenn Sie sich erbrechen müssen, nimmt die Nahrung den umgekehrten Weg. Man kann sich vorstellen, dass die beim Regler ankommende Substanz bereits sehr flüssig ist. Dies stellt auch die einzige Gefahr dar, da der Körper bei einem Tauchgang ohnehin dehydriert und beim Erbrechen zusätzlich Flüssigkeit und Magensäure verloren gehen. Sollten Sie übrigens eine übertrieben krankhafte Angst vor dem Erbrechen unter Wasser haben, nennen die Wissenschaftler das Emetophobie – dies nur noch zum Abschluss dieser Antwort.

Welche Tauchausrüstung verwendete Cousteau in seinen Filmen?

Der ehemalige Marineoffizier und Kommandant Jacques-Yves Cousteau, der am 11. Juni 1910 im französischen Saint-André-de-Cubzac zur Welt kam und am 25. Juni 1997 in Paris starb, war nicht nur der Meeresforscher und Tauchpionier, als den ihn alle Welt kannte, sondern auch ein begeisterter Filmemacher. Einer seiner bekanntesten Filme war „Die stille Welt", für den er 1956 als erster (und neben Michael Moores „Fahrenheit 9/11" einziger) Dokumentarfilm einen Oscar gewann. Obwohl seine Crew in diesem Film ganze Haischulen ausgerottet hat, ein Korallenriff aus „wissenschaftlichen Gründen" mit einer Dynamitladung in die Luft jagte und fast nichts ausließ, was man unter Wasser nicht machen sollte, wurde der Film ein Riesenerfolg. „Für gute Bilder macht er alles", berichteten später seine Mitstreiter. Ein Ergebnis war seine nach Maß gefertigte Ausrüstung. Die Anzüge waren silberne Glatthautgummianzüge, um einen möglichst großen Effekt vor der Kamera zu erzielen. Das Tauchgerät selbst trugen die Taucher in einem ultraflachen, rechteckigen Kasten, der extrem futuristisch aussah, auf dem Rücken. In Wirklichkeit steckten darin handelsübliche Drei-Liter-Tauchflaschen, allerdings gleich drei bis vier davon. Auf Finimeter wurde in den meisten Fällen verzichtet, da sie das Gesamtbild gestört hätten. Alles der Optik zuliebe. Bis ins hohe Alter hinein war der Kommandant noch aktiv. Wie meinte er doch selbst so treffend: „An dem Tag, an dem ich aufhöre, werde ich tot sein. Das wird für alle eine Überraschung, auch für mich."

Wie funktioniert eine Druckkammer?

Eine Druckkammer (Dekompressionskammer) ist eine luftdichte Kammer, in der der Luftdruck gegenüber dem Umgebungsdruck gesteigert oder gesenkt werden kann. Sie kommt hauptsächlich bei Dekompressionskrankheiten nach dem Tauchen und bei Berufstauchern zum Einsatz. Die Funktionsweise ist einfach. Ein aus Stahl bestehender, ton-

nenförmiger Raum wird mittels eines Kompressors oder aus Lufttanks kontinuierlich mit Luft gefüllt. Der Standardbetriebsdruck von Dekompressionskammern liegt zwischen fünf und zehn bar, in Testkammern können Drücke über 100 bar erzeugt werden. Zahlreiche Messinstrumente geben laufend Aufschluss über den Gesamtdruck und die Partialdrücke der einzelnen Gase, was bei der Dekompression unter erhöhtem Sauerstoffanteil besonders wichtig ist. Fenster ermöglichen einen Einblick in den Innenraum, Gegensprechanlagen vereinfachen die Kommunikation. Je nach Anwendungsgebiet sind weitere Überwachungsgeräte an das System angeschlossen.

Können mit einem Tauchgerät Druckluftwerkzeuge betrieben werden?

Man kann, und das ist zudem sehr praktisch. Anstatt eines Kleinkompressors, für den man einen Elektroanschluss benötigt, lässt sich eine Tauchflasche bequem schultern und transportieren. Der gängige Anschluss des Inflatorschlauchs kann mittels Kupplung und Schlauch einfach adaptiert und an Druckluft-Schrauber, -Bohrer, -Fräsen und -Airbrush angeschlossen werden. Ein zwischengeschalteter Druckminderer hilft beim Regulieren des Drucks auf rund sechs bar, den die Druckluftwerkzeuge im Durchschnitt für ihren Betrieb benötigen. Ein durchschnittlicher Schlagschrauber verbraucht etwa zwischen 100 und 400 Liter pro Minute. Somit kann ein solches Werkzeug mit einem angenommenen Verbrauch von 200 bar pro Minute, angeschlossen an eine Tauchflasche mit zwölf Liter Inhalt und 200 bar Fülldruck (= 2400 Liter Luft), durchschnittlich 11,64 Minuten unter Volllast betrieben werden. Wem das nicht ausreicht, der muss dann doch im Baumarkt seines Vertrauens einen Kompressor kaufen.

Wie funktioniert eine Druckschleuse?

Um von einem Raum mit einem höheren (oder niederen) Umgebungsdruck in einen anderen mit einem niederen (oder höheren) zu gelangen, ist eine Druckschleuse notwendig. Druck (P = engl. pressure) ist der Quotient aus der Kraft (F = engl. force) und der Fläche (A = engl.

area), auf die Kraft senkrecht zur Fläche ausgeübt wird. Druckschleusen finden sich am Eingang zu einer Druckkammer vor allem bei U-Booten und Taucherglocken. Ohne sie wären viele Unterwasserarbeiten und gängige Tätigkeiten der Berufstaucherei nicht durchführbar. Die Funktionsweise ist relativ einfach: Wird weniger Luft (oder ein anderes Gasgemisch, etwa Sauerstoff) abgeführt als zugeführt, steigt der Druck in der Schleuse, wird mehr Luft abgesaugt als zugeführt, sinkt der Druck. Ist schließlich der Druck des zu betretenden Raumes erreicht, öffnet sich die Luftschleuse (wie man Druckschleusen aufgrund dieses Funktionsprinzips auch oftmals bezeichnet) oder sie kann manuell geöffnet werden.

Wie muss eine Leine für das Eistauchen beschaffen sein?

Eistauchen ist nicht ungefährlich, steht doch in den meisten Fällen nur ein Ein- bzw. Ausstiegsloch zur Verfügung, das der Taucher unbedingt wiederfinden muss. Wie beim Höhlentauchen verwendet man daher immer eine Sicherungsleine, die einem den sicheren Weg an die Oberfläche weist. Diese muss unterschiedliche Eigenschaften haben, um ein Maximum an Sicherheit zu garantieren: Eine Signal- und Führungsleine sollte signalfarben und schwimmfähig sein, da sie sich so nicht am Grund verfangen kann und mindestens 50 Meter lang, wovon aber nicht mehr als 30 Meter im Wasser sind. Die Bruchfestigkeit sollte größer als 2 000 Newton und damit stark genug sein, um zwei

Taucher daran herauszuziehen. Die Notfallleine etwaiger Sicherungstaucher sollte mindestens noch zehn Meter länger sein. Außerhalb des Wassers müssen die Leinen aus Sicherungsgründen an einem fixen Gegenstand, wie etwa einem Baum, befestigt werden. Um seinen Buddy unter Wasser nicht zu verlieren, wird zusätzlich eine getrennte Buddyleine von 1,5 Meter Länge verwendet. Hält man all dies ein, kann man sorglos das faszinierende Erlebnis Eistauchen genießen.

Welche Farbe ist bei Tauchanzügen optimal?

Gesetzt den Fall, man oder frau möchte beim Einstieg ins kühle Nass nicht allzu sehr auffallen, empfiehlt sich die Anzugfarbe schwarz. Auch im Technischen Tauchbereich ist diese Nicht-Farbe sehr beliebt. Unter Wasser wird man mit einem solchen Ausrüstungsteil aber schnell eins mit der Umgebung, was nicht immer optimal sein wird. Entscheidet man sich für einen roten Tauchanzug, erzielt man an der Oberfläche die größte Signalwirkung, da diese Farbe in der Natur am seltensten vorkommt. Unter Wasser wird aus dem schmucken Teil jedoch schon nach wenigen Tiefenmetern ein schmutziges Braungrün. Vor allem im Baggersee verschwindet man dadurch schnell mal im Dunkel. Wer es gerne bunter liebt, sollte diese Vorliebe ruhig auch im Tauchsport ausleben – Gelb ist schon mal ganz gut, Neon (also die Mischung aus Gelb und Grün) ist der auffälligste Farbwert in der Unterwasserwelt und bietet auch an der Oberfläche eine gute Sichtbarkeit. Die Wahrscheinlichkeit, dass einen so das Tauchboot nach einem Tauchgang nicht mehr findet, ist also bedeutend geringer.

Gibt es eine Fernbedienung für Flaschenventile?

Bei manchen Tauchunternehmungen, wie etwa Eis-, Höhlen oder Wracktauchen, sind zwei getrennte Tauchgeräte als Sicherheitsmaßnahme notwendig. Da diese in den meisten Fällen aber auf dem Rücken des Tauchers getragen werden, ist es nicht immer leicht, an die Flaschenventile heranzukommen, um das eine zu schließen und das andere zu öffnen. Hier ist entweder viel Übung und ein gelenkiger Körper erforderlich – oder aber eine Ventil-Fernbedienung, wie sie der

Tauchtechnikhersteller Nautec im Programm hat. Dieser „External Drive“ wird vor dem Tauchgang mit wenigen Handgriffen an das Flaschenventil angeschlossen, und schon kann man komfortabel im Brustbereich die Ventile bedienen. Die Technik, die dies ermöglicht, ist eine nahezu verwindungsfreie, biegsame Welle aus rostfreiem Stahl, welche die Kraft auf die Ventil-Oberspindel an der Flasche überträgt. Sieht auch gleich viel eleganter aus, als unter Wasser mühsam herumzuturnen.

Was bedeutet DIN und INT bei Flaschenventilen?

Diese beiden Bezeichnungen stehen für die weltweit gängigsten Ventilsysteme, nämlich dem nach Deutscher Industrienorm (DIN) und dem amerikanischen International Valve (INT). Passend zu den Flaschenventilen werden auch die Atemregler der großen Hersteller alle als DIN- oder INT-Modell angeboten. Beim nach DIN geprüften Ventilsystem wird der Atemregleranschluss mittels Schraubverbindung in das DIN-Ventil der Flasche eingeschraubt, was eine sehr gut sitzende Verbindung ergibt, da durch das metrische Gewinde und einen Dichtring am Regler eine hohe Sicherheit gewährleistet ist. Dieses System ist vor allem im deutschen Sprachraum sowie auf deutschsprachigen Auslandstauchbasen im Einsatz. Weltweit häufiger sind jedoch die Flaschenventile, die dem INT-Standard entsprechen. Bei diesen wird an die konische Aussparung am Flaschenventil, in dem ein Dichtring sitzt, der Atemregler (ohne Dichtring) angesetzt und mittels Bügelüberwurfverschluss am Ventilkopf befestigt. Befinden sich Ventilausgang und erste Stufe in der richtigen Position, wird der Bügel mit einem Handrad, das gegenüber dem Ventilausgang liegt, befestigt. Dabei wird automatisch ein Stift in eine Vertiefung an der Flasche eingeführt, ähnlich Nut und Feder. Diese Verbindung ist grundsätzlich nicht unsicherer als die DIN-Verbindung. Da der Dichtring in diesem Fall jedoch an der Tauchflasche angebracht ist, besteht für den Taucher eine potenzielle Schadstelle zusätzlich, nämlich den fremden O-Ring, die er nicht beeinflussen kann. Beim DIN-Modell wäre der O-Ring im Atemregler des Tauchers selbst, d. h. ihm obliegt eine ordnungsgemäße Wartung. Für die Montage von DIN-Atemreglern an INT-Ventilen und umgekehrt sind spezielle Adapter notwendig, die es aber im Fachhandel zu kaufen gibt.

Gibt es Unterwasser-Funkgeräte?

Funkwellen sind elektromagnetische Wellen, die eine besonders schnelle geradlinige Ausbreitungsgeschwindigkeit in der Luft erzielen. Unter Wasser sind ausschließlich Langwellen in der Lage sich auszubreiten. Diese benötigen aber sehr lange Antennen und wurden deshalb nur im militärischen Bereich bei der Kommunikation mit U-Booten eingesetzt, wobei Wellen mit extrem niedriger Frequenz unter 30 kHz zum Einsatz kommen. Versuche, Unterwasserfunkgeräte zu entwickeln, sind zwar teilweise gelungen, der Empfang reicht aber nur wenige Meter.

Muss man vor einem Hammerhead Angst haben?

Sofern man kein Akousticophobiker ist, also Angst vor Lärm hat, muss man auch vor einem Hammerhead keine Angst haben. Mit diesem Begriff bezeichnet man beim Tauchen nämlich nicht nur die possierlichen Tiere der Haifamilie, sondern auch ein Unterwasser-Signalhorn, das derzeit als das lauteste im Fachhandel erhältliche gilt. Unter Wasser wird das Hupsignal bis zu 200 Meter weit transportiert, an der Oberfläche kann es sogar über eine Strecke von 500 Meter noch vernommen werden. Ermöglicht wird diese Leistung durch eine Metallmembran, die über die Luft aus der Pressluftflasche in Schwingungen versetzt wird. Dafur wird der Signalgeber zwischen Schlauchkupplung und Inflatorschlauch des Jackets einfach zwischengeschaltet. Keine Sorge, der Luftverbrauch ist gering. Er entspricht pro Hupton nur etwa einem Viertel des Verbrauchs bei einem normalen Atemzug. Eher Angst sollte man vor seinen Tauchpartnern haben, denen man mit einem übermäßigen Gebrauch des Hammerheads vermutlich den Tauchgang verdirbt.

Wie schwer ist ein Helmtaucher?

Seit der Erfindung des ersten Helmtauchgeräts durch Marianus Jacobus Taccola aus dem italienischen Siena im Jahr 1438 hat sich die Ausrüstung stark verändert. Bereits Leonardo da Vinci hat um 1500 herum einen Tauchanzug mit aufgesetztem Helm entworfen, der allerdings noch aus Stoff und Leder gefertigt war und daher nur in geringen Einsatztiefen verwendet werden konnte. Der Durchbruch kam erst 1819, als der deutschstämmige Brite Augustus Siebe seinen oberflächenversorgten Taucherhelm aus Metall entwickelte. Anfangs hatte dieser keine Verbindung zu dem Tauchanzug, war also unten offen. Erst durch die Verbindung des starren Helmes mit dem flexiblen Anzug entstand 1838 der im Prinzip bis heute übliche Helmtauchanzug. Bedingt durch die Bauart und Funktionsweise des Anzugs, in den von der Oberfläche über eine „Nabelschnur" (engl. Umbilical) Luft entsprechend dem Umgebungsdruck gepumpt wird, hat der Taucher einen enormen Auftrieb, den er durch Bleigewichte kompensieren muss. Bei 100 kg Gewicht ist es nicht einfach, sich mit diesem Anzug an der Oberfläche zu bewegen. Moderne Helmtauchgeräte sind bedeutend leichter. Sollten Sie mit einem derartigen Gerät tauchen wollen, müssen Sie dennoch um die 60 kg mit sich herumschleppen.

Benötigt ein Helmtaucher mehr Blei als ein Sporttaucher?

Im Sporttauchbereich trägt man üblicherweise einen Neoprenanzug, der aufgrund seines Eigenauftriebs mit einer mehr oder weniger großen Bleimenge unter Wasser auftriebsneutral gemacht werden muss. Ein moderner Helmtaucher liebt es da bedeutend schwerer. Sein Anzug besteht aus Gummi und hat keinen Eigenauftrieb. Selbst der modernste Taucherhelm ist bedeutend schwerer als eine einfache Tauchermaske und wiegt in der Regel um die 8–13 kg. Als Notfallreserve führt der Taucher eine klassische 10-Liter-Flasche auf dem Rücken mit sich. Man könnte meinen, dass ein Helmtaucher weitaus weniger Blei benötigt als ein Sporttaucher. Ein moderner Helmtaucher erledigt jedoch Unterwasserarbeiten und bewegt sich gehend am Grund vorwärts. Heute werden dafür keine Bleiplatten an den Füßen mehr eingesetzt, sondern die an den Trockenanzug angesetzten Füßlinge weisen aus Schutzgründen Stahleinlagen auf. Die tatsächliche externe Bleimenge, die der Helmtaucher aus Stabilitätsgründen in einer eigenen Trageweste aus Nylongewebe an seinem Körper trägt, liegt bei durchschnittlich 20 kg – also rund das 2–3-Fache davon, was ein Sporttaucher während seiner Tauchgänge mit sich führt.

Gibt es ein Mini-Tauchgerät à la James Bond?

So schön es auch wäre, ähnlich dem Geheimagenten James Bond minutenlang unter Wasser zu sein und dabei aus einem zigarrenförmigen Tauchgerät zu atmen, dem noch dazu keine Luftblasen entweichen – dies muss leider ins Reich der Utopie verwiesen werden. Möglich wäre dies nämlich nur, wenn das Gerät, ähnlich einem Kreislauftauchgerät, mit Atemkalk und zusätzlichem Sauerstoff arbeiten würde. Und dafür ist das von „Q“ im Film entwickelte Gerät nun wirklich zu klein. Wer jedoch ein paar Zentimeter drauflegt, kann etwas Ähnliches erwerben. Die für Notfälle während eines Tauchgangs konzipierte Spare Air Flasche ist nur knappe 22 x 6 cm groß und beinhaltet trotzdem 48 Liter Pressluft. Dieser Luftvorrat ist zwar im Vergleich zu einer handelsüblichen 10-Liter-Tauchflasche, in der 2.000 Liter Luft enthalten sind, verschwindend gering, reicht aber trotzdem noch für rund 30 Atemzüge, womit zumindest noch ein kleiner kontrollierter Notaufstieg durchgeführt werden kann. So elegant wie beim Agenten Seiner Majestät sieht das knallgelbe Teil jedoch nicht aus.

Wie weit reicht ein Kamera-Blitz unter Wasser?

Die sogenannte Blitzreichweite gibt jene Distanz an, bei der ein Motiv hinreichend ausgeleuchtet ist und errechnet sich durch die Leitzahl des Blitzes geteilt durch die eingestellte Blende. Die Leitzahl ist die zentrale Maßzahl für die Lichtleistung und per Definition ein indirektes Maß für die Helligkeit eines Blitzgeräts. Sie hängt unter anderem von der Empfindlichkeit des Films oder des Sensors ab und wird in der Regel bezogen auf ISO 100 angegeben. Sie erhöht sich bei Verdoppelung der ISO-Empfindlichkeit um rund das 1,4-fache. Ein weiterer Faktor ist die Umgebung, in der geblitzt wird. Bei Zoomeinstellungen auf lange Brennweiten ist durch Lichtbündelung die Leitzahl durch den geringeren Ausleuchtwinkel größer. Schließlich wirkt sich bei einem externen Blitz der Einstrahlwinkel des Blitzes auf die Helligkeit und Ausleuchtungsleistung aus. Unter Wasser hängt die Leitzahl von der Klarheit und Art des Wassers und von der Beschaffenheit der Umgebung ab. Als Faustformel kann man sagen, dass Blitzgeräte nicht weiter als zwei Meter reichen, um ein Motiv hinreichend auszuleuchten, Kompaktka-

meras mit eingebautem Blitz strahlen teilweise gar nur 60 Zentimeter weit. Der stärkste momentan angebotene Blitz hat unter Wasser eine Leitzahl von 16 auf zwei Meter Entfernung mit Blende 8. In der Regel muss man sich Gott sei Dank darüber nicht den Kopf zerbrechen, sondern überlässt diese Einstellungen dem Blitzgerät, der Kamera und der eigenen Erfahrung.

Wer hat den Kompass erfunden?

Der Kompass (ital. com-passo = das Umschreiten) ist aus der heutigen Seefahrt und dem Tauchsportbereich nicht mehr wegzudenken. Als Erste erkannten die Griechen um 800 v. Chr., dass sich Splitter von Magneteisenstein in Nord-Süd-Richtung ausrichten. In China entdeckte man diese Eigenschaft um 400 v. Chr., benutzte allerdings erst ab dem 11. Jahrhundert eine schwimmende Kompassnadel, die man Südweiser nannte. Der französische Gelehrte Petrus Peregrinus de Maricourt erwähnte erstmals 1269 eine sich auf einem Stift drehende Magnetnadel, im Prinzip also den noch heute benutzten trockenen Kompass, den angeblich der italienische Seefahrer Flavio Gioia aus Amalfi erfunden hatte. Um das Jahr 1400 herum bauten europäische Seefahrer die trockene Kompassnadel zusammen mit einer Windrose, auf der die Himmelsrichtungen angebracht waren, in ein festes Gehäuse auf ihren Schiffen ein. Das italienische Genie Leonardo da Vinci perfektionierte das Gerät. Er schlug vor, den Kompasskasten in einer Kardanischen Aufhängung zu platzieren. Durch diese Vorrichtung, in der der Kompass frei drehbar und unabhängig von Lage oder Bewegung aufgehängt war, wurde die Präzision soweit verbessert, dass europäische Segelschiffe damit weltweit über die exakteste Kompasstechnik dieser Zeit verfügten. Diese Form des Kompass wird übrigens bis in die heutige Zeit nahezu unverändert verwendet.

Warum trägt man eine Kopfhaube beim Tauchen?

Als modisches Accessoire kann die Kopfhaube eines Tauchers sicher nicht gedacht sein, lässt sie doch den flottesten Taucher einem überdimensionalen Kondom gleichen und die natürliche Schönheit der Tauchpartnerin verblasst im Schatten dieses Monstrums. Also muss ja wohl ein Sinn dahinterstecken, wenn wir uns derartig verunstalten, nur welcher? Wir erinnern uns daher an die Worte unseres Tauchlehrers aus längst vergangenen Zeiten zurück. Der Körper gibt 50 Prozent seiner Wärme über den Kopf ab. Kopfhauben schützen daher vor übermäßiger, unnötiger Wärmeabgabe, die in kaltem Wasser zu Hypothermie, also Unterkühlung, führen kann. Die über den Kopf „verloren gegangene" Wärme fehlt dem Rest des Körpers, weshalb ein Frösteln und Unbehaglichkeit während eines Tauchgangs früher einsetzt. Daher ist eine wasserdichte Mütze in jedem Fall nützlich – Schönheit hin oder her.

Wodurch unterscheiden sich LED-Lampen von Halogenlampen?

Grundlegend! Halogenlampen sind Glühlampen, bei denen ein Glühfaden durch Stromfluss so stark erhitzt wird, dass er glüht. Die Wirkungsdauer der klassischen Glühbirne von Thomas Alva Edison wurde durch die Zugabe eines Halogens (Brom oder Iod) gesteigert, so dass eine längere Lebensdauer von bis zu 4 000 Betriebsstunden ermöglicht wurde. Außerdem konnte dadurch eine höhere Glastemperatur erreicht werden, was wiederum die Trübung des Lampenkolbens verhinderte. Wird die Halogenlampe jedoch zu oft gedimmt, was bei Taucherlampen ja oft der Fall ist, wird die notwendige Glastemperatur nicht erreicht und die Lebensdauer des Leuchtkörpers sinkt rapide. Eine LED-Lampe (Leuchtdiode = engl. Light Emitting Diode) hingegen ist ein elektronisches Halbleiter-Bauelement, das Licht abstrahlt, sobald Strom durchfließt. Da nichts zum Glühen gebracht wird, gibt es auch keine Temperaturabgabe, es wird also kaltes Licht erzeugt. Die Lebensdauer von LED's kann bis zu 100 000 Stunden betragen, wobei sie – im Gegensatz zu einer Glühlampe – nicht abrupt ausfällt, sondern nach und nach schwächer wird.

Funktionieren Magnete auch unter Wasser?

Selbstverständlich, kann man da nur sagen, da ja ansonsten kein Kompass unter Wasser funktionieren würde, richtet sich dieser doch nach dem Magnetfeld des magnetischen Nordpols aus. Das von einem Magneten erzeugte Feld übt aufgrund der physikalischen Theorie der Elektrodynamik auch unter Wasser eine Kraft auf bewegte Ladungen in ferromagnetischen Stoffen aus, die sogenannte Lorentzkraft. Auf den ersten Blick gibt es also keinen Unterschied von Wasser zu Luft. Dennoch müssen auch Magnete unter Wasser gewisse Anforderungen erfüllen, die ihre trockenen Genossen an der Oberfläche nicht brauchen. Magnete sind bei Arbeiten im Meer hohen Anforderungen ausgesetzt und müssen vor allem korrosionsbeständig sein. Berufstaucher magnetisieren ihre Unterwasser-Werkzeuge, um sie einfach ablegen und im Falle von Verlust leichter bergen zu können. Im Unterwassereinsatz sind in erster Linie die stärksten Dauermagnete, die aus gesinterten Elementverbindungen Samarium-Kobalt oder Neodym-Eisen-Bor hergestellt werden. Um sie vor Korrosion zu schützen, werden sie meistens mit Epoxy überzogen, das sie immun gegen Umwelteinflüsse macht. Die so behandelten Magnete sind teuer. Für alle Tekkies unter unseren Lesern: Zumeist sind sie in Schwarz oder Grau ausgeführt.

Warum verwenden manche Taucher Metallflossenbänder?

Eines der wichtigsten Ausrüstungsteile beim Sporttauchen sind die Flossen, die den richtigen Vortrieb unter Wasser sichern. Üblicherweise werden im Gerätetauchbereich offene Flossensysteme verwendet, die mittels verstellbarer Flossenbänder aus Gummi am Füßling gehalten werden. Gummi wird aber im Laufe der Zeit spröde, verliert seine elastischen Fähigkeiten und kann schließlich reißen. Um dennoch einen unbeschwerten Tauchurlaub verbringen zu können – oder noch wichtiger, um beim Eindringen in Höhlen oder Wracks für alle Fälle gerüstet zu sein – müsste man eigentlich immer ein bzw. zwei Ersatzflossenbänder mit sich führen, damit im Fall der Fälle trotzdem weitergetaucht werden kann. Um dies zu vermeiden, hatten Entwickler der Firma Oceanic vor Jahren die Idee, eine Edelstahlfeder als Flossenband einzusetzen. Mittlerweile gibt es unzählige Versionen dieser Metallflossenbänder im Handel, die alle mit dem Überbegriff „Spring Strap“ (engl. Federbügel) bezeichnet werden. Die Federn werden immer aus salzwasserbeständigem Material gefertigt und haben unterschiedliche Befestigungsvorrichtungen für die Flossen. Die meisten sind nicht in der Länge verstellbar, was bei einer korrekt sitzenden Flosse auch nicht notwendig ist.

Wer hat das Neopren erfunden?

Neopren ist heute aus dem Tauchsport nicht mehr wegzudenken. Es ist kein Material im herkömmlichen Sinne, sondern der Markenname eines Chloropren-Kautschuks, der im Hause DuPont erfunden wurde. Die Väter dieses geschäumten Gummis sind der Chemiker Wallace Carothers aus den DuPont-Labors und der Universitätsprofessor Julius Arthur Nieuwland von der Universität von Notre Dame. Ursprünglich hatte Nieuwland die Grundlagen für das spätere Erfolgsprodukt geliefert. Der DuPont-Konzern kaufte dieses Patent der Universität ab. Zusammen mit Carothers wurde die chemische Verbindung verfeinert, bis schließlich im Jahr 1932 erstmals das neue Material das Tageslicht erblickte. Im selben Jahr wurde das Produkt unter dem Namen Duprene der Öffentlichkeit präsentiert. Erst einige Jahre später, 1938, erhielt es seinen bis heute gültigen Markennamen Neopren und konnte ab 1953 seinen Siegeszug in den Tauchanzügen antreten. Der Dank aller Taucher ist diesen Männern gewiss.

Wie lange braucht Neopren zum Trocknen?

Da Neopren ein wasserfestes und wasserabweisendes Gewebe ist, trocknet reines Neopren sehr schnell. Fast alle Hersteller von Tauchanzügen verwenden jedoch zum Schutz des Materials verschiedene Stoffmaterialien und kaschieren die Innenseiten der Anzüge mit wärmenden Materialien. Diese Stoffe saugen sich mit Wasser voll und aufgrund der Konstruktionsweise eines Neoprentauchanzugs kann auch immer nur die nach außen gewendete Seite ausreichend getrocknet werden, während sich die Feuchtigkeit auf der innen gewandten Seite deutlich länger hält. Aus diesem Grund empfiehlt es sich auch, nach einem Tauchgang die Innenseite zuerst zum Trocknen aufzuhängen – außen wird er sowieso wieder nass. Einen Neoprentauchanzug sollte man niemals in die pralle Sonne hängen, da sich das Neopren jede Hitzebehandlung „merkt" und in eine erhöhte Vernetzungsdichte umsetzt. Je höher die Vernetzungsdichte des Gummimaterials, desto härter wird es allerdings – ein ausgesprochen unerwünschter Effekt.

Kann man Neopren waschen?

Reines Neopren selbst ist ein sehr anfälliges Material für Risse und Beschädigungen, weshalb die meisten Hersteller von Tauchanzügen außen und innen ein sehr dünnes Jersey-Stretchgewebe aus Nylon bzw. auch alle möglichen Beschichtungen wie etwa Frottee oder Titanfrottee aufbringen. Diese sind es eigentlich auch, die richtig gewaschen werden können. Glattneoprenanzüge ohne Kaschierung werden einfach abgewischt. Wie bei normaler Straßenbekleidung gibt es die Möglichkeit, diese in der Badewanne oder aber auch etwas komfortabler in der

Waschmaschine zu waschen. Wählt man die letztere Variante, sollte man den Schon- oder Wollwaschgang mit 30° einstellen und ein Feinwaschmittel verwenden, das keine bleichende Wirkung hat. Um Beschädigungen des Gewebes durch die Reißverschlüsse des Anzugs zu vermeiden, empfiehlt es sich, diese zu verschließen, den Anzug umzudrehen und außerdem noch auf einen Schleudergang zu verzichten. Befolgt man diese Ratschläge, kann man auch wieder sauber in den nächsten Urlaub fahren.

Wieso stinkt Neopren nach einiger Zeit?

Der Geruch, den Tauchanzüge verbreiten, ist gelegentlich nicht zu ertragen. Ursache dafür ist aber nicht etwa menschlicher Fußpilz, sondern die anaeroben, grampositiven, sporenbildenden Bakterien der Gattung Clostridium butyricum. Bei den durch dieses Bakterium angeregten Prozessen werden neben der arg riechenden Buttersäure noch einige weitere Geruchsstoffe produziert, mit denen man sicherlich keine Parfums herstellen kann. Um diese Kolonien wieder loszuwerden, empfiehlt es sich, handelsübliche Desinfektionsmittel zu verwenden. Am besten haben sich dabei in der Vergangenheit einige Spritzer des Mittels Spitazid erwiesen. Es handelt sich dabei um ein leicht entzündliches Desinfektionsmittel, das bei Augen- oder Speichelkontakt böse Reaktionen hervorrufen kann. Sagen Sie also nicht, wir hätten Sie nicht gewarnt! Neben den für den Menschen unangenehmen Nebenwirkungen tötet es aber beinahe alle Bakterien. Um die Reinigung zum Abschluss zu bringen, müssen jetzt noch einige Waschvorgänge durchgeführt werden, damit auch der letzte Rest des störenden Geruchs beseitigt ist. Und schon riecht es wieder nach Blümchenwiese.

Welche Stärke haben Neoprenanzüge?

Der menschliche Körper gibt im Element Wasser einen Großteil seiner Wärme an das ihn umgebende Element Wasser ab: Man kühlt also aus. Um dies zu vermeiden, schützt man sich am besten mit dem klassischen Neoprenanzug, und den gibt es im Fachhandel in den unterschiedlichsten Stärken. Der Grund? Neopren ist geschäumter Gummi, weist also Gaseinschlüsse in seinem Material auf. Taucht man unter Wasser, vergrößert sich der Umgebungsdruck pro zehn Meter Wassertiefe um ein bar. Dieser Druck wirkt sich auf alle Gase aus, also auch auf die im Neoprenmaterial eingeschlossenen, der Anzug wird also bei zunehmender Tiefe zusammengepresst und das Material wird dünner. Daher bieten die verschiedenen Hersteller von Tauchanzügen auch die unterschiedlichsten Materialstärken an, normalerweise zwischen 0,5 mm bis 8 mm. Letzteres ist zugleich die dickste Neoprenstärke, die derzeit bei Tauchanzügen zum Einsatz kommt. Dickere Anzüge wären zu unflexibel, der Taucher könnte sich nicht mehr ausreichend bewegen. Um die Wärmeisolation zu erhöhen, gibt es seit einiger Zeit Überziehwesten, mit deren Hilfe im Rumpfbereich, dem „Körperkernbereich", eine doppelte Schicht Neopren den Körper vor Wärmeverlust schützt. Man kann damit bis zu 16 mm Neoprenmaterial auftragen und trotzdem bleibt der Handlungsspielraum der beweglichen Körperteile erhalten.

Haben luftintegrierte Tauchcomputer verlängerte Nullzeiten?

Dank der genauen Luft-Berechnung versprechen viele Hersteller, dass die Tauchzeit so optimal ausgenützt werden kann. Ob es nun wirklich luftintegrierte Computer gibt, die im Vergleich und unter gleichen Bedingungen eine längere Nullzeit errechnen, lässt sich schwer testen. Die einhellige Meinung ist aber „Nein" und das aus einem einfachen Grund. Diese Computer errechnen das Tauchprofil unter Einbeziehung zahlreicher Faktoren, die herkömmlichen Tauchcomputern, speziell älterer Bauart, fremd sind. Etwa wird zusätzlich zur Arbeitsleistung, die abhängig vom Luftverbrauch gerechnet wird, auch in manchen Fällen die Wassertemperatur in die Berechnung der RBT (remaining bottom time) mit einbezogen. Des Weiteren sind in neuen Computern Rechenmodelle am Werk, die eher konservativere Werte in Bezug auf die Stickstoffsättigung angeben und damit die Sicherheit erhöhen. Ein Grund dafür ist unter anderem die Berücksichtigung von Inertgas nicht nur in der gelösten Phase, sondern auch im gasförmigen Zustand (Mikrogasblasen). Beim Ersttauchgang ist es deshalb wahrscheinlich, dass Computer gleicher Bauart, mit und ohne Luftintegration dieselbe Nullzeit errechnen. Bei Wiederholungstauchgängen wird der luftintegrierte Tauchcomputer eher kürzere als längere Grundzeiten anzeigen. Schlussendlich wird es so sein wie immer – derjenige, der weniger Luft braucht, kann länger unten bleiben – natürlich unter Einhaltung aller gebotenen Sicherheitsregeln.

Wie hoch sind Ölplattformen?

Die Höhe von Ölplattformen wird vom Meeresgrund aus gemessen. Doch nicht jede Bohrinsel ist auch eine Plattform. Halbtauchplattformen, die auf Pontons schwimmen und Bohrschiffe haben keine feste

Verbindung zum Grund, sondern werden durch Anker, Stahltrosse oder den eigenen Antrieb über dem Bohrloch gehalten. Das beeindruckendste Beispiel dafür ist die 1306 Meter über dem Meeresboden aufragende Tension-Leg-Plattform Ursa im Golf von Mexiko. Diese schwimmende Plattform ist durch Pipelines und vier massive Stahlseile mit dem Meeresboden verbunden und hat ein Gesamtgewicht von 16 000 Tonnen. Sie ist das höchste, jemals von Menschen erbaute Gebilde auf dieser Welt –vom Meeresgrund weg aus gerechnet.
Die größte jemals errichtete Offshore-Ölplattform auf einem Betonsockel oder auf Gerüstbeinen ist die Troll A vor der Küste Norwegens. Sie verdrängt eine Million Tonnen Wasser, hat eine Höhe von 369 Me-

tern und reicht vom Grund bis zur Spitze des Gasfackelmastes 472 Meter hoch auf. Damit ist sie stolze 45 Meter höher als der Pariser Eiffelturm. Sie steht in 303 Meter Wassertiefe und gilt mit ihrem Leergewicht von 650 000 Tonnen auch als das größte je von Menschen entworfene Objekt, das bewegt wurde.

Warum haben manche Taucher so lange Oktopusschläuche?

Wie in unserem ersten Band „Nullzeit, Sex und Tiefenrausch" bereits erklärt, stammt der Begriff Oktopus ja aus den Anfängen des Gerätetauchsports, als durch den damals neu hinzugekommenen Oktopus-Schlauch die Taucher immer mehr an die gleichnamigen Tiere erinnerten. Weitaus eindrucksvoller sehen diese Schläuche jedoch im Bereich des Technischen Tauchens aus, sind diese doch 2,1 Meter lang und werden in den meisten Fällen elegant um den Hals drapiert. Begründet hat diese Technik der Vater des Technischen D.I.R.-Konzepts (Doing It Right), Bill Hogarth Main. Dieser war aktiver Höhlentaucher und Mitgründer des Woodville Karst Plain Projects, bei dem ab 1985 das Unterwasserhöhlensystem zwischen Tallahassee in Florida und dem Golf von Mexiko erforscht wurde. Im Zuge der unzähligen Tauchgänge in diesen Höhlen kamen zum ersten Mal diese überlangen Schläuche zur Anwendung. Der Grund dabei war hauptsächlich, dass der Tauchpartner in einem engen Höhlensystem entweder vor oder hinter einem schwamm und nur selten daneben. Der Schlauch, mit dem man ihn im Notfall mit Luft versorgen konnte, musste also dementsprechend länger als der Taucher selbst sein. Um den Hals ist er übrigens deswegen drapiert, damit man selbst im Normalfall daraus atmen kann und er nicht im Weg ist. Im Notfall übergibt der Taucher dann diesen Automaten an seinen Buddy und atmet selbst aus dem mitgeführten kürzeren.

Wie oft sollte man O-Ringe von Unterwasserkameras pflegen?

Dicht- bzw. O-Ringe von Unterwasserkameras oder Gehäusen sind die neuralgischen Stellen der ansonsten wartungsarmen UW-Gehäuse für Kameras und Blitze. Diese Dichtungen müssen daher in regelmäßigen Abständen gepflegt werden, um den Gummi geschmeidig zu halten und poröse Stellen zu vermeiden. Vor jedem Tauchgang sollte die Dichtung einer sorgfältigen Reinigung von Staub, Sand und sonstigen Partikeln unterzogen werden. Wer es ganz genau nimmt, kann mit einer Lupe nachkontrollieren. Um Fussel auf der Dichtung zu vermeiden, empfiehlt es sich mit dem leicht angefeuchteten Finger sowohl über den O-Ring selbst als auch über die Nut zu wischen, in die der O-Ring beim Abtauchen gepresst wird. Je nach Benutzungshäufigkeit sollten die großen Dichtungen, die ohne mechanischen Eingriff selbst entfernt werden können, gewartet werden. Dazu hebt man diese vorsichtig aus ihrer Aufnahme (Nut) und reinigt sowohl das Gehäuse als auch die Dichtung mit einem staub- und fuselfreien Papier oder Tuch. Die Nut kann mit einem Ohrstäbchen gereinigt werden, das vorher angefeuchtet wurde, um zu vermeiden, dass Fasern zurückbleiben. Die Dichtung sollte frei von Beschädigungen, Rissen und Kerben sein, andernfalls muss sie ausgetauscht werden. Danach wird der O-Ring eingefettet. Für Dichtungen aus Neopren oder Viton können Sie fast alle gängigen Fette verwenden, Silikondichtungen aber müssen mit Silikonfett behandelt werden, bis sie leicht glänzen. Fett selbst hat keine Dichtfunktion und zu viel davon zieht Schmutz an wie ein Magnet. Aus diesem Grunde sollte man auch sparsam damit umgehen. Die Dichtungen aller übrigen Gehäusedurchführungen sollten durch einen Fachmann ca. alle 100 Tauchstunden oder zumindest alle drei Jahre überprüft werden. Detaillierte Wartungsanweisungen finden Sie in der Gebrauchsanleitung ihres Unterwassergehäuses. Auch wenn man sagt, dass Männer keine Bedienungsanleitungen benötigen, geschweige denn lesen, sollten sie in diesem Fall eine Ausnahme machen – dem Urlaub und den Erinnerungsfotos zuliebe.

Was ist Panzertauchen?

Wenn Menschen tief ins Meer abzutauchen versuchen, stehen sie einerseits vor dem Problem, dem steigenden Druck standzuhalten und andererseits den Effekt unter Druck eingeatmeter Gase auf den Körper zu bewältigen. Der Panzertauchanzug, auch Hard Suit, Jim Suit und Atmospheric Diving Suit genannt, ist eine spezielle, druckresistente Art eines Taucheranzugs, der es ermöglicht, ohne Druckausgleich und Sättigungstauchtechniken große Tiefen zu erreichen. Heute verwendete Geräte sind aus hochfestem Kunststoff und bestehen aus einem Rumpf, an dem spezielle Gelenke, die intern den Druck ausgleichen, befestigt sind. Diese ermöglichen die Bewegung von Armen und Beinen, die Hände werden durch Greifer und Manipulatoren ersetzt. Die Vorteile liegen auf der Hand. Im Panzeranzug herrscht Oberflächendruck, eine Dekompression ist auch nach Tauchgängen in über 600 Metern Tiefe nicht notwendig. Zur Luftversorgung dient in der Regel ein Kreislaufgerät. Eine primäre und eine für Notfälle gedachte sekundäre Versorgung sind vorhanden.

Wie hat sich der Panzertauchanzug entwickelt?

Frühe Vorläufer der gepanzerten Tauchanzüge waren die vergeblichen Versuche, die weichen Anzüge von Helmtauchgeräten gegen den Wasserdruck zu verstärken. Erste Entwürfe für einen Ganzkörper-Panzeranzug, die aber nicht funktionsfähig waren, stammen vom Kanadier Philip aus dem Jahr 1856 und den Amerikanern Bowdoin und Campos. Der erste „eiserne Mann“ wurde vom italienischen Bergeunternehmen Quaglia entwickelt und war ein stehender Zylinder mit Bullaugen, in dem mit einem Sauerstoff-Kreislaufgerät geatmet wurde. Über ein Telefon konnte mit der Oberfläche kommuniziert werden. Ein wirklich vollständig geschlossener Anzug mit halbrunden, mit Textilschlaufen abgedichteten Gelenken wurde 1882 von den französischen Brüdern Carmagnole konstruiert. Eine Tiefe von 170 Meter erreichte eine Konstruktion der deutschen Firma Neufeldt und Kuhnke. Ab 1922 experimentierte der Amerikaner Peress mit verschiedenen Gelenkskonstruktionen. 1930 wurde sein Anzug fertiggestellt und von der Royal Navy getestet. Jim Jarret tauchte mit diesem Modell 1935 zur RMS Lusitania. Die getestete Tauchtiefe betrug 120 Meter. Jarret entwickelte ab 1969 einen der heute gangigsten Panzertauchanzüge, der seinen Namen trägt – den JIM Suit. Die erste Version hatte neben einem massiven runden Kopfstück, über das der Einstieg erfolgte, große kugelförmige Gelenke an Armen und Beinen mit internem Öldruckausgleich. Der JIM Suite war der erste funktionsfähige, vielseitig einsetzbare Panzeranzug. Die zweite Version hatte raupenförmige Gelenkarme mit zahlreichen kleinen Gelenksegmenten, eine Glashalbkugel zum Ausblick und ist für Tauchtiefen bis 300 Meter ausgelegt. Der NEWTSUIT, eine Konstruktion von Phil Nuytten aus Kanada, wird oft mit der Firma Dräger in Zusammenhang gebracht. Der körperbetonte Anzug kann bis zu

350 (Typ 1) bzw. 600 Meter (Typ 2) tief tauchen. Zahlreiche Rotationsgelenke ermöglichen eine höhere Bewegungsfreiheit. Mit Distanzelementen kann er an verschiedene Körpergrößen angepasst werden. Ein Panoramabullauge verbessert die Sicht, zusätzlich montierbare Propeller unterstützen die Bewegung unter Wasser.

Seit wann gibt es Rebreather?

Die ersten Rebreather (Wiederatemgeräte) waren streng genommen die Helmtauchgeräte, die bereits im 16. Jahrhundert eingesetzt wurden. Diese von der Oberfläche versorgten Tauchgeräte hatten zwar wenig mit den heute eingesetzten Rebreathern zu tun, nutzen aber ebenso den zur Verfügung stehenden Sauerstoff in der Atemluft fast gänzlich aus. Die Taucher atmeten die Luft, die sich in Anzug und Helm befand, mehrmals ein und wieder aus, bevor das CO_2 durch ein Ventil ausgespült wurde. Diesen Vorgang nennt man Pendelatmung, die auch in manchen heutigen Modellen zur Anwendung kommt. 1680 erfand Giovanni Borelli als Erster ein geschlossenes Kreislaufgerät, das sich nicht bewährte. Die Luft wurde durch ein mit Seewasser gekühltes Rohr geleitet, das die Verunreinigungen der Luft an der Innenseite des Rohres durch Kondensation binden sollte. Der erste CO_2-Absorber wurde 1726 in Form eines mit Weinstein und Seewasser getränkten Tuches in einem Helm für Grubenretter eingesetzt. Es dauerte noch bis zum Jahr 1878, als Henry Fleuss, Offizier der Englischen Handelsmarine, in Zusammenarbeit mit der Firma Siebe-Gorman das erste funktionierende Sauerstoff-Kreislaufgerät entwickelte. Dieses Gerät wurde zur Rettung verunglückter und vom Wasser eingeschlossener Bergleute eingesetzt. Es musste unter Wasser ebenso wie in giftiger Atmosphäre funktionieren. Zahlreiche weitere Entwicklungsschritte waren nötig bis 1905 der Ingenieur Robert Davis, ein Mitarbeiter von Siebe Gorman and Co., den „Davis-Tauchretter" als Rettungsgerät zum Verlassen von Unterseebooten entwickelte. Im Jahr 1907 schließlich entwickelte die Firma Dräger ihren U-Boot-Retter, dem ab 1939 zahlreiche U-Boot-Besatzungen ihr Leben verdankten. Schon zwei Jahre später wurden die ersten erfolgreichen Tauchversuche verzeichnet. 1912 wurde der erste funktionierende Sauerstoff-Rebreather von Bernhard und Heinrich Dräger als erster, frei tragbarer, schlauchloser Dräger-Tauchapparat vorgestellt. Am 17. Juli 1913 fanden die ersten erfolgreichen Tieftauchversuche mit Kreislauf-Tauchgeräten im Tauchturm statt. Wenig später wurde der DM 40, der erste selbstmischende Rebreather (Sauerstoff/Luft) für Tauchtiefen bis 40 Meter vorgestellt. Jaques-Yves Cousteau wollte 1938 als einer der ersten die Sauerstoff-Kreislaufgeräte zum Tauchen einsetzen, verlor jedoch nach mehreren Tauchversuchen, die mit einer Sauerstoffvergiftung endeten, das Interesse daran. Noch zahlreiche weitere Entwicklungsschritte waren nötig, um die Rebreathertechnik zu optimieren und für jedermann im Tauchsport sicher zu machen.

Was ist SafeAir?

SafeAir ist Luft, die mit Sauerstoff angereichert ist. Nitrox ist die weiter verbreitete Bezeichnung für die Mischung aus Sauerstoff und Stickstoff (Nitrogen und Oxygen). Bei SafeAir ist das Mischverhältnis auf mindestens 21 Prozent Sauerstoffanteil (normale Luft) bis maximal 50 Prozent begrenzt. SafeAir ist besonders sauber – wie jede Luft, die eine Taucherflasche von innen berührt – da die Luft beim Komprimieren mittels Kompressoren zahlreiche Filter durchläuft. Die Argumentation, warum angereicherte Luft mit einem erhöhten Sauerstoffanteil beim Tauchen verwendet werden soll, entspricht der Argumentation für das Nitrox-Tauchen. In erster Linie lassen sich so längere Nullzeiten bei erhöhter Sicherheit, kürzere Dekompressionszeiten, geringere Tiefenrauschanfälligkeit und geringere Müdigkeit nach den Tauchgängen erreichen. Doch Vorsicht bei Tieftauchgängen: Ein erhöhter Sauerstoffanteil geht mit einem erhöhten Sauerstoffpartialdruck einher, der 1,6 bar nicht überschreiten sollte, da ab dieser Grenze die Gefahr einer Sauerstoffvergiftung besteht. Der Name SafeAir, also sichere Luft, könnte da trügerisch sein.

Sind Gerätetauchflossen zum Schnorcheln geeignet?

Die Wahl der richtigen Flossen ist eine Geschichte der Missverständnisse. Allen Flossen gemeinsam ist, dass sie aus einem Fußteil und dem Flossenblatt bestehen. Man unterscheidet zwei Typen: jene mit geschlossenem Fußteil, die auch als Schnorchelflossen bezeichnet werden und jene mit einem einstellbaren Fersenband, die vorwiegend beim Gerätetauchen zur Anwendung kommen. Gerätetauchflossen sind in Aufbau und Konstruktion aufwendiger und werden seitens der Hersteller in der Regel auf maximalen Vortrieb bei möglichst wenig Kraftanstrengung optimiert. Ein weiterer Vorteil liegt darin, dass diese Flossen nicht barfuss, sondern mit Füßlingen getragen werden, was die Gefahr von Druckstellen und Blasen veringert und bei Wassertemperaturen unter 21 Grad zusätzlich vor Kälte schützt. Nicht zuletzt schützen die Füßlinge beim Einstieg ins Wasser, was angesichts des Gewichts der Tauchausrüstung nicht unerheblich ist. Die Wahl der geeigneten Flossen bleibt jedem Einzelnen überlassen. Zu Risiken oder Nebenwirkungen fragen Sie am besten Ihren Tauchlehrer oder Sporthändler.

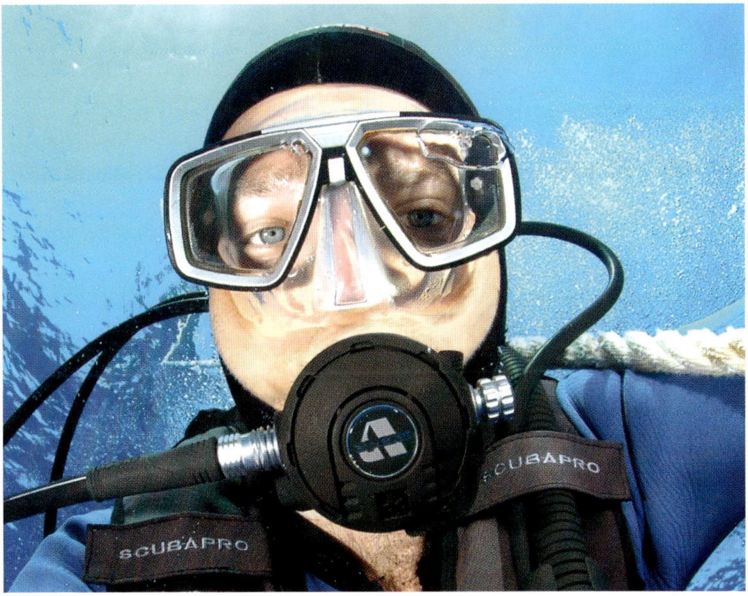

Warum schwimmt ein Schiff und sinkt ein Scooter ab?

Als um 220 v. Chr. ein dicklicher Grieche namens Archimedes von Syrakus in seine Badewanne stieg und das Wasser über den Rand lief, war das Archimedische Prinzip entdeckt. Dieses besagt, dass die Auftriebskraft eines Körpers genauso groß ist wie die Gewichtskraft des vom Körper verdrängten Mediums. Damit sind wir auch schon bei unserem Schiff bzw. Scooter. Schiffe weisen einen statischen Auftrieb auf, schwimmen also, da der in das Wasser eingetauchte Teil des Schiffes leichter ist als das verdrängte Wasser und das Gesamtgewicht dem des von ihm verdrängten Wassers entspricht. Ein Unterwasser-Scooter schwimmt zwar ebenfalls auf, durch ein mitgeführtes Gewicht kann allerdings eine neutrale Tarierung erreicht werden, d. h. er treibt weder ab, noch schwimmt er auf. Im Tauchsport wäre ein Scooter allerdings langweilig, denn man könnte sich immer nur in einer bestimmten Wassertiefe bewegen. Durch den Antrieb des Scooters, verbunden mit dem Druck durch den Taucher nach unten oder oben, kommt es also zu einem Abtrieb bzw. Auftrieb. Bei einem U-Boot ist das System ähnlich, nur dass anstatt des Tauchers die Auf- und Abwärtsbewegung mithilfe der Tiefenruder durchgeführt wird.

Was ist ein SPES?

Derzeit wird auf den deutschen U-Booten ein neues Rettungssystem – SPES (Submarine Personnel Escape Suit) – erprobt. Es besteht aus einem luftdichten Anzug mit einer großen Haube, die den Kopf wie ein Taucherhelm umgibt. Durch eine eingebaute Pressluftflasche wird ein Auftriebskörper aufgeblasen, der seine überschüssige Luft über die Haube abgibt. Ein ähnliches Gerät wird bereits seit vielen Jahren bei der britischen Marine verwendet. Eine Ausbildung für die eigenen Ausbilder findet im Tauchturm statt, wobei der Ausstieg aus 30 Meter Tiefe mit diesem Gerät intensiv geübt wird. Beginnt die Ausbildung der U-Boot-Fahrer, muss jeder Handgriff sitzen. Die Notaufstiegsübung ist nicht ungefährlich. Während des gesamten Aufstiegs muss ausgeatmet werden, da sich die Luft in der Lunge stark ausdehnt. Ein Fehler beim Aufstieg hätte mit Sicherheit einen Lungenriss zur Folge. Dieser ist in 90 Prozent aller Fälle schon nach einer Minute an Sensibilitäts- bzw. Gleichgewichtsstörungen erkennbar. Ein freies dreiminütiges Stehen auf einer weißen Linie am Ende der Übung erleichtert daher die Diagnose. Aber das kennt man ja auch von einschlägigen Polizeikontrollen.

Warum sollte man eine Stage-Flasche links tragen?

Wer unter Wasser nicht mit der am Rücken mitgeführten Luft auskommt oder aufgrund großer Tiefen mit mehreren Gasgemischen taucht, benötigt mehrere zusätzliche Flaschen, die er seitlich am Körper mitführt. Es hat sich beim Technischen Tauchen eingebürgert, dass solche Flaschen links getragen werden. Erst bei mehr als drei bis fünf Flaschen, damit sind nicht die Taucher gemeint, beginnt man rechts zu tragen. Diese DIR (Doing it Right)-Konfiguration hat mehrere Vorteile bei der Handhabung des übrigen Equipments. Beispielsweise befindet sich die Lampe am rechten D-Ring und ein Scooter, der sich meist rechts unter dem Taucher befindet, kann so ohne Behinderung bedient werden. Verwendet als Stagetanks (wie diese zusätzlich am Körper befestigten Taucherflaschen heißen) werden bevorzugt Aluminiumflaschen, da diese unter Wasser annähernd neutral tariert sind und nicht zu einer schiefen Wasserlage führen. Wenn sie überzeugter Rechtsträger sind, dürfen sie die Stage-Flasche auch rechts tragen.

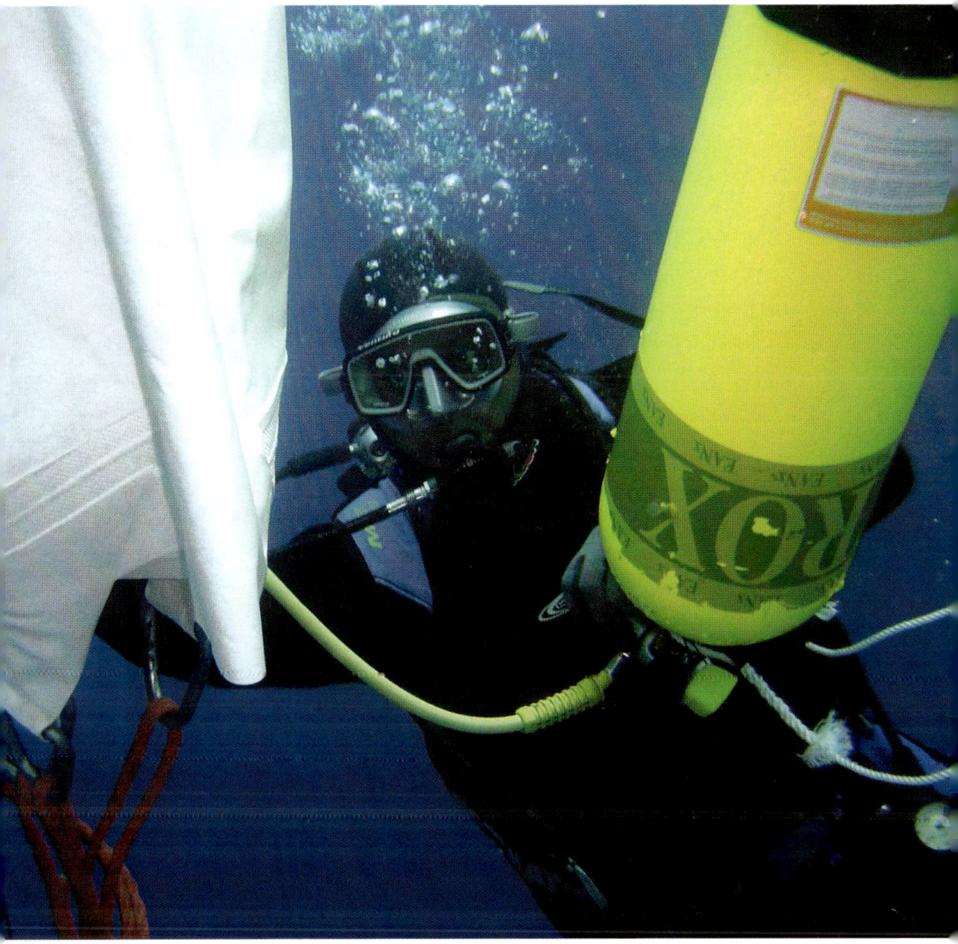

Kann man mit Bojen Strom erzeugen?

Stromerzeugung mithilfe einer sogenannten Stromboje ist ein neuer Schritt in Richtung umweltfreundliche Energieerzeugung. Das Prinzip ist einfach: Eine Boje mit einer Turbine, die durch Schaufelräder einen Generator antreibt, wird im Fließwasser, vorzugsweise in Flüssen und Bächen mit erhöhter Fließgeschwindigkeit (ab ca. 2 m/s) verankert. Die Strom-Boje nutzt die kinetische Energie des Wassers ohne große bauliche Maßnahmen und ohne Wasserstraßen aufzustauen. Sie kann problemlos neben den Schifffahrtsrinnen eingesetzt werden. Der so gewonnene Strom ist eine Ergänzung zu der bisher üblichen Art der

Stromerzeugung in Flusskraftwerken und soll ebenso in das lokale Stromnetz eingeleitet werden. Bei einer Fließgeschwindigkeit von 2,5 m/s werden so 20 kW produziert, das entspricht rund 100 000 kWh im Jahr oder dem Bedarf von rund 30 Haushalten.

Was ist ein SUV?

Nein, wir reden an dieser Stelle nicht von den geländegängigen Pkws („Sport/Suburban Utility Vehicles"), die diesen Beinamen bekommen haben, sondern von „Supervised Underwater Vehicles", also eigenständig agierenden Unterwasserfahrzeugen, die von der Oberfläche aus überwacht werden. Seit mittlerweile über 25 Jahren wird die Entwicklung dieser vom Mutterschiff unabhängig agierenden Unterwasserfahrzeuge kontinuierlich vorangetrieben. SUVs sind über keinerlei Schlauchverbindung („Umbilical" = engl. Nabelschnur) mehr mit der Oberfläche verbunden, sondern agieren vollständig selbstständig. Über Oberflächenbojen halten sie via LEGS („Low Earth Orbital Satellites" = Satelliten in niedriger Erdumlaufbahn) sowie mittels akustischer Breitband-Unterwasserkommunikation den Kontakt zu ihrem Mutterschiff aufrecht. Dadurch kann das Fahrzeug überwacht und notfalls auch gesteuert werden. Der erste derartige Prototyp wurde um 1995 in Tiefen zwischen 10 bis 300 Meter eingesetzt. Während es übrigens weltweit derzeit rund 450 ROVs („Remotly Operated Vehicles") gibt, die per Nabelschnur mit der Oberflächenmannschaft kommunizieren, gibt es Schätzungen zufolge derzeit nur eine Handvoll SUVs bzw. AUVs („Autonomous Underwater Vehicles"), also selbstständig agierende Unterwasserfahrzeuge, die von der Oberfläche aus überwacht werden. Grund dafür ist vor allem die Batteriekapazität, die nur eine begrenzte lange Fahrt unter Wasser ermöglicht. Doch wer weiß, was die Zukunft bringt, im militärischen Sektor soll man Gerüchten nach hier schon weitaus fortgeschrittener sein.

Was ist die SWATH-Technologie?

Der Begriff SWATH setzt sich aus den Anfangbuchstaben von Small Waterplane Area Twin Hull zusammen, was eine spezielle Rumpfform bei Schiffen bezeichnet, die auch bei starkem Seegang eine sehr ruhige Wasserlage gewährleistet. Zusätzlich ermöglicht die Bauform eine hohe Geschwindigkeit mit verhältnismäßig niedrigem Verbrauch. Der

Trick bei dieser Technologie ist, dass unter der Wasseroberfläche zwei torpedoförmige Auftriebskörper liegen, die in der Form einem U-Boot ähneln. Auf diesen Auftriebskörpern ist mittels Stützpfeilern eine über Wasser befindliche Plattform angebracht. Die Wasserwiderstandsfläche wird dadurch größtmöglich minimiert. Der findige Kopf hinter dieser Erfindung war der kanadische Fernmeldetechniker Frederick George Creed, der seine Innovation 1938 erstmals der Britischen Marine angeboten hatte. Trotzdem dauerte es bis 1946, bis er seine Erfindung patentieren lassen konnte und bis in die 1960er Jahre, bis die ersten Schiffe mit dieser Technologie den Stürmen der Weltmeere trotzten. Heute werden Schiffe dieser Bauform häufig als Forschungsschiffe eingesetzt, da exaktere Messungen mit empfindlichen Geräten bei der ruhigen Wasserlage eher möglich sind.

Wie viel Auftrieb benötigt ein Tarierjacket?

Dank der Europäischen Union und deren Parlament wurde diese Frage durch die Europäische Norm EN 1809 geregelt, die auch entsprechende Testverfahren für die Industrie vorschreibt. Demnach müssen Tarierjackets ein Mindestvolumen besitzen, um folgende Dinge zu gewährleisten: eine neutrale Tarierung, genügend Auftrieb, um jederzeit an die Oberfläche zurückkehren zu können und dort aufzutreiben, sowie einen so geringen Strömungswiderstand, dass beim Schwimmen keine unnötige Energie verschwendet wird. Der Mindestauftrieb ist also auch von der Jacketgröße abhängig. Als Richtwert gab die EU ein Mindestauftriebsvolumen von 16,5 Liter an. Im Prinzip kann sich aber jeder Taucher selbst ausrechnen, wie viel Auftriebsvolumen sein Tarierjacket haben sollte. Eine 10-Liter-Tauchflasche hat im gefüllten Zustand einen Abtrieb von rund 3,7 Kilogramm, das Gewicht des Jackets kann man – da es im leeren Zustand eher auftriebsneutral ist – unberücksichtigt lassen. Um den Auftrieb des Anzugs bzw. den Abtrieb des mitgeführten Bleis auszurechnen, begibt man sich in drei Meter Tiefe. Die Bleimenge, die man dort benötigt, um neutral tariert zu sein – nehmen wir mal zehn Kilogramm an – rechnet man zu den 3,7 Kilogramm dazu, und schon hat man den Mindestauftrieb, den das Jacket haben sollte. In unserem Beispiel wären das 13,7 Kilogramm, zu denen man noch ein Sicherheitspolster rechnen sollte – der Teufel schläft ja nie, auch nicht unter Wasser.

Wie gefährlich sind Bakterien in Tarierjackets?

Wasser und Feuchtigkeit, die im Laufe der Zeit in unsere Tauchjackets eindringen, sind der ideale Nährboden für sogenannte biologische Agenzien, also Mikroorganismen, die Infektionen, Allergien oder aber auch toxische Wirkungen hervorrufen können. Es handelt sich bei diesen unangenehmen Zeitgenossen um Algen, Bakterien, Pilze, Protozoen und Viren, die in der feuchten, dunklen Höhle der Schwimmblase der Tarierjacke den idealen Nährboden zum Überleben finden. Dies ist auch der Grund dafür, dass davon abgeraten wird, im Notfall die Luft über den Inflatorschlauch aus seinem Jacket einzuatmen, können so doch Krankheitserreger in die Lunge gelangen. Ein regelmäßiges Entleeren der Schwimmblase nach jedem Tauchgang und gelegentliches Spülen wirken hier wahre Wunder und sollte daher zur gängigen Praxis bei den Tauchern zählen. Leider ist das nicht so, wie wir aus eigener Erfahrung wissen.

Warum hält ein Tauchanzug warm?

Warm zu bleiben ist einer der beiden Gründe, warum man Tauchanzüge trägt. Grundsätzlich muss man zuerst zwischen Nass- und Trockentauchanzug unterscheiden. Nasstauchanzüge – in unterschiedlichen Stärken erhältlich – bieten eine gute Isolierung bei Wassertemperaturen zwischen 10 und 30 Grad Celsius. Wie der Name schon sagt, wird der Taucher nass. Kaltes Wasser dringt an den Hand- und Fußgelenken und meist um den Hals ein, wird auf Körpertemperatur aufgewärmt und zirkuliert im Prinzip um den Körper, ohne in großem Umfang wieder nach außen abgegeben zu werden. Das Material dieses Nasstauchanzuges ist Neopren. Der Taucher verliert Wärme nur in dem Ausmaß, in dem eben diese durch das Material des Anzugs hindurch abgegeben wird. Im Gegensatz dazu – wie könnte es anders sein – dringt bei Trockentauchanzügen kein Wasser durch den Anzug an den Körper des Tauchers. Sie isolieren also besser, und bieten zudem die Möglichkeit, zusätzlich Thermowäsche unter dem Anzug zu tragen. In beiden Fällen ist das Thema Wärme eine Frage der guten oder weniger guten Isolierung. Sollten Taucher bei weniger als 18 Grad längere Tauchgänge nicht bibbernd „durchtauchen“ wollen, dann sollten sie zu einem Trockentauchanzug greifen. Dieser gewährleistet den besten Kälteschutz. Zwischen Körper und Anzug befindet sich ein Luftpolster, das über einen Inflatorschlauch, wie beim Tarierjacket, auch mit zunehmender Tiefe aufrechterhalten wird. Da Luft Wärme relativ schlecht ableitet, isoliert dieses Prinzip am besten gegen Kälte.

Bis zu welcher Tiefe funktioniert ein Tauchcomputer?

Im Normalfall benötigt man einen Tauchcomputer in Tiefen bis zu 40 Meter. Gelegentlich lieben es Tech-Taucher ein klein wenig tiefer und nehmen das gute Teil denn auch schon mal auf 80–90 Meter mit. Kein Problem. Moderne Tauchcomputer sind in der Regel bis zu einer Tiefe von 99 Meter zu verwenden, manche sogar bis zu 150 Meter – doch dann ist eigentlich bei den handelsüblichen Dekompressionsrechnern auch schon Schluss. Der Grund: Für größere Tiefen müssen andere Dekompressionsberechnungen herangezogen werden, die im für den Breitensport entwickelten Rechenmodell der Computer nicht angelegt sind. Für manche Tieftauchweltrekorde wurden Spezialausführungen entwickelt, die zugleich auch Forschungsobjekte für den jeweiligen Hersteller darstellen. So geschehen etwa beim Freitauchweltrekord von Herbert Nitsch auf 214 Meter, oder beim Geräte-Rekordtauchgang von Nuno Gomes auf 318,25 Meter.

Wie funktioniert ein funkgesteuerter Tauchcomputer?

Funkgesteuerte Tauchcomputer sind luftintegrierte Tauchcomputer. Sie übermitteln Daten wie den Flaschendruck mittels eines Minisenders, der am Hochdruckanschluss der ersten Stufe angebracht wird, an einen am Handgelenk getragenen Computer. Der Vorteil gegenüber einem schlauchgebundenen luftintegrierten Tauchcomputer liegt auf der Hand – man hat einen Schlauch weniger am Jacket, in dem man sich verheddern kann, dafür eine Batterie mehr, die man wechseln muss. Um Fehler bei der Übertragung zu vermeiden, werden jedem Tauchcomputer dieser Art verschiedene Adressen und Funk-Frequenzen zugeteilt. Darüber hinaus werden die Daten in unterschiedlichen Rhythmen, im Mittel zirka alle fünf Sekunden, übertragen, damit sich im Fall der Fälle Computer nicht über einen längeren Zeitraum stören können. Zusatzdaten, die vom Gerät übermittelt werden, machen unbrauchbare Daten offensichtlich. Sollte der Empfang einmal gänzlich zusammenbrechen, funktioniert der Handgelenkscomputer wie einer ohne Luftintegration. Ein netter Gimmick ist die Möglichkeit mancher Computer, mehrere Sender zu paaren und anzuzeigen.

So kann etwa ein Tauchlehrer jederzeit die verbleibende Luft seiner Schüler überprüfen. In der Praxis wird eine solche Paarung erfahrungsgemäß selten durchgeführt. Es wäre auch zu peinlich, würde der langjährige Buddy plötzlich den eigenen, tatsächlichen Luftverbrauch erfahren.

Kann man einen Tauchcomputer mit PDAs verbinden?

Kleine tragbare Pocket-PCs, sogenannte PDAs, sind mittlerweile aus dem Manageralltag nicht mehr wegzudenken. Natürlich ist es eine nahe liegende Idee, die Daten seines Tauchcomputers direkt am Tauchplatz mit seinem PDA auszulesen und entsprechend auszuwerten – geht doch viel einfacher, als dauernd seinen Computer mit sich herumzuschleppen. Einerseits gibt es dafür alle möglichen Anleitungen und selbst gestrickte Programme im Internet, die zumeist auch ganz gute Resultate mit den jeweiligen Tauchcomputern der großen Hersteller liefern. Am komfortabelsten haben es aber sicher die Besitzer von digitalen Helferlein der Uwatec-Smart-Serie. Ihnen bietet der Hersteller selbst die kostenlose Software TravelTrak für den Datenabgleich zum PDA auf seinen Internetseiten zum Download an. Damit können Tauchgangprofile ausgelesen, das Logbuch verwaltet und Tauchcomputer-Einstellungen verändert werden. Die Anwendung wurde vom Österreicher Helge Süss entwickelt und ist einfach zu installieren. Ein Vorteil der Computer der Smart Pro- und Smart Com-Serie ist zusätzlich, dass der Datenabgleich kabellos mittels Infrarot-Schnittstelle (IrDA) erfolgt – vorausgesetzt der PDA hat eine. Nur beim Einstieg ins Wasser sollte man darauf achten, den PDA rechtzeitig trocken zu lagern, sonst hat man nicht lange Freude an all diesen Funktionen.

Wieso haben Tauchermesser Sägezähne?

Das Tauchermesser ist das Werkzeug des Tauchers und durch Empfehlungen fast aller Tauchsportverbände mittlerweile auch ein fester Bestandteil der Ausrüstung geworden. Die Ausführungen reichen dabei vom kleinen Taschenmesser bis zum säbelartigen Machogerät. Ihnen allen gemeinsam ist, dass sie eine scharfe Klinge und eine kleine, sackartige, scharfe Einkerbung zum Durchtrennen von Schnüren unter Wasser aufweisen. Manche dieser Messer haben jedoch auch einen Teil, der mit Sägezähnen ausgestattet ist. Diese sind zumeist am üblicherweise ungeschliffenen Teil des Messers zwischen Griff und Scheide, der sogenannten Fehlschärfe, angebracht. Diese Art von Messern ist nur beim Militär als Überlebens- und Feldmesser und bei Jägern als Jagdmesser im Einsatz, da die Sägezähne dazu dienen, Knochen zu durchtrennen, Tiere zu zerlegen oder auch Lebensmittel oder dünne Äste zu schneiden. Jetzt kann uns aber niemand einreden, dass man mit einem verrosteten Tauchermesser Tiere oder Lebensmittel zerlegt, geschweige denn Äste schneidet, um sich eine Notunterkunft zu bauen. Wie so oft bestimmt hier die Nachfrage das Angebot und wenn schon Söldner Rambo ein solcherart beschaffenes Messer vorweisen kann, braucht der Taucher von Welt das doch erst recht. Oder etwa doch nicht?

Wieso können Tauchlampen explodieren?

Gleich vorweg wollen wir festhalten: Tauchlampen können(!) explodieren, im Regelfall ist dies jedoch eher unwahrscheinlich. Dieses Phänomen kommt nur bei Tauchlampen vor, die im geschlossenen Zustand geladen werden. Der Vorteil dieser Geräte ist, dass die Gefahr des Feuchtigkeitseintritts durch Öffnen und Schließen entfällt. Bei sachgemäßer Handhabung kann auch nichts passieren, da die Hersteller entsprechende Sicherheitsventile eingebaut haben. Baut ein findiger Taucher jedoch selbst eine Lampe, die keine solchen Schutzmechanismen aufweist und verwendet überdies noch Akkumulatoren in Verbindung mit einer Ladestation, die beim Ladevorgang zu einer Überhitzung der Akkumulatorzellen führt, kommt es zu einer Explosion. Das Risiko der Gasbildung hängt zudem vom jeweils verwendeten Akku-Typ ab. Bei Bleiakkumulatoren, Nickel-Metallhydrid-Akkumulatoren, Nickel-Cadmium-Akkumulatoren und Lithium-Ionen-Akkumulatoren ist es eher groß, bei Akkus der neuesten Generation, sogenannte Lithium-Mangan-Akkumulatoren, soll es nicht mehr vorhanden sein. Woher kommt die Explosion also? Während des Ladevorgangs kann sich Knallgas (eine hochexplosive Mischung aus Wasserstoff und Sauerstoff) bilden, das aus dem geschlossenen Gehäuse nicht entweichen kann. Beim Kontakt mit offenem Feuer (hier genügt ein kleiner Funke) erfolgt dann die sogenannte Knallgasreaktion. Und die will ja nun wirklich niemand haben.

Gibt es einen Tauchsimulator?

Das nasse Element genießt man lieber in natura als am PC, oder? Es gibt aber mittlerweile auch bereits Simulationen eines Tauchgangs – zumindest auf dem Computer. Schon ein Klassiker ist das kostenlose Computerprogramm „Virtual Dive Buddy" von David Ogilvie, wenngleich die Grafik mit den Computerspielen großer Konzerne natürlich nicht mithalten kann. Aufgabe oder besser gesagt Inhalt des Spiels ist es, das Buddy-Prinzip zu perfektionieren und dabei auch ständig seinen Tauchcomputer im Auge zu behalten. Man kann sich ein Gefühl für die Dauer eines Tauchgangs, den Luftverbrauch und den rechtzeitigen Atemgaswechsel beim Technischen Tauchen mit diesem Programm wenigstens erspielen. Moderner geht es da bei der Grafik des im Sommer 2007 erschienenen Spiels „Tauchen 2008 – Der Tauch-Simulator" aus dem Hause Astragon zu, wenngleich hier doch eher der Spiele-Charakter im Vordergrund steht. Der virtuelle Taucher muss dabei an den diversen Tauchplätzen der Welt verschiedene Aufgaben lösen, inklusive Tauchgängen am Wrack der SS Thistlegorm und in dem eines U-Bootes. Das Programm besticht einerseits durch seine maßstabgetreuen Unterwasser-3-D-Bilder und fordert vom Anwender auf zwölf Unterwasser-Levels diverse Missionen (z. B. Fotografieren oder Münzen sammeln). Es hat jedoch für jemanden, der einen richtigen Tauchsimulator sucht, nicht genug zu bieten.

Wie findet man ein Loch im Trockentauchanzug?

So angenehm der Neid des nasstauchenden Partners anzusehen ist, besteigt man selbst in einem Trockentauchanzug die nasskalten Fluten, so sehr ist man Spott und Hohn ausgesetzt, trübt doch einmal ein Loch das trockene Vergnügen. Sollte es zu so einem Malheur kommen, ist aber rasch Abhilfe geschaffen. Sofern es sich bei der undichten Stelle nicht um ein großes Loch handelt, das man sowieso mit bloßem Auge erkennt, muss man sich auf die Suche nach dem kleinen Übel machen. Dafür verschließt man zuerst einmal die beiden Handöffnungen sowie die Halsöffnung mit einfachen, handelsüblichen Plastikflaschen. Danach wird über den Inflatorschlauch Luft in den Anzug geblasen, bis er aussieht wie ein Michelin-Männchen. Nun kann man den Anzug in die Badewanne legen und vorsichtig untertauchen. An der undichten Stelle sollten Luftbläschen aufsteigen. Weiß man bereits die ungefähre Stelle, an der Wasser während des Tauchgangs eingedrungen ist, kann man diesen Bereich alternativ auch mit einer Seifenlauge einpinseln. Auch hier verraten einem die Bläschen wieder die richtige Stelle. Nunmehr markiert man diesen Bereich und lässt den Anzug gut trocknen.

Ist dies geschehen, wird der zu behandelnde Teil mit einem geeigneten Mittel, etwa einer Alkohollösung, fettfrei gemacht, um für die anstehende Reparatur eine geeignete Unterlage für den Kleber zu erhalten. Je nach Größe des Lochs genügt oftmals ein bisschen Neoprenkleber oder aber auch das Anbringen eines geeigneten Neopren- bzw. Trilaminat-Flickens. Aus optischen Gründen empfiehlt es sich übrigens, die Reparatur an der Anzugsinnenseite durchzuführen, man will ja schließlich nicht mit einem von Flicken übersäten Tauchanzug herumlaufen. Wer es lieber komfortabler mag, kann seinen Anzug natürlich auch zu einem Fachhändler zur Reparatur geben, so denn einer in der Nähe ist.

Was passiert bei der Ultraschallreinigung?

Bei der Wartung eines Atemreglers setzt der verantwortungsvolle Fachmann in jedem Fall die Ultraschallreinigung ein. Dazu wird der Atemregler vorab demontiert, um die einzelnen Kleinteile danach in ein Reinigungsbad einzulegen. Die Ultraschallreinigungsanlage selbst besteht aus einer mit Reinigungs- bzw. Lösungsflüssigkeit gefüllten Wanne, einem oder mehreren Ultraschallwandlern sowie dem Generator, der die Wandler mit Energie versorgt. Für die eigentliche Reinigung macht man sich das physikalische Prinzip der Kavitation zunutze, das die Bildung und Auflösung von Hohlräumen in Flüssigkeiten durch Druckschwankungen bewirkt. Diese werden durch Schallschwinger hervorgerufen, die Ultraschallfrequenzen zwischen 20 kHz bis 2 MHz erzeugen, die in der Flüssigkeit Wellen mit Über- und Unterdruck hervorrufen. Trifft nun eine solche Unterdruckwelle auf unseren Atemreglerbestandteil, bilden sich an kleinen Luftbläschen mit Dampf gefüllte Hohlräume. Die darauf folgende Hochdruckwelle bewirkt einen Anstieg des statischen Drucks im Hohlraum und lässt die Dampfblasen mit Schallgeschwindigkeit kondensieren. Durch dieses ständige Hin und Her der Druckwellen wird die Oberfläche des zu bearbeitenden Teils gereinigt und anhaftende Teile mechanisch gelöst. Und schon sind hässliche Ablagerungen beseitigt und unser Atemregler strahlt wieder wie am ersten Tag.

Gibt es Unterwasser-Ferngläser?

Tatsächlich gibt es Ferngläser, die speziell für den Gebrauch unter Wasser entwickelt wurden, wobei wahrscheinlich nicht der klassische Sporttaucher zu den Abnehmern zählen wird. Die wasserdichten Unterwasser-Optiken wurden zur Unterwasserbeobachtung konzipiert. Mit ihnen werden Bootsrümpfe von Land aus inspiziert, der Inhalt von Wassertanks überprüft und sie finden auf Meeresfarmen ihren Einsatz. Ein Hersteller von derartigen Unterwasser-Ferngläsern ist das renommierte Unternehmen Vixen mit ihrem Scope GX. Dieses Unterwasser-Fernrohr garantiert eine 1,33fache Vergrößerung unter Wasser (und keine an der Oberfläche) sowie ein subjektives Sehfeld von 35°. Auch der deutsche Hersteller Steiner Optik hat ein Fernglas in seinem Sortiment, das bis zu fünf Meter Wassertiefe dicht halten soll. Das Hauptproblem bei Ferngläsern für die Unterwassernutzung ist die zumeist – im Gegensatz zu über Wasser – eher beschränkte Sichtweite unter Wasser sowie die Lichtbrechung des Wassers, das eine Brechzahl von 1,3 aufweist (im Gegensatz zu 1 an der Luft). Um also den Fernglastypischen Vergrößerungseffekt zu haben, muss die Linse eine weitaus stärkere Wölbung aufweisen, was bei den meisten – auch bei den wasserdichten – Ferngläsern jedoch nicht der Fall ist. Als Alternative können Sie ja vielleicht die Unterwasser-Lupe verwenden, die wir in unserem ersten Teil „Nullzeit, Sex und Tiefenrausch“ vorgestellt haben?

Wieso benötigt eine Unterwasserkamera keinen Druckausgleich?

Kameragehäuse sind geschlossene, mit Luft gefüllte Hohlräume, sofern man die Dichtung immer brav gewartet hat. An der Wasseroberfläche entspricht der Innendruck dem Außendruck von 1 bar. Taucht man nun ab, erhöht sich der Druck auf die Hülle alle zehn Meter um ein bar. Dieser Effekt ist für das Abdichten des Gehäuses von Vorteil, da die Dichtung immer stärker auf den Gegenflansch gepresst wird und so besser abdichtet. Der Druck im Innenraum steigt, abgesehen von minimalen Anstiegen durch leichte Verformungen des Gehäuses, dadurch auch nicht an. Sonst würde der Druck auch auf die Optiken oder eingebauten Blitzlichter wirken, die ebenfalls über abgeschlossene Lufträume verfügen. Ein Druckausgleich erfolgt nur dann, wenn das Gehäuse birst, da die maximal zulässige Tauchtiefe für die Konstruktion überschritten wurde. Gesetzt den Fall, man würde einen Druckausgleich durchführen, müsste man beim Aufsteigen die sich ausbreitende Luft wieder ablassen, anderenfalls würde der Innendruck das Gehäuse sprengen oder schon zuvor die Dichtungen durchlässig werden. Seien wir also froh, dass dies nicht nötig ist, andernfalls würden noch mehr Kameras jährlich ungewollt baden gehen.

Wie funktioniert ein Unterwasserlautsprecher?

In manchen Schwimmbädern sind Unterwasserlautsprecher angebracht, die für eine entsprechende Berieselung der Taucher und anderer Badegäste sorgen. Vor allem in der Musiktherapie, beim Synchronschwimmen und beim Wasserballett kommen diese Geräte zur Anwendung. Die im Unterwassereinsatz verwendeten elektrodynamischen Lautsprecher haben für den nassen Einsatz eine zentrale Schwingspule, die sich in einem vergossenen Kunststoff- oder Metallgehäuse befindet. Der Schwingspulenträger überträgt die Töne dann an die Membrane, die integraler Bestandteil des Lautsprechergehäuses ist und dadurch auch wasserfest ausgeführt wird. Aufgrund der hohen Dichte von Wasser ist der notwendige Membranhub zudem wesentlich kleiner als an der Oberfläche. Da sich die akustische Physik unter Wasser in Bezug auf Schallgeschwindigkeit (im Wasser 1400 bis 1500 m/s) und Schalldruckverlust per Meter zudem deutlich von der über Wasser (in der Luft 343 m/s) unterscheidet, sind Unterwasserlautsprecher anders gebaut als handelsübliche Heimlautsprecher. Auch die Reichweite der Lautsprecher muss je nach Badbeschaffenheit anders berechnet werden. So ist in einem Edelstahlbecken die Akustik schlechter als in einem Betonbecken. Ein erhöhter Schwefelgehalt, wie etwa in Thermalbädern, reduziert die Leistung auch gleich um die Hälfte. Dazu kommt noch die Wasserumgebung, die das menschliche Gehör stark beeinträchtigt. So ist etwa die Aufnahme von Geräuschen durch das Trommelfell ausgesprochen gering, wohingegen die Knochen des menschlichen Schädels hauptsächlich die Töne aufnehmen. Töne im Frequenzbereich von 1000 bis 5000 Hz werden dabei nicht mehr wahrgenommen. Dies wirkt sich auch auf gesprochene Texte aus, die schwerer zu verstehen sind.

Gibt es einen Unterwasser-Personalcomputer?

Natürlich, solange man gelten lässt, dass Tauchcomputer auch in diese Kategorie fallen. 2003 wurde erstmals im Rahmen der Fusion von *allwater.at* und *nullzeit.at* ein Weltrekordversuch gestartet, in dessen Mittelpunkt ein PC stand. Der Freitaucher Christian Redl bewies in einem Weltrekordversuch, dass unter Wasser Internetsurfen möglich ist, vorausgesetzt die Internetanbindung erfolgt über ein Kabel, das zur Wasseroberfläche führt. Der Computer selbst befand sich in einem unten offenen Plexiglasgehäuse, das mit Luft gefüllt war und wurde über eine in Folie eingeschweißte Maus bedient. Sowohl Computer als auch Freitaucher überstanden den Versuch in zwei Meter Wassertiefe unbeschadet. Ein weiteres Mal kam diese Unterwasser-Surfstation bei der größten Unterwasser-Pressekonferenz zum Einsatz, die anlässlich der Buchpräsentation des ersten Teils von „Nullzeit, Sex und Tiefenrausch“ zu einem neuen Eintrag in das Guinness Buch der Rekorde führte. Weitere Anwendungsgebiete für Computer unter Wasser können sich bei Forschungsarbeiten ergeben, wo Wissenschaftler am Ort der Beobachtung Daten unmittelbar verarbeiten und speichern könnten. Com-

puter sind sonst eher nicht gut auf Berührungen mit Wasser zu sprechen, obwohl viele zur Leistungssteigerung über eine Wasserkühlung verfügen. Spritzwasserfeste Outdoor-Laptops werden ebenfalls von einigen Herstellern angeboten, jedoch sollte man nicht versuchen, diese in die Badewanne oder sogar zum Tauchen mitzunehmen.

Wer hat den Unterwasser-Scooter erfunden?

Ein Unterwasser- bzw. Aquascooter ist ein Antrieb mittels Verbrennungsmotor oder Elektromotor, mit dem sich eine einzelne Person durchs Wasser bewegen oder ziehen lassen kann. Eingesetzt wird dieser unter anderem von vielen Techtauchern und Unterwasserfilmern, die aufgrund der massigen Ausrüstung einen erhöhten Strömungswiderstand haben und durch den Scooter schneller, komfortabler und kraftsparender vorankommen. Eigentlich macht Not erfinderisch, doch es waren nicht die Techtaucher, die den Unterwasser-Scooter erfanden. Es war ein Bürger der ehemaligen DDR, Bernd Böttger, der im Jahre 1968 am Strand von Gral-Müritz in einer hellen Vollmondnacht die Flucht über die nasse Grenze Ostsee in den Westen wagte. Der junge Ingenieur entwickelte aus einem Hühnerschreck-Hilfsmotor in seiner Kellerwerkstatt ein Mini-U-Boot mit Verbrennungsmotor und Luftschnorchel. Leider wurde er von einer Grenzpatrouille entdeckt, seine Erfindung wurde beschlagnahmt und er selbst zu acht Monaten Gefängnis verurteilt. Doch er gab nicht auf. Nach seiner Haftstrafe baute er einen neuen Aqua-Scooter und erreichte nur durch die Sterne geleitet das 25 Kilometer entfernte dänische Feuerschiff Gedser Rev. Nach dieser aufsehenerregenden Flucht arbeitete er für die Pinneberger Ilu-Motorenwerke, wo er den Aquascooter zur Serienreife weiterentwickelte.

Funktionieren Verbrennungsmotoren unter Wasser?

Prinzipiell ja, solange sie mit dem für die Verbrennung nötigen Sauerstoff versorgt werden. Die Entwicklung eines solchen Motors wurde, wie könnte es anders sein, bei der Entwicklung leistungsstarker U-Boot-

Antriebe für militärische Zwecke vorangetrieben. Die Erfindung des Periskops war ein erster Schritt dazu, ausreichend Sauerstoff anzuliefern, um Dieselaggregate zumindest einige Meter unter Wasser zu betreiben. Der erste Antrieb, der ohne eine solche Oberflächenversorgung auskam, war der während des Zweiten Weltkriegs entwickelte Kreislauf-Antrieb. Dabei wurde ein Verbrennungsmotor unter Wasser betrieben, indem die Abgase gereinigt und mit neuem Sauerstoff angereichert (meist durch flüssigen Sauerstoff LOX oder Wasserstoffperoxid) der Verbrennung wieder zugeführt werden. Eine Weiterentwicklung dieser Technologie stellt der Stirlingmotor dar, der in einigen schwedischen U-Booten noch heute zum Einsatz kommt. Er unterscheidet sich vom Kreislaufmotor dadurch, dass Abgase nur bei der durch Verbrennung entstehenden externen Wärmequelle erfolgen. Innerhalb des Motors werden keine Gase ausgetauscht, sondern dasselbe Gas immer wieder abgekühlt und erhitzt. Die Verbrennungsgase wurden früher gegen den Wasserdruck in der Tiefe nach außen abgegeben. Heute erfolgt die nötige Erwärmung mittels abgasfreier Brennstoffzellen. Auch der in Frankreich entwickelte Mesma-Motor (Module d'Energie Sous-Marin Autonome) benötigt Sauerstoff zur Verbrennung von Ethanol, womit eine Turbine angetrieben wird. Die Kraftübertragung erfolgt aber nicht direkt auf die Turbine, sondern über den Umweg eines Generators, der wiederum einen Elektromotor antreibt. Heute kommen Motoren, die direkt oder indirekt durch Verbrennungsmotoren angetrieben werden, nur mehr in veralteten U-Booten zum Einsatz – wir sind gespannt, wie lange unsere Autos noch diese Art des Antriebs nutzen.

Warum führt man unter Wasser einen Weißabgleich durch?

Ein Weißabgleich dient zur Justierung der Kamera in Bezug auf die Farbtemperatur unter unterschiedlichen Lichtbedingungen – gleich ob über oder unter Wasser. Im Normalfall erfolgt diese Korrektur automatisch durch die Kamera, oder kann mittels voreingestellter Werte (Kunstlicht, Tageslicht, Unterwasser) halbautomatisch justiert werden. Bessere Kameras ermöglichen einen manuellen Weißabgleich. Dieser erfolgt über eine Graukarte oder eine Weißabgleichstafel. Diese wird formatfüllend im Bild platziert und dient der Kamera als Referenz, wie

Weiß in einer bestimmten Umgebung erscheint. Hat diese Referenztafel z. B. wie unter Wasser einen Blaustich, wird beim Fotografieren Blau reduziert. In der Kamera werden daraufhin alle anderen Farben auf den Bezugswert adaptiert. In der Regel gilt für Unterwasserfotografie: Je weniger Wasser, desto besser. Das soll bedeuten, je tiefer man fotografiert und je mehr Wasser das Licht passieren muss, bevor es auf ein Objekt trifft, desto bläulicher oder grünlicher wird es erscheinen. Aus diesem Grund muss der Weißabgleich auch für jede Tauchtiefe nochmals durchgeführt werden. Denn Wasser filtert aus dem Tageslicht die unterschiedlichen Wellenlängen mit zunehmender Tiefe heraus. Um natürliche Farben auf Fotos zu erhalten, kann man neben dem Weißabgleich auch Filter verwenden (Rotfilter) oder künstliches Licht einsetzen, wie Lampen oder Blitzgeräte.

Was sind schwimmende Windräder?

Vor der Küste Norwegens entwickelt der deutsche Siemens-Konzern zusammen mit dem norwegischen Energieriesen Norsk Hydro schwimmende Windkraftanlagen, die Windenergie auch in Gebieten mit großen Wassertiefen erzeugen sollen. Die eingesetzte Technik wird auch als Offshore-Windenergie bezeichnet. Diese Windräder zur Stromerzeugung auf dem Meer gelten als Schlüsseltechnik für den Ausbau der erneuerbaren Energien. Da auf offener See der Wind stärker bläst, wird dieser Form der Windenergie-Gewinnung eine große Zukunft vorhergesagt. Einige Länder setzen schon heute auf Energiegewinnung durch fest verankerte Windräder. So hat etwa Frankreich im Jahr 2007 bereits 21 Windräder im Ärmelkanal montiert, die gemeinsam den Strom für eine 200 000-Einwohner-Stadt liefern. Man darf jedoch durchaus gespannt sein, welche Auswirkungen diese Projekte auf das heikle ökologische Gleichgewicht der Weltmeere haben.

Physik und Medizin

Was ist ein Afterfall?

Mit dem Begriff Afterfall wird auch der sogenannte Bergetod bezeichnet, also ein Kreislaufkollaps, der zum Tod führen kann. Während eines Tauchgangs ist der Körper annähernd schwerelos. Dadurch wird das Blut aus den Armen und Beinen in Richtung Körperkern, dem Rumpf, gedrückt. Wird ein Tauchunfallopfer nun senkrecht geborgen, wie es etwa bei der Bergung mittels Hubschrauber passiert, kann durch den plötzlichen Wegfall des Wasserdrucks das Blut in die Beine strömen. In Körper und Gehirn bewirkt dies eine Unterversorgung mit Sauerstoff. Bedingt durch den Flüssigkeitsverlust beim Tauchen hat der Körper außerdem weniger Volumen. Der starke Blutdruckabfall hat somit auch schwerwiegende Folgen für die Nieren. Also in jedem Fall daran denken: Tauchunfallopfer immer horizontal transportieren!

Ab wann ist man zu alt zum Tauchen?

Man ist nie zu alt zum Tauchen! Selbst das hohe Alter von über 80 hinderte Jacques-Yves Cousteau nicht daran, seiner Begeisterung für das Tauchen zu folgen. Auch sein bekannter ewiger Konkurrent, Prof. Dr. Hans Hass, ist mit über 87 Jahren immer noch gelegentlich unter Wasser anzutreffen. Rekordhalter dürfte aber die Unterwasserfotografin Leni Riefenstahl sein, die erst, ebenso wie die Pornokönigin Beate Uhse, mit 72 das Tauchen erlernte und bis weit über 90 hinaus noch Freude an der Unterwasserwelt hatte. Gegen das Tauchen im hohen Alter kann also nichts sprechen, solange man leistungsfähig ist und chronische Erkrankungen die Tauchtauglichkeit nicht beeinträchtigen. Um sicher zu gehen, empfehlen Tauchmediziner ab dem 40. Lebensjahr eine jährliche Tauchtauglichkeitsuntersuchung. Für jeden Taucher gleich in welchem Alter sollte gelten: Stressfrei tauchen und Extreme im Hinblick auf Tiefe und Wiederholungstauchgänge pro Tag vermeiden. Halten Sie es einfach wie Cousteau: „Die beste Weise, Fische zu beobachten, besteht darin, selber zum Fisch zu werden" – auch wenn Sie ein älterer Fisch sind.

Kann man durch Tauchen Arthrose bekommen?

Bei einer Arthrose handelt es sich um eine chronische, schmerzhafte Veränderung der Gelenke, die zunehmend deren Funktionalität einschränkt. Eigentlicher Auslöser einer Arthrose ist Abnutzung oder ein Trauma, z. B. durch einen Unfall. Doch auch durch Mikrobläschen, die sich während jedem Tauchgang im menschlichen Körper bilden, kann im Laufe der Zeit eine Gelenkschädigung hervorgerufen werden. Mikrobläschen sind winzig kleine Blasen, die sich laut einer Untersuchung der Tauchrettungsorganisation DAN (Divers Alert Network) in den schnellen bis mittleren Gewebe etwa 30 Minuten nach jedem Tauchgang bilden. Durch herkömmliche Dekompressions-Stopps können diese nicht abgebaut werden, sind aber im Prinzip auch nicht wirklich gefährlich. Es sei denn, man taucht eine große Anzahl an Tauchgängen über viele Jahre hinweg. Dadurch kann die verstärkte Ansammlung dieser Bläschen im Knorpel- und Knochengewebe zu einer Arthrose führen. Bei den Tauchern sind also vor allem Berufstaucher und Tauchlehrer gefährdet.

Darf man mit Asthma tauchen?

Asthma (griechisch: Atemnot) ist eine chronische Entzündung der Atemwege, bei der es zu einer Verengung der Atemwege kommt, die mit starker Atemnot einhergeht. Klingt jetzt für einen entspannten Tauchgang unter Wasser mal nicht so empfehlenswert. Die Bronchiolen, die kleinsten Atemwege, können sich bei einem Asthmakranken abrupt verengen. Beim Auftauchen kann es so zu einer Umkehrblockierung in der Lunge, also einem Lungenüberdruck, kommen. Zudem ist bei Asthma der Gasaustausch in der Lunge eingeschränkt. Bei erhöhter Atemleistung besteht die Gefahr eines Essouflements (siehe Frage zu Paniktauchen S. 102!). Durch die Engstellung der Bronchien wird die Luft noch knapper. Panik kann die Folge sein. Asthmapatienten können trotzdem tauchtauglich sein, denn Asthma hat viele Ursachen, z. B. allergisches Asthma – und die Gefahr einer Pollenallergie unter Wasser ist ja nicht wirklich gegeben. Dennoch muss jeder Asthmakranke eine ausführliche tauchsportärztliche Untersuchung über sich ergehen lassen, bevor sein Arzt ihm dann vielleicht doch noch sein O.K. gibt. Denn es ist sehr wohl möglich, mit Asthma zu tauchen.

Was ist Atemkalk?

Atemkalk (engl. Scrubber) wird in Kreislaufatemgeräten eingesetzt, um das ausgeatmete Kohlendioxid (CO_2) herauszufiltern. Es besteht aus 5% Natriumhydroxid (NaOH), 1% Kaliumhydroxid (KOH), 0,2% Silicium/Kieselgur, 14–19% Wasser (H_2O) und rund 75% Kalziumhydroxid ($CaOH_2$). Und wie funktioniert das Ganze? Das Kohlendioxid wird in drei Phasen gebunden. In der ersten Phase wird durch die Grundfeuchte des Atemkalks, die auch durch die Atemluft aufrecht erhalten wird, aus dem Kohlendioxid durch die Verbindung mit Wasser Kohlensäure (H_2CO_3). In der zweiten Phase entstehen Natriumkarbonat (Na_2CO_3), Wasser sowie Wärme durch die Reaktion der Kohlensäure mit den weiteren Bestandteilen des Atemkalks. In der dritten Phase reagiert das Natriumkarbonat mit Kalziumhydroxid zu Kalziumcarbonat ($CaCO_3$) und Natriumhydroxid, das ja von vorneherein im Atemkalk enthalten ist und sich auf diese Art erneuert. Nur das Kalziumhydroxid wird zu inaktivem Kalk umgewandelt und somit verbraucht. Ein Kilogramm Atemkalk bindet auf diese Art und Weise bei 20° Celsius durchschnittlich 120 Normliter CO_2. Bei 10 Grad sinkt dieses Bindevermögen auf 65% ab. Ist doch alles ganz einfach, finden wir.

Was versteht man unter Blaukommen?

In den frühen Tagen des Helmtauchens kam es immer wieder zu schweren Tauchunfällen, bei denen die verunglückten Taucher eine tiefblaue Gesichtsfarbe aufwiesen. Hermann Roer vom Hafenkrankenhaus Hamburg gab diesem Phänomen den Namen „Blaukommen" (Morbus Caerulescens) und beschrieb in einer wissenschaftlichen Abhandlung aus dem Jahr 1948 die Umstände, die zu diesem Unfall führen. Nach Untersuchungen von verletzten und toten Tauchern konnte er als Ursache des Blaukommens einen überdruckartigen Sog im Helmraum der Taucher ausmachen. Dieser Sog, der durch einen rapiden Druckabfall im geschlossenen Helmtauchanzug zustande kommt, hat Auswirkungen auf Atmung und Kreislauf und führt zu einem Dekompressionsunfall. Aufgrund des starken Druckunterschieds wird das Blut aus den unteren Bereichen des Tauchers, die ja durch den flexiblen Taucheranzug dem Druck verstärkt ausgesetzt sind, in den Kopfbereich gedrückt. Dadurch erklärt sich auch die bläuliche Färbung des

Gesichts. Roer wies nach, dass diese Form von Tauchunfall im liegenden Zustand ab etwa 1,40 Meter und beim stehenden Taucher ab etwa 3 Meter Tauchtiefe auftrat. Ein weiterer gängiger Name für dieses Phänomen ist Tauchersturz, was sich durch die Unfallart erklärt: In den meisten Fällen war ein Sturz des Helmtauchers Auslöser der Krankheit. Das in der heutigen Tauchpraxis gelehrte Barotrauma in der Maske, also die bei einem nicht erfolgten Druckausgleich im künstlichen Hohlraum der Tauchmaske auftretende Druckverletzung in diesem Bereich ist übrigens auch eine Form von Blaukommen, wenn auch natürlich nicht mit den tödlichen Folgen, wie sie beim Helmtauchen auftreten können.

Kann man sich unter Wasser eine Blutvergiftung zuziehen?

Eine Sepsis oder Blutvergiftung entsteht durch das Eindringen krankheitserregender Bakterien in den Blutkreislauf und die finden sich auch unter Wasser zuhauf. Schwämme beherbergen etwa 100 verschiedene Bakterien, aber auch in der Haut von Fischen und besonders im Maul leben Krankheitserreger. Ein Schnitt an der Sichel des Doktorfisches oder ein Biss einer Muräne kann zu einer Blutvergiftung führen. Dabei dringen die Erreger ins Blut, in die Lymphwege und in lebenswichtige Organe des Körpers ein. Wenn der Körper eine Infektion nicht mehr lokal bekämpfen kann, können sich die Krankheitserreger über die Blutbahnen im ganzen Körper ausbreiten. Eine Blutvergiftung ist demnach ein „Prozess", der sich über eine längere Zeitspanne entwickelt. Grundsätzlich gilt: Eine Wunde sollte gleich nach dem Tauchgang sorgfältig desinfiziert werden. Dann sollte alles in Ordnung sein.

Was versteht man unter „Buccal Pumping"?

Apnoetaucher verwenden oft eine spezielle Atemtechnik, die es ihnen ermöglicht, ihr Lungenvolumen für den Tauchgang zu vergrößern. Dabei füllen sie zuerst durch normales, tiefes Einatmen ihre Lunge von unten nach oben mit Luft. Um noch mehr Luft aufnehmen zu können, wird sodann Luft in den Rachenraum aufgenommen, der Mund geschlossen und die Luft geschluckt bzw. in die Lunge gepresst. Der Freitaucher sieht dabei wie ein Karpfen aus, der nach Luft schnappt. Durch mehrmaliges Wiederholen können geübte Freitaucher so zwei bis fünf Liter zusätzliche Luft in ihre Lungen pumpen. Darin liegt aber auch die Gefahr bei dieser Technik, da die Lunge überbeansprucht und gedehnt wird. Bei unerfahrenen Apnoeisten kann es sofort zu Lungenschäden kommen, bei geübten Tauchern geht die Medizin inzwischen davon aus, dass sie zu Langzeitfolgen führt. Die stark vergrößerte Lunge drückt zudem auf die Aorta, so dass der Blutdruck steigt. Viele Freitaucher verzichten inzwischen auf diese Atemtechnik.

Kann man in einem U-Boot dekokrank werden?

Bei der Dekompressionserkrankung, die durch zu schnelle Druckentlastung beim Auftauchen aus der Tiefe entsteht, handelt es sich um Schäden durch eine übermäßige Gasblasenbildung des überschüssigen Stickstoffs bzw. durch Stickstoff-Verschlüsse nach einem Lungenriss (arterielle Gasembolie). Man unterscheidet dabei die Dekompressionskrankheit nach Typ I, Typ II und Typ III. Bei Typ I lagern sich die Blasen in Haut, Muskulatur, Knochen oder Gelenken ab, bei Typ II be-

reits im Gehirn, dem Innenohr oder dem Rückenmark ab. Diese Schäden sind schwerwiegender als die beim Typ I. Beide Formen der Dekompressionserkrankung spielen jedoch bei U-Boot-Fahrern keine Rolle, da diese während der Unterwasserfahrt in einem geschlossenen Stahlbehälter sind und daher der Außendruck des Wassers an sie nicht weitergegeben werden kann. Sie bewegen sich die ganze Zeit im (mehr oder weniger konstant bleibenden) Umgebungsdruck, wie er auch an der Oberfläche herrscht. Eine Stickstoffübersättigung des Körpergewebes findet bei ihnen in der Regel nicht statt. Was jedoch passieren kann – und auch schon passiert ist – ist eine Dekompressionskrankheit vom Typ III. Bei diesem Typ handelt es sich um Langzeitschäden wie Knochennekrose (also einer Sauerstoffunterversorgung von Knochen) oder Hörschädigungen. Diese können bei einmaliger, jedoch sehr langer Druckauswirkung auftreten und betreffen U-Boot-Fahrer dann, wenn sie in großer Tiefe verunglücken und das Fahrzeug langsam, aber sicher Druckänderungen im Inneren aufweist, weil etwa die Technik zum Aufrechterhalten des Luftdrucks versagt. Ein solcher Vorfall wurde z. B. im Jahr 1931 verzeichnet, als die Besatzung eines gesunkenen U-Bootes in 36 Meter Tiefe so lange auf ihre Rettung warten musste, dass sich Langzeitschäden einstellten. Noch 12 Jahre nach diesem Vorfall wurden Fälle von Knochennekrose verzeichnet.

Was passiert beim Druckausgleich im Körper?

Je tiefer man taucht, desto mehr Umgebungsdruck wirkt auf den menschlichen Körper, vor allem auf die mit Gas gefüllten Hohlräume. Beim Abtauchen und beim Auftauchen muss daher ein Druckausgleich zwischen Außen- und Innendruck erfolgen. Alles beginnt im Ohr, das aus dem Außenohr, Mittelohr und Innenohr besteht. Der Wasserdruck übt mit zunehmender Tiefe Druck auf das Trommelfell aus, das sich nach innen wölbt und dadurch eine Komprimierung der im Mittelohr und in den Nasennebenhöhlen enthaltenen Luft bewirkt. Um diesen Druck auszugleichen kann über die Eustachische Röhre (Tuba auditiva), die das Mittelohr mit dem Nasen-Rachen-Raum verbindet, die Luft aus der Lunge mit der Luft im Mittelohr ausgeglichen werden. Die Eustachische Röhre ist normalerweise geschlossen. Zum Öffnen kann man schlucken, den Kiefer bewegen oder aber auch nur einfach durch Zuhalten der Nase und Ausatmen Luft aus der Lunge durch den Nasen-Rachen-Raum Richtung Röhre pressen. Beim Auftauchen gleicht sich der Druckunterschied dann von selber wieder aus, man muss sich um nichts mehr kümmern.

Wie führen Apnoetaucher den Druckausgleich durch?

Apnoetaucher, die sich mithilfe eines Schlittens möglichst schnell und mit wenig körperlicher Anstrengung in die Tiefe ziehen lassen, haben mit einem zentralen Problem zu kämpfen: Wie führe ich einen Druckausgleich durch, wenn der Umgebungsdruck meine Lunge ab ca. 35 Meter auf Faustgröße zusammengedrückt hat und über die Lungen kein klassischer Druckausgleich möglich ist? Bis zu Tiefen von 45 Metern kann durch Ausatmen in den Mund der Ausgleich durch diese verbleibende Luftmenge bewerkstelligt werden. Mittels einer gelernten Technik kann der Freitaucher diese Luft durch die Eustachische Röhre zum Ausgleich in das Mittelohr drücken. Eine weitere Technik, die unter anderem vom Belgier Patrick Musimu angewendet wird, ist das teilweise Befüllen der Hohlräume im Schädelbereich mit Flüssigkeit, wodurch sich die benötigte Luft für den Druckausgleich minimiert. Auf diese Weise erreichte er eine Tiefe von 209 Meter. Der amtierende Weltrekordhalter im Tieftauchen, Herbert Nietsch, vertraut auf eine andere Methode. Er atmet beim Abtauchen in eine Plastikflasche aus, aus der er die Luft zum Ausgleich des steigenden Drucks während des Abtauchens bezieht. Auf diese Weise erreichte er am 14. Juni 2007 vor Spetses in Griechenland die sagenhafte Tiefe von 214 Metern.

Wann ist eine Druckkammerbehandlung angeraten?

Seit im Jahr 1662 der britische Mediziner Nathaniel Henshaw die ersten Überlegungen zu medizinischen Behandlungsmethoden unter erhöhtem atmosphärischen Druck anstellte, hat sich einiges auf diesem Sektor getan. Die ersten Behandlungen bei 3 bar Kammerdruck wurden bereits 1834 in einer „Pneumatischen Kammer“ im französischen Montpellier durchgeführt. In den Niederlanden der 1950er Jahre wurde dieser Druckbehandlung eine Behandlung mit Sauerstoff hinzugefügt. Die moderne Druckkammer war geboren. Sie wurde zuerst bei Operationen am offenen Herzen eingesetzt, was sich durch die Entwicklung der Herz-Lungen-Maschinen bald erübrigte. Heutzutage dient die hyperbare Oxygenierung (HBO), sprich die Behandlung eines Patienten in einer Überdruckkammer unter reinem Sauerstoff bei Umgebungsdrucken von größer als 1 bar, neben der Behandlung von Dekompressionserkrankungen nach Tauchunfällen vor allem der Behandlung bei Herzinfarkt, Schlaganfällen, Kohlenmonoxid-Vergiftung, Tinitus, Gasbrand (Gasödem) sowie der Heilung von Gewebe, das durch Krebsbestrahlung geschädigt wurde.

Warum soll man mit Erkältung nicht tauchen gehen?

Als Erkältung bezeichnet man eine Viruserkrankung der Nasenschleimhaut, die mit Niesreiz und Nasenschleimhautschwellung einhergeht. Dabei verschleimen die Nebenhöhlen, Stirnhöhlen und der Nasenrachenraum. Da das Mittelohr nicht mehr genügend über die Eustachische Röhre belüftet werden kann, ist ein Druckausgleich beim Abtauchen nur schwer oder gar nicht mehr durchführbar. Abschwellende Medikamente können zwar Abhilfe schaffen, lässt deren Wirkung aber zu früh nach, kann es beim Auftauchen zu einer schweren Umkehrblockierung gepaart mit einem Trommelfellriss kommen. In ganz schweren Fällen ist auch der Tod möglich. Ein weiteres Problem entsteht, wenn sich in einem Lungenbläschen hinter Schleim gefangene und komprimierte Luft während des Aufstiegs wieder ausdehnt. Gemäß dem Gesetz nach Boyle-Mariotte nimmt eingeschlossene Luft beim Aufstieg umgekehrt proportional zum Umgebungsdruck zu. Die Bescherung in der Lunge mag sich jeder selbst ausmalen.

Wie erlebt ein Taucher eine Explosion unter Wasser?

Explosionen unter Wasser ereignen sich in erster Linie durch menschliches Zutun: Sprengungen bei Bauarbeiten oder von veralteter Munition und Minen auf gesunkenen Schiffen oder die verheerende Methode des Dynamitfischens. Wie auch über Wasser expandiert bei der Detonation schlagartig eine große Menge heißen Gases, das eine Schock- bzw. Druckwelle auslöst, die sich mit fast fünffacher Geschwindigkeit gegenüber Luft ausbreitet. Trifft die Druckwelle auf einen Körper, entfaltet sich ihre Wirkung abhängig von dessen Beschaffenheit. Massive Materialien werden verformt, beschädigt oder absorbieren die Energie begleitet von geringen oder großen Schäden an der molekularen Struktur. Die Auswirkungen auf Körper mit luftgefüllten Hohlräumen sind um ein Vielfaches stärker. Der Druck unter Wasser wirkt von allen Seiten gleichzeitig und eine Umwandlung der Schockwelle in kinetische Energie, z.B. durch Zurückwerfen des Körpers nicht abgeschwächt wird. Die starke Druckveränderung führt zur Komprimierung der Luft und damit zu massiven Verformungen der Hülle eines Hohlraumes. Fische erleiden durch das schlagartige Zusammenpressen der Schwimmblase organische Schäden, die in den meisten Fällen zum Tode führen. Ein Taucher, der sich in der Nähe einer Explosion aufhält, würde ebenso schwere Verletzungen erleiden. Diese reichen von Platzen des Trommelfells, der einen gleichzeitigen Orientierungsverlust durch das Eindringen des Wassers ins Mittelohr zur Folge hat, über Bewusstlosigkeit und Verletzungen im Gesicht durch das Bersten der Tauchermaske bis zu schwersten Lungenverletzungen. Überlebenschancen sind fraglich.

Wie ändert sich die Farbskala unter Wasser?

Licht besteht aus unterschiedlichen Wellenlängen, die vom Auge als unterschiedliche Farben wahrgenommen werden. Der für Menschen

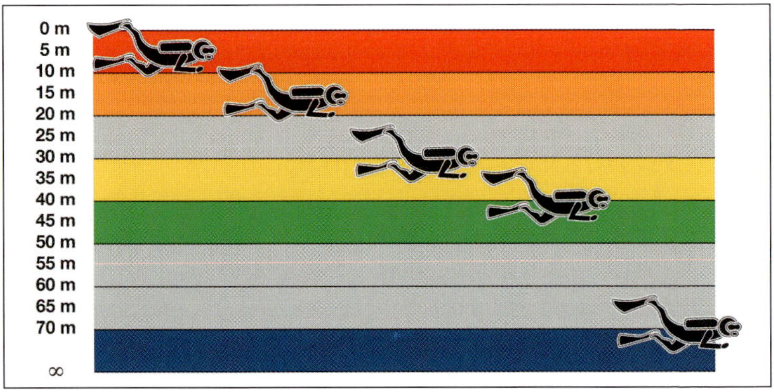

sichtbare Bereich liegt zwischen 400 und 800 Nanometer. Wenn Licht ins Wasser eindringt, wird es durch Trübung, Streuung und Brechung verändert und mit zunehmender Tiefe absorbiert. Schon ab 4,5 Meter Tiefe verschwindet der Rotanteil des Lichts, Orange ab 15 und Gelb ab 30 Metern. Die Farben, die noch in größerer Tiefe übrig bleiben, sind Grün bis 76 Meter und Blau jenseits dieser Grenze. Die maximale Durchlässigkeit für Wellenlängen wird im klaren Wasser erreicht und liegt bei 480 nm. Aus diesem Grund nehmen wir in klarem Wasser beim Blick in die Tiefe die Farbe Blau wahr. Trübes Wasser hingegen ändert die maximale Transparenz auf 530 nm, das Wasser erscheint gelb-grün. Diese Angaben können leicht variieren und sind natürlich von der Lichtintensität abhängig. Deshalb taucht es sich an einem sonnigen Tag farbenfroher als an einem trüben.

Ist Salzwasser gesund für die Haut?

Der größte Teil der im Meerwasser gelösten Salze sind Chloride, also Natriumchlorid bzw. Kochsalz. Im Meerwasser sind aber auch Mineralien und Spurenelemente enthalten, die an der Bildung von Enzymen und dem Stoffaustausch durch die Zellwände beteiligt sind. Ohne Eisen wird die Haut trocken, Magnesium hält die Zellwände stabil und zugleich durchlässig. Kupfer fördert die Bildung der Hautbestandteile Collagen und Elastin und damit die Festigkeit und Elastizität der Haut. Zusätzlich sind im Meerwasser Kohlendioxid und andere atmosphärische Gase gelöst und finden sich Spuren nichtlöslicher organischer Verbindungen. Salzbäder (Solebäder) haben daher einen positiven Einfluss auf Erkrankungen, die mit einer verstärkten Verhornung oder Schuppenbildung einhergehen. Mit Salzbädern werden daher z. B. Schuppenflechte und die Fischschuppenkrankheit, die sogenannte Ichthyose, behandelt. Salz aus dem Toten Meer wird eine besonders starke Wirkung zugesprochen. Dieses Salz unterscheidet sich vom herkömmlichen Kochsalz oder dem Salz, welches in der Nord- und Ostsee oder im Wasser des Mittelmeeres vorkommt, durch seinen besonders hohen Magnesiumgehalt. Dank des Magnesiums wirkt es entzündungshemmend, da entzündungsfördernde Stoffe aus der Haut herausgelöst werden. Niedrig konzentrierte Solebäder eignen sich sogar zur Behandlung von Neurodermitis. Also wenn's einmal zwickt und juckt, schnappen Sie sich einfach den Salzstreuer und ab in die Badewanne.

Wieso wird die Haut unter Wasser runzelig?

Schon merkwürdig, dass Hände und Füße bei einem längeren Bad wellig werden. Grund dafür ist Osmose. Doch eins nach dem anderen: Die Haut besteht aus Hautzellen, die in tieferen Hautschichten gebildet werden und in Richtung Oberfläche wandern. Dort sterben sie ab und verhornen. Solche Hornzellen enthalten im Vergleich zu jungen Hautzellen viele Salze. Wenn nach zehn Minuten im Badewasser die Fettschicht unserer Haut wasserdurchlässig geworden ist, fangen die Hornzellen an, sich mit Badewasser vollzusaugen. Denn bei der Osmose sind beide Flüssigkeiten – in unserem Fall das salzarme Badewasser und die salzreiche Zellflüssigkeit – bestrebt, eine identische Konzentration von Mineralien zu erreichen. Die Hornzellen quellen also auf. Und die Haut schrumpelt und dehnt sich aus, vor allem an Händen und Füßen. An diesen Stellen befinden sich 30 bis 40 Lagen an Hornzellen, also zehn Mal mehr als an den übrigen Körperstellen. Dieser Vorgang ist für den Körper keineswegs schädlich, solange man sich nach dem Baden eincremt, um dem Austrocknen der Haut vorzubeugen. Sobald man wieder aus dem Wasser steigt, verlässt die überschüssige Flüssigkeit die Haut und die Extremitäten sehen rasch wieder mehrere Jahre jünger aus.

Wird der Herzschlag unter Wasser schneller oder langsamer?

Der Herzschlag wird sechs bis 15 Prozent langsamer durch den sogenannten Tauchreflex. Dieses Phänomen wurde erstmals 1870 von Paul Bert bei Enten entdeckt und von L. Irving 1941 auch beim Menschen nachgewiesen. Die Erkenntnisse darüber wurden von ihm zusammen mit PF. Scholander und SW. Grinnel in „The regulation of arterial blood pressure in the seal during diving“ beschrieben. Die Rezeptoren, die diese Bradycardie auslösen, liegen vorwiegend im Mund- und Nasenbereich und veranlassen den Körper, beim Eintauchen des Gesichts den Herzschlag zu verlangsamen. Der Ursprung dieses Phänomens wird in der menschlichen Evolutionsgeschichte gesehen und steht wohl nicht ausschließlich mit dem Benetzen des Gesichts in Zusammenhang, da dieser Effekt auch beim Luftanhalten an Land eintritt. Übrigens ist er beim jedem Menschen unterschiedlich ausgeprägt.

Beim Freitauchen (Apnoe) beeinflussen Geschlecht und Taucherfahrung signifikant die Herzfrequenzänderung. Vereinfacht gesagt: Übung macht den Meister.

Kann man mit einem Herzschrittmacher tauchen?

Die einschlägigen medizinischen Berichte gehen hier deutlich auseinander. Je nach Hersteller sehr unterschiedliche „Ratschläge" vom Abraten bis hin zu Tauchtiefen von maximal zehn Metern. Der meistverkaufte Herzschrittmacher hat einen zulässigen Absolutdruck von 300 kPa. Dies bedeutet immerhin eine Tauchtiefe von 30 Meter. Um sicher zu gehen, sollte man einen Kardiologen zu Rate ziehen und der Tauchschule bekannt geben, dass man ein solches Gerät trägt. Die Versicherung könnte ansonsten im Unfallfall ein Eigenverschulden feststellen und die Leistungen verweigern – was dann wahrscheinlich noch die geringste Unannehmlichkeit wäre.

Hört man unter Wasser besser?

Die Wahrnehmung von Geräuschen unter Wasser funktioniert etwas anders als an der Luft, da Schall sich unter Wasser bis zu 4,3 mal schneller ausbreitet als in Luft und weniger absorbiert wird. Wir hören unter Wasser Geräusche gut, aber wir haben Schwierigkeiten, die Schallquelle sofort zu orten. Ursache dafür ist die Geschwindigkeit des Schalls unter Wasser. Beträgt sie in der Luft etwa 343 Meter pro Sekunde, so wird Schall im Wasser mit einer Geschwindigkeit von etwa 1480 Meter pro Sekunde übertragen. Das liegt an der hohen Dichte des Wassers. Wir Menschen sind allerdings auf die Luftgeschwindigkeit „trainiert". Wir orten Schallquellen dadurch, dass der Schall im einen Ohr etwas schneller eintrifft als im anderen, je nach Richtung, aus der der Schall kommt. Im Wasser funktioniert diese Methode der Schallortung jedoch nicht, da der Schall sich zu schnell ausbreitet und nahezu gleichzeitig beide Ohren trifft. Die Lokalisation des Schallursprungs ist uns also nicht möglich. Der Schalldruck nimmt außerdem bei gleichem Abstand von der Schallquelle im Wasser weniger schnell ab als an der Luft. Der Ursprung der Geräusche erscheint uns also näher, als er in

Wirklichkeit ist. Achten Sie daher besonders beim Auftauchen auf Geräusche! Diese Veränderung beim Hören birgt vor allem Gefahren in von Motorbooten stark frequentierten Gebieten.
Übrigens: Auch der Übergang des Schalls von einem Medium (flüssig/gasförmig) in das andere funktioniert schlecht. Schon knapp unter der Wasseroberfläche können Sie nicht mehr hören, was über Wasser an Geräuschen durch die Gegend „schwirrt".

Wieso ist Kindertauchen in großen Tiefen gefährlich?

Die Gefahr der Lungenüberdehnung (Emphysem) ist beim Tauchen aufgrund der anatomischen Gegebenheiten bei Kindern besonders groß. Als Emphysem bezeichnet man dabei eine nicht wieder gut zu machende Ausweitung der Lufträume im Bereich der feinen Lungenbläschen (Alveolen). Bei Säuglingen sind nur wenige Lungenbläschen ausgebildet, die sich bis zum siebten Lebensjahr vermehren. Bedingt durch diese geringere Zahl ist eine höhere Atemfrequenz nötig, so dass die Atemanstrengung beim Kind höher ist als beim Erwachsenen. In größerer Tiefe steigt diese Anstrengung rapide an. Letztendlich reagiert das kindliche Bronchialsystem auf Wärmeverluste durch kaltes Wasser und über die Atmung ebenfalls sehr empfindlich. Aus diesem Grund sollten bei Kindern Tauchtiefen jenseits der Zehn-Meter-Marke tabu sein.

Ist man unter Wasser kleiner als an der Oberfläche?

Im Prinzip ja – wenngleich so aus einem Riesen auch noch kein Zwerg wird. Der menschliche Körper besteht zu einem großen Teil – unterschiedlich nach Alter und Geschlecht – aus Flüssigkeit. Bei Männern beträgt der Anteil an Wasser im Körper rund 60 Prozent, bei Frauen rund 50 Prozent. Durchtrainierte Sportler können sogar einen Wasseranteil im Körper von bis zu 70 Prozent aufweisen. Diese Flüssigkeit ist dabei zu 55 Prozent in den Zellen und zu 45 Prozent außerhalb der Zellen im Blutplasma und dem Bindegewebe verteilt. Durch Dehydratation (Entzug von Wasser) während eines Tauchgangs wird dem Körper jedoch Flüssigkeit entzogen, oft bis zu 2 Prozent der Gesamtmenge an Wasser. Dadurch ändert sich auch die Größe, oder besser gesagt das

Gesamtvolumen, eines Tauchers. Er wird also um bis zu 2 Prozent kleiner als an der Oberfläche. Durch das Schleppen von schwerem Tauchgerät und der Dehydratation werden auch die Bandscheiben zwischen den Wirbelknochen belastet. Bandscheiben bestehen aus einem fasrigen Ring, der einen gallertartigen Kern umschließt. Dieser ist stark wasserhaltig und ist direkt von Flüssigkeitsverlust betroffen. Auch an Land flacht die Bandscheibe im Laufe eines Tages ab – der Grund, warum man auch morgens größer ist als abends. Bei häufigem Tauchen, wie etwa in der Berufstaucherei, nimmt der Wasseranteil stetig ab. Taucher schrumpfen also schneller.

Warum wird man landkrank?

Bei wenig Seegang ist die Gefahr seekrank zu werden gering, dafür kann sich nach Verlassen des Schiffs die Landkrankheit einstellen. Man gewöhnt sich besonders bei längeren Bootsfahrten an das sanfte Schaukeln und genießt es sogar. Je nach körperlicher Konstitution setzt aber früher oder später ein mehr oder weniger ausgeprägtes Schwanken bei Landgängen ein. Vor allem in engen Räumen oder beim Sitzen merkt man das mitunter sehr stark. Man steht beispielsweise vor dem Regal und schwankt dabei unwillkürlich hin und her, nach hinten und vorn, und greift vielleicht sogar erstmal ins Leere. Der Körper, der das Bestreben hat, Bewegungen instinktiv auszugleichen, hat sich so sehr an die Wellenbewegungen auf dem Schiff gewöhnt, dass er an Land quasi überkompensiert. Deshalb schwankt man selbst und kann in extremen Fällen tatsächlich landkrank werden. Schon nach ein oder zwei Tagen, in denen man ständig deutlichem Seegang ausgesetzt war, kann es passieren, dass einem an Land etwas übel wird. Aufenthalt im Freien lindert die Symptome oder man geht (möglichst bald) zurück an Bord.

Ist man unter Wasser leichter als an der Oberfläche?

Das Auftriebs-Gesetz von Archimedes besagt bekanntlich, dass der Auftrieb eines Körpers gleich dem Gewicht der durch ihn verdrängten Flüssigkeit ist. Damit verliert jeder Mensch ab einer gewissen Tiefe sein gesamtes Gewicht, eine Federwaage würde 0 kg anzeigen. Interessant dabei ist aber, dass selbst Personen mit dem gleichen Körpergewicht in unterschiedlichen Tiefen diesen Punkt erreichen. Grund dafür ist der

Anteil von Fett am Körpergewebe. Fett schwimmt, sagt ja auch schon der Volksmund. Je mehr Fettanteil ein Mensch also hat, desto weniger dicht ist sein Körpergewebe und umso leichter ist er auch unter Wasser.

Was ist ein Paniktaucher?

Vorweg: Auch der erfahrendste Taucher ist nicht vor Panik gefeit! Umgang mit Panik beim Tauchen kann man lernen. Panik entsteht durch Angst und Stress. Angst vor einer tatsächlichen oder angenommenen Gefahr führt zu körperlichen Symptomen wie Atemnot, Herzklopfen, Muskelzittern, Schwitzen oder Schwindelgefühlen. Auslöser können u. a. sein: schlechte Sicht, trübes Wasser oder Probleme mit der Atemluft. Probleme mit Atemluft entstehen meistens durch Fehlverhalten des Tauchers – er hat zu schnell geatmet. Die Strömungsgeschwindigkeit der Atemluft steigt an, die Folge ist ein Essoufflement, ein falscher Gasaustausch in der Lunge. Vor allem in größeren Tiefen, bei großer körperlicher Anstrengung, wie etwa dem Schwimmen gegen eine starke Strömung, tritt dieses Phänomen auf und führt zu Atemnot und schließlich Panik. Auch ein zu eng sitzender Tauchanzug oder ein enges Jacket können Atembeschwerden und in der Folge Panik hervorrufen. Sollte man in eine Paniksituation geraten, ist das Schlechteste, was man tun kann, sofort aufsteigen – außer natürlich, man hat tatsächlich keine Luft mehr und bleibt beim Aufstieg ruhig! Empfohlen wird, sich an etwas festzuhalten, die Atmung zu beruhigen (langsam und tief durchatmen) und in sich selbst hineinzuhören. Oder wie man es im Tauchkurs so schön gelernt hat: Zuerst stoppen, dann kurz nachdenken und dann erst handeln!

Was ist Pendelatmung

Als Pendelatmung bezeichnet man das mehrmalige Ein- und Ausatmen der Atemluft. Dies kann gewollt oder auch ungewollt erfolgen. Beim oberflächenversorgten Helmtauchen nutzt man die zur Verfügung stehende Luft mehrmals, bevor das Kohlendioxid über ein Ventil ausgeschwemmt wird. Ungewollt kommt es zur Pendelatmung, wenn beim Schnorcheln ein zu langer Schnorchel verwendet wird. Dabei bleibt die verbrauchte Luft im Rohr stehen und wird beim nächsten Einatmen wieder in die Lunge gesaugt – sie pendelt also zurück. Der erhöhte Kohlendioxid-Gehalt kann dabei zu einem erhöhten Kohlendioxidanteil im Blut führen und somit langfristig zur Bewusstlosigkeit. Daher sind die Maße von Schnorcheln auf 35 Zentimeter Länge und 2 Zentimeter Durchmesser genormt, was ein Volumen von 0,25 Litern Luft ergibt. Das entspricht durchschnittlich einem halben Atemzug. Schnorchel mit einem Auslassventil am Mundstück können übrigens Pendelatmung verhindern helfen, da sie die Lunge fast ausschließlich mit Frischluft versorgen.

Kann man unter Wasser riechen?

Im Wasser gibt es einiges zu riechen – nur für uns Menschen leider nicht. Dazu müssten wir das Wasser nämlich einatmen. Keine gute Idee, wie wahrscheinlich jeder aus Erfahrung weiß. Fische haben damit natürlich kein Problem, denn die atmen durch ihre Kiemen. Trotzdem haben sie auch Nasen, die ausschließlich dazu dienen, Gerüche wahrzunehmen. Zum Beispiel: Wo gibt es etwas zu fressen? Gleichzeitig ist ihre Nase ein wichtiges Warnsystem: Der Geruch eines verletzten Tieres ist für viele Fische ein Alarmsignal. Sie flüchten dann aus Angst, angegriffen oder gefressen zu werden. Allerdings: Ganz ohne Wasser könnten auch wir Menschen keinen Geruch erkennen. Jeder Duft, der uns durch die Luft erreicht, ist eine chemische Verbindung. Und die wird erst einmal gelöst in einer hauchdünnen wässrigen Schicht an der Nasendecke.

Kann man Salzwasser trinken?

Stellen Sie sich vor, Sie hätten Schiffbruch erlitten. Kann man nun unbegrenzt Salzwasser trinken. Die Antwort ist Jein. Und das ist leicht erklärt: Die eigenen Körperzellen haben einen gewissen Salzspiegel und sind von einer Membran umgeben. Wenn man nun Salzwasser trinkt, ist der Salzspiegel der Flüssigkeit höher als im Zellinneren. Um einen Ausgleich der Konzentrationen herzustellen, wird der Zelle Wasser entzogen. Die Folge ist Dehydratation, d. h. man trocknet innerlich aus. Für Schiffbrüchige gelten daher folgende Empfehlungen: Strecken Sie, wenn vorhanden, den Süßwasservorrat mit Salzwasser bis an die Grenze der Bekömmlichkeit. Ist nur Salzwasser vorhanden, so empfiehlt es sich, davon vor allem in kleinen Dosen zu trinken, da der Salzgehalt damit möglichst lange auf einem gesundheitsverträglichen Maß zu halten ist. Weiter sollten Sie alles Schweißtreibende vermeiden, denn je mehr Flüssigkeit ausgeschwitzt wird, desto konzentrierter wird die Salzlösung im Körper. In diesem Sinne: Prost!

Warum macht Salzwasser die Haare strohig?

So schön ein Tauchurlaub auch ist, so sehr sind vor allem die Träger einer wallenden Lockenpracht (zu denen der Autor nicht gehört) den Belastungen des Salzwassers ausgesetzt, Salzwasser stört die sensible Feuchtigkeitsbalance der Mähne und trocknet die Haare aus. Nach einer Woche auf der Tauchbasis werden sie spröde, fühlen sich strohig an und verlieren ihren Glanz. Haarspliss bildet sich und die Haarspitzen brechen ab. Nicht nur das Salzwasser ist für diese Probleme mit der Fönwelle verantwortlich, sondern auch Sonne und ständiger Temperaturwechsel. Abhilfe oder zumindest Linderung schafft übrigens das Ausspülen der Haare nach jedem Tauchgang mit Süßwasser und außerdem tut es nicht nur Ihrer Haut, sondern auch der Lockenpracht gut, wenn Sie möglichst im Schatten bleiben – auch wenn sich dann vielleicht nicht die erwartete Sonnenbräune der Haut einstellen mag.

Was ist ein Samba?

Freitaucher vollbringen in den Augen der untrainierten Zuschauer wahre Wunder. Manchmal jedoch stoßen auch die Besten an ihre Grenzen und verlieren beim Auftauchen nach einem Freitauchgang für Sekunden die Kontrolle über ihren Körper. Sie sind nicht mehr ansprechbar und der Körper zuckt in unkontrollierten Bewegungen. Allerdings sind sie nicht ohnmächtig (dies würde sonst als Blackout bezeichnet). Tritt dieser Fall ein, wird er von den anwesenden Schiedsrichtern als „loss of motor control“ (LMC), also dem Verlust der Kontrolle über die körpereigene Motorik, bezeichnet und der Taucher wird disqualifiziert. Einen weit gebräuchlicheren Namen haben die Athleten selbst diesem Tauchunfall gegeben. Da der Taucher bei einem solchen Vorfall in rhythmischen Bewegungen zuckt, bezeichnen sie es, leicht zynisch, als Samba, benannt nach dem Tanz. Ursache ist das Unterschreiten des notwendigen Sauerstoffgehalts im Blut. Der Körper quittiert dies auf seine Art und Weise.

Kann man unter Wasser schlafen?

Klar kann man das, und dieses Phänomen wurde von den Autoren auch persönlich schon einige Male beobachtet. Auf die näheren Umstände wollen wir hier nicht eingehen. Nur soviel: Es handelte sich um einen Divemaster, der dem Nachtleben nicht abgeneigt war. Wie an der Oberfläche auch sinkt man in den Schlaf, begünstigt durch die sanfte Dünung und das instinktive Gefühl sich wieder im Mutterleib zu befinden. Einzige Voraussetzung, dieses Experiment schadlos zu überstehen ist, dass der Regler im Mund bleibt. Auch wenn Tauchausbildungen von Anfängern nicht die Spannung eines echten Tauchgangs bieten, sollten Sie auf dieses Experiment schon aus Sicherheitsgründen verzichten. Es ist immer sicherer und auch bequemer, gleich im Bett zu bleiben.

Kann ich von Sperma im Wasser schwanger werden?

Lieber Dr. Sommer, im Tauchanzug auf keinen Fall! Aber ganz im Ernst. Es ist schier unglaublich, wie viele Foren sich noch immer mit dieser Frage beschäftigen, obwohl unsere Jugend als so aufgeklärt gilt. Die Lebensdauer der Spermien hängt damit zusammen, wo sie sich aufhalten und welche Bedingungen sie dort vorfinden. In Leitungswasser, Badewasser und erst recht im Meer sterben sie schon nach kürzester Zeit ab. Man muss sich also keine Sorgen machen, wenn's mal daneben geht, denn Wasser ist für Samenzellen ein unfreundliches Milieu und sie verlieren sofort ihre Befruchtungsfähigkeit. Wenn der Penis jedoch in die Scheide eindringt, kann sehr wohl eine Schwangerschaft eintreten – auch unter Wasser. Sollten sie bereits im Ozean treiben, können sich die armen Racker noch so sehr anstrengen – sie werden einfach keinen Erfolg mehr haben. Womit wir diese Frage ein für alle Mal erschöpfend beantwortet haben.

Kann man auch über Wasser eine Stickstoffübersättigung bekommen?

Ja, wenn man sich nicht an die Empfehlungen hält, die beim Erlernen des Tauchens gepredigt wurden. Hervorgerufen wird eine solche Stickstoffübersättigung, wie beim zu zügigen Auftauchen, durch eine Abnahme des Umgebungsdrucks oder durch Dehydratation. Beides macht sich durch die klassischen Symptome einer Dekompressionskrankheit bemerkbar. Ersteres kann beim Fliegen oder aber auch beim Überfahren von Pässen mit dem Auto in einem zu kurzen zeitlichen Abstand zum letzten Tauchgang auftreten. Die Empfehlung namhafter Tauchorganisationen nennen eine minimale Oberflächenpause von 12 Stunden bis zu 24 Stunden, bevor eine Flugreise angetreten wird, da der Kabinendruck in einem Flugzeug einem Druck von durchschnittlich 2 500 Metern entspricht. Starke Dehydratation, hervorgerufen durch zu wenig Flüssigkeitsaufnahme vor und nach dem Tauchen oder ausgedehntes Sonnenbaden, kann ebenfalls zu einer Übersättigung mit Stickstoff im Gewebe führen. Auslöser ist die Verdickung des Blutes, die einem Abtransport des gespeicherten Stickstoffs entgegenwirkt. Da Erscheinungen der Dekompressionskrankheit auch erst Stunden später an der Oberfläche bemerkt werden können, sollten Sie vor und nach dem Tauchgang immer genügend Flüssigkeit zu sich nehmen.

Was versteht man unter Taravana?

Dieses Phänomen, das bei Perlen- und Schwammtauchern auf Tuamotu in Polynesien beobachtet wurde, bedeutet wörtlich übersetzt „verrückt werden“, was auch zugleich den Zustand der erkrankten Person beschreibt. Die Taucher verhielten sich unkontrolliert, klagten über Schwindelgefühle, waren teilweise lethargisch, ihr Körper versteifte sich und manche starben. Es handelt sich dabei um ein Erkrankungsbild, das nach wiederholten Freitauchgängen (also ohne Tauchgerät) in Tiefen zwischen 20 und 30 Metern auftritt. Da die dortigen Freitaucher oftmals bis zu 50 Tauchgänge am Tag durchführten, die sie teils sogar auf bis zu 40 Meter Tiefe brachten, dürfte es sich bei der dort beobachteten Krankheit um eine Form der Dekompressionskrankheit handeln. Da der Abbau von Stickstoff langsamer abläuft als dessen Aufnahme, kommt es auch bei Freitauchern zu einer erhöhten Anreicherung von Stickstoff im Gewebe, wenn in kurzen Abständen wiederholt abgetaucht wird. Diese Tatsache beschrieb auch ein Taucherarzt der dänischen Marine, der neurologische Symptome nach mehreren Notausstiegen ohne Gerät in Tiefen bis 20 Meter im Rahmen der U-Boot-Ausbildung überprüfte.

Ist langjähriges Tauchen schädlich?

Wir wollen hier nicht über eventuelle Langzeitschäden nach Tauchunfällen sprechen, sondern über die, die grundsätzlich durch das Tauchen selbst entstehen können. Der Tauchsport, sowohl im militärischen, gewerblichen als auch im privaten Sektor, ist bereits über 50 Jahre alt. Interessanterweise gibt es dennoch bis heute keine wirklich repräsentativen Untersuchungen zu diesem Thema. Es gibt Theorien, Thesen und Annahmen, doch nichts ist wirklich wissenschaftlich fundiert belegt. Einige Theorien, die aktuell diskutiert werden, wollen wir hier erwähnen. Es gibt die Theorie, nach der Mikrobläschen, die sich bei Tauchgängen im Körper bilden, die Gelenke und das Knochenskelett nachhaltig schädigen können. Die Knochen scheinen tatsächlich weitaus länger auszusättigen, als bisher angenommen, was zu Fehlbildungen im Alter führen kann. Das Tragen hoher Gewichte über einen längeren Zeitraum, wie es etwa beim Technischen Tauchen vorkommt, kann eine Schädigung der Bandscheiben nach sich ziehen. Extrembelastungen des Körpers, wie sie etwa beim Freitauchen in große Tiefen auftreten, können durch übermäßiges Einatmen vor dem Tauchgang Langzeitfolgen an der Lunge hervorrufen. Und beim normalen Tauchen in der Freizeit? Hier besteht nach bisherigen Erkenntnissen nur die eine Gefahr: der Sucht nach dem Abtauchen ins nasse Element zu verfallen, und diese Gefahr gehen wir doch gerne ein.

Was ist ein Tiefenrausch?

Wie der Name schon ausdrückt, handelt es sich dabei um einen rauschähnlichen Zustand, der durch die narkotisierende Wirkung des Stickstoffs unter Druck entsteht – daraus resultiert auch der zweite dafür verwendete Ausdruck: Stickstoffnarkose. Schuld an diesem Phänomen ist die Fettlöslichkeit von Stickstoff. Dieses Inertgas (also ein Gas, das sehr reaktionsträge ist und sich an nur wenigen chemischen Reaktionen beteiligt) lagert sich in den fetthaltigen Zellen des Zentralen Nervensystems (ZNS) ein und wirkt dabei ab einem Stickstoffpartialdruck von rund 3,0 bar, was einer Tauchtiefe von 20 Meter entspricht, narkotisierend auf dasselbe. Klingt ja ganz amüsant, z. B. Fischen unter Wasser seinen Atemregler anzubieten, wie es etwa der Tauchpionier Jacques-Yves Cousteau bei einem seiner Tauchpartner bemerkte, kann aber in der Praxis während eines Tauchgangs aufgrund von Fehlreaktionen zu fatalen Folgen führen. Die Symptome eines Tiefenrausches sind dabei wahrlich vielfältig und reichen von Lethargie bis zur Hysterie. Merkt man an seinem Buddy Anzeichen eines seltsamen Verhaltens, sollte man daher eine geringere Tiefe aufsuchen. Durch die Abnahme des Stickstoffpartialdrucks verschwinden die Symptome des Tiefenrausches umgehend.

Kann man mit einem geplatzten Trommelfell noch tauchen?

Nein! Mit einer akuten Öffnung (Riss, Ruptur, Loch) des Trommelfells darf in keinem Fall getaucht werden. Das Mittelohr ist nach außen durch das Trommelfell abgeschlossen und wird aktiv durch die Eustachische Röhre vom Nasenrachenraum belüftet. Sollte mit einer solchen akuten Verletzung getaucht werden, dringt durch das geplatzte Trommelfell Wasser in das Mittelohr ein. Das schneckenartige Gleichgewichtsorgan wird durch den Kältereiz empfindlich gestört. Der Taucher verliert schlagartig sein Orientierungsvermögen und eine Unterscheidung zwischen oben und unten ist kaum mehr möglich. Deshalb ist bei jeder tauchärztlichen Untersuchung eine Hals-Nasen-Ohrenuntersuchung vorgeschrieben, um abzuklären, ob beispielsweise Schwachstellen im Trommelfell vorliegen, die der Druckbelastung nicht standhalten würden. Diese „Schwachstellen" können etwa aus lang zurückliegenden Mittelohrentzündungen herrühren, aufgrund derer ein im

Trommelfell verbliebenes Loch lediglich mit einer dünnen Haut überspannt ist. In der Regel gilt, dass eine Ruptur des Trommelfells im Normalfall ohne Komplikationen innerhalb von sechs bis acht Wochen ausheilt. So viel Zeit sollte man sich und dem Trommelfell bis zum nächsten Tauchurlaub gönnen.

Kann man mit einem Vaginalring tauchen gehen?

Ein Vaginalring ist ein Ring aus einem weichen Kunststoff, in dem die zwei Hormone Östrogen und Gestagen für eine Schwangerschaftsverhütung enthalten sind. Der rund fünf Zentimeter große Ring wird bei Frauen am ersten Tag der Regelblutung in die Scheide eingeführt und gibt dort im hinteren Scheidenbereich bis zu drei Wochen Hormone ab. Danach erfolgt eine einwöchige Tragepause. Für das Tauchen bestehen durch einen Vaginalring absolut keine Einschränkungen, sofern es zu keinen Nebenwirkungen kommt, was jedoch bei dieser Form der Verhütung ausgesprochen selten ist. Nur bei ein bis zehn Prozent aller Fälle kommt es zu Kopfschmerzen und Migräne, was ein Grund sein könnte, auf einen Tauchgang zu verzichten. Im Regelfall kann mit dieser Verhütungsmethode jedoch bedenkenlos getaucht werden. Und für alle, die es gerne leidenschaftlicher haben: Auch beim Sex unter Wasser behält der Ring seine Wirkung bei.

Wieso treiben Wasserleichen nach einiger Zeit wieder auf?

Traurig aber wahr: Jährlich verunglücken Taucher und Schwimmer in unseren Tauchgewässern. Der leblose Körper sinkt daraufhin im Normalfall zu Boden, da sich die Lungenflügel mit Wasser füllen und der Abtrieb zunimmt. In vielen Fällen werden die sterblichen Überreste von Strömungen erfasst und kilometerweit von der Unglücksstelle weggespült. Wenn sich der Leichnam nicht am Grund verklemmt, treibt er in den meisten Fällen nach einiger Zeit wieder an die Oberfläche. Dies geschieht durch die im Körper entstehenden Fäulnisgase (CO_2, CH_4, H_2S, NH_3 sowie einige andere), die durch das Eintreten von Mikroorganismen in den Leichnam gebildet werden. Der Körper wird aufgebläht, hat dadurch mehr Volumen und treibt an die Oberfläche. Um dies zu verhindern, verwendet die Mafia gerne Hausschuhe aus Beton.

Kann eine Zahnplombe beim Tauchen explodieren?

In Tauchkursen lernt man gelegentlich, dass es beim Tauchen mit Zahnfüllungen zu Problemen kommen kann und diese in der Tiefe regelrecht in der Mundhöhle explodieren können. Doch nichts wird bekanntlich so heiß gegessen, wie es gekocht wird – so auch in diesem Fall. Es gibt keine Untersuchungen zu diesem Thema und daher auch keinen wissenschaftlichen Beleg dafür. Zahnfüllungen sind nicht gefährdet, wenn sie richtig gesetzt wurden. Sollte sich jedoch zwischen Füllung und Zahn ein Lufteinschluss befinden, komprimiert diese Luft während des Abtauchens. Als Folge kann es aufgrund eines Barotraumas zu Schmerzen im Zahn kommen. Und Zahnschmerzen verleiden einem auch den schönsten Tauchgang.

Beeinflusst Tauchen die Zeugungsfähigkeit?

Sofern man den Tauchsport nicht im Extrembereich ausübt, muss man(n) auch nicht um seine Zeugungsfähigkeit besorgt sein. Untersuchungen an Mäusen, die über eine längere Zeit einem hohen Umgebungsdruck ausgesetzt wurden und dabei Heliox atmeten, ein Mischgas aus 79 Prozent Helium und 21 Prozent Sauerstoff, zeigten jedoch einen erschreckenden Trend, der Personen in der Berufstaucherei nachdenklich machen sollte, denn hier wird dieses Gasgemisch hauptsächlich eingesetzt. Bei der untersuchten Gruppe von Mäusen gab es eine 65-prozentige Reduktion der Zeugungsfähigkeit. Nur 19,5 Prozent der von den Männchen befruchteten Weibchen wurden schwanger, gegenüber 55 Prozent der weiblichen Mäuse in der Kontrollgruppe, die normale Luft bei 1 bar Druck atmete. Auch die männliche Libido, also der Sexualtrieb, nahm bei den unter Druck Heliox atmenden Mäusen um 12 Prozent ab – und konnte nicht wieder aktiviert werden. Diese Mäuse wurden also noch dazu zunehmend impotent. Wir wollen diese Untersuchungsergebnisse jetzt nicht direkt auf den Menschen übertragen – aber irgendwie fühlt man sich ob dieser Zahlen als tauchender Mann nicht mehr ganz so unbeschwert im nassen Element wie zuvor.

Auf Tauchreise

Wo ist das größte Aquarium der Welt?

Edutainment – unter diesem Stichwort wurden seit 1990 weltweit mindestens 125 neue Aquarien eröffnet. Durchschnittlich 200 Millionen Besucher erhalten so jährlich einen Einblick in das Leben unter Wasser. Das größte dieser Art steht in Atlanta, Georgia, in den Vereinigten Staaten. Es beherbergt ungefähr 120 000 Lebewesen, neben Krustentieren, Quallen und Pflanzen auch 80 000 Fische, zwei Belugas und vier Walhaie. 680 Tonnen Salz sind nötig, um den richtigen Salzgehalt des Wassers zu erzielen, ca. 80 000 Dollar werden täglich an die Bewohner verfüttert. Durch eine Sichtfläche von 130 Quadratmetern (18,5 mal 7 Meter) blickt man auf 23 Millionen Liter Wasser und seine Bewohner. Die gewaltige Scheibe ist aus 60 Zentimeter dickem Kunststoff und gewährt jährlich über 3 Millionen Besuchern Einblick in die faszinierende Unterwasserwelt. Ein noch größeres Sichtfenster gibt es nur im Okinawa-Churaumi-Aquarium in Japan. Dort werden die Besucher durch eine 184,4 Quadratmeter (22,5 mal 8,2 Meter) große Kunststoffwand von 7, 5 Millionen Liter Wasser getrennt. Europas größtes Wasserbecken ist das Oceanogràfic in Valencia mit einer Gesamtwassermenge in allen Becken von 42 Millionen Litern. Das Shanghai Ocean Aquarium ist das größte Aquarium in Asien, dessen Hauptattraktion ein 120 Meter langer Tunnel ist. Das größte mobile Aquarium Europas fasst etwa 60 000 Liter Wasser und kann von privaten Veranstaltern gemietet werden. In Österreich beherbergt das Haus des Meeres das größte Salzwasserbassin mit 300 000 Litern, in dem Haie, Barsche und die etwas mürrische Wasserschildkröte Puppi beherbergt sind.

Wo trifft man die Big 5 der Unterwasserwelt?

Als die „Big 5“ bezeichnet man jene Tiere Afrikas, die am gefährlichsten zu jagen sind. Also Löwe, Leopard, Rhinozeros, Büffel und Elefant. Wir nennen hier die „Big 5“ der Unterwasserwelt, die normalerweise extrem schwer während eines Tauchurlaubs mit dem Fotoapparat „erlegt“ werden können. Die meisten Tauchmedien sind sich darin einig, dass es sich dabei um Wale, Delfine, Seehunde, Pinguine und Haie (bzw. sogar den Weißen Hai) handelt. Alle zehn Tiere kann man mehr oder weniger einfach in Südafrika vor die Linse bekommen. Vor allem in den Monaten Juni bis August finden Taucher die idealen Bedingun-

gen und Sichtweiten vor, um mit einem wahrlich ansehnlichen Fotomaterial den Heimflug anzutreten.

Gibt es unterirdische Flüsse?

Weltweit gibt es unzählige Flüsse, die entweder aus einer Höhle entspringen, oder aber auch ausschließlich unter der Erdoberfläche verlaufen. Einige dieser Höhlenflüsse weisen auch einen direkten Zugang zum Meer auf, in das sie unterirdisch münden. Neben den bekannten gigantischen Höhlensystemen auf der mexikanischen Halbinsel Yucatan und im US-amerikanischen Florida, die ausgebildeten Höhlentauchern vorbehalten bleiben, gibt es aber auch etliche Unterwasser-Flüsse, die auch von unerfahrenen erkundet werden können. So kann man etwa den Fluss der Lost River-Höhle in Kentucky, USA, mit dem Boot befahren. Der unterirdische Flusslauf fällt mit einem beeindruckenden 100 Meter hohen Wasserfall ins Tageslicht. Auch im bei Tauchern sehr beliebten Sabang auf den Philippinen gibt einen 8,5 Kilometer durch eine Höhle verlaufenden Flusslauf, der ins Meer mündet. Insgesamt 1,5 Kilometer davon kann man auf einer geführten Bootstour erkunden.

Gibt es Gondeln unter Wasser?

Was man normalerweise nur auf Berggipfeln erwartet, ist seit dem Jahr 2006 auch in Deutschlands Unterwasserwelt vorhanden: eine Tauchergondel für Touristen, die trockenen Fußes die Wunder der Ostsee erkunden wollen. Die druckfeste Gondel wurde an der Spitze einer

315 Meter ins Meer hinausführenden Seebrücke vor der Küste des Ostseebades Zinnowitz auf der Insel Usedom errichtet. Während der 45 Minuten dauernden Fahrt in knapp fünf Meter Wassertiefe werden die maximal 24 Passagiere und zwei Besatzungsmitglieder auf einer 2x2,60 Meter großen Leinwand mit 3-D- und Normalfilmen über das Leben in den Weltmeeren unterhalten. Die Gesamtkonstruktion der Tauchergondel wiegt stattliche 50 Tonnen und dient vor allem als Prototyp für künftige Gondeln in anderen Teilen der Welt. Konstruktionen für bis zu 80 Besucher und Meerestiefen von 20 Metern sollen in Zukunft im Roten Meer oder im Mittelmeer versenkt werden. In Deutschland selbst sind weitere Module in Boltenhagen, Kühlungsborn, auf Rügen und am Timmendorfer Strand geplant. Jedem das Seine, kann man da nur sagen. Unsereiner macht sich während eines Tauchgangs lieber nass, als trockenen Fußes hinabzugleiten.

Wo trifft man sicher auf Haie beim Tauchen?

Haie leben in fast allen Meeren der Welt. Im Zuge der systematischen Ausrottung dieses faszinierenden Tieres wird es immer schwieriger, Haie anzutreffen. Hier sei eine kleine Auswahl der Spots angeführt, die nach eigener Erfahrung zu 99 Prozent Haibegegnungen garantieren: Cocos Island bei Costa Rica ist allen voran das am stärksten von Haien frequentierte Gebiet. Hammerhaischulen von mehreren hundert Tieren können hier bewundert werden, Ammenhaie in großer Zahl, die bei Nacht um Beute kämpfen, und Bullenhaie begegnen einem auf jeden Flossenschlag. Südafrika ist für die großen Exemplare bekannt. Zahlreiche Anbieter haben sich auf das Käfigtauchen als Touristenat-

traktion spezialisiert, bei dem man mit dem Großen Weißen auf Tuchfühlung gehen kann. Tigerhaie werden durch Fütterung angelockt und nähern sich auf Sichtweite. Ebensolche Exemplare trifft man in Australien beispielsweise im Süden und am äußeren Great Barriere-Reef. Auf Fiji gibt es den bekannten Tauchspot Beqa Lagoon, an dem Bullen- und Tigerhaie und kleinere Haiarten die Attraktion sind. Beim Tauchen in Französisch Polynesien, z. B. auf Bora Bora, bekommt man mit hoher Sicherheit große Zitronenhaie ebenso zu Gesicht wie Weißspitzen- und Graue Riffhaie. Auch die Malediven und die Seychellen garantieren einem, diesen eleganten Jägern zu begegnen. Zu manchen Jahreszeiten werden von manchen Veranstaltern sogar Walhaisichtungen versprochen. Weitere Hai-lights sind die Bahamas, Guadalupe, Jemen, Mosambik, Palau und Galapagos. Dennoch braucht man immer auch Glück, um einen Hai unter Wasser beobachten zu können.

Wieso sind in manchen Ländern Tauch-Handschuhe verboten?

Sie brauchen jetzt keine Angst zu haben, dass Sie in Eiseskälte ohne Handschuhe tauchen müssen, denn dieses Verbot gilt ausschließlich in Ländern, in denen man eigentlich keine Handschuhe benötigt. Da aber der Mensch auch unter Wasser immer alles (be)greifen will, haben sich verschiedene Staaten, wie etwa Ägypten, dazu entschlossen, ihre Riffe vor dem Betatschen zu schützen und so die Zahl der abgebrochenen und beschädigten Korallen zu minimieren. Besonders in strömungsstarken Regionen halten sich Taucher gerne mal am Riff fest und zerstören so unwissentlich Jahrzehntelang gewachsene Lebewesen. Ohne Handschuhe überlegt man sich das zweimal, besonders dann, wenn man beim ersten Mal eine Feuerkoralle erwischt hat.

Wo liegt die größte Unterwasser-Höhle der Welt?

Das größte, bis heute erforschte, zusammenhängende Unterwasser-Höhlensystem der Welt liegt zwischen Tallahassee in Florida und dem Golf von Mexiko. Im Zuge des Woodville Karst Plain Projects (WKPP) wird dieses seit 1985 durch Taucher erforscht. Es ist zudem mit dem

Leon Sinks-Höhlensystem verbunden, das nicht nur eine der längsten Unterwasserhöhlen der Welt, sondern auch die längste der USA ist. Die wohl längste durchgehend unter Wasser liegende Höhle der Welt dürfte eine Verbindung zwischen der Höhle Nohoch Nah Chich und dem Sac-Actun-System auf Yucatan in Mexiko sein. Die Höhlentaucher Robbie Schmittner und Steve Bogaerts haben hier seit 2003 ein Höhlensystem mit 153 km Länge unter Wasser erforscht.

Wo liegt das Devils Hole?

Abseits der großen Touristenpfade des Death Valley (USA) liegt das sogenannte „Devils Hole", ein riesiges Unterwasser-Höhlensystem. Der Einstieg ist sieben mal drei Meter groß und führt in ein weit verzweigtes Labyrinth aus Kammern und Seitenarmen mit einer Gesamtfläche größer als Berlin. Große Teile sind bis heute nicht erforscht, daher kennt man die genaue Tiefe noch nicht. Man hat aber bereits eine besondere Fischart entdeckt. Hier im 33 °C warmen Wasser lebt der Devils Hole Pupfish (Teufelskärpfling), von dem es nur noch etwa 200 Exemplare gibt und der akut vom Aussterben bedroht ist. Er ist die Attraktion für die wenigen Taucher, die pro Jahr in das Devils Hole hinabsteigen.

Wie viele Indoor-Tauchzentren gibt es in Europa?

Indoor-Tauchzentren sind im Prinzip tiefe Schwimmbecken, in die für Taucher spezielle Erlebniswelten eingebaut wurden. Manche weisen versunkene „Wracks" auf, die meisten kleine Durchgänge, die ein Höhlengefühl vermitteln sollen und eines gar die Nachbildung der Luftschleuse der russischen MIR-Raumstation. Bei diesem Indoor-Tauchzentrum handelt es sich um das Astronautenbecken der Deutschen Luft- und Raumfahrtgesellschaft (DLR) im deutschen Köln-Porz, in dem neben Astronauten aus aller Herren Länder auch Privatpersonen abtauchen dürfen. Ebenfalls in Deutschland finden Taucher die umfangreiche Beckenlandschaft des Diver's in einer ehemaligen Sauerkrautfabrik in Aufkirchen bei München, die Sauna- und Erlebnislandschaft des Monte Mare in Rheinbach, der für den Tauchsport umgebaute Tauchgasometer in Duisburg und den Tauchturm des Tauchsportcenters Esslingen. Ein von Deutschland nicht so weit entferntes Highlight ist das im belgischen Brüssel gelegene Nemo 33, das mit seinen 35 Metern Tauchtiefe (nein, das ist kein Tippfehler) zugleich auch das tiefste Tauchbecken Europas ist. Im dänischen Kattegatcenter, einem maritimen Forschungszentrum in Grená, kann der interessierte Taucher sogar Rochen und andere Meerestiere antreffen. Eines der größten Indoor-Tauchzentren Europas entsteht übrigens derzeit im britischen Milton Keynes: Der Dive Dome verspricht bei tropischem Ambiente nicht nur Wracks und Höhlen, sondern auch 27 Meter Tauchtiefe. Man darf gespannt sein. Derzeit scheinen die Betreiber jedoch – wie viele ihrer Konkurrenten – mit Finanzierungsproblemen beschäftigt zu sein.

Welche Medikamente sollte ich auf einer Tauchreise mitnehmen?

Wenn einer eine Reise tut, dann kann er was erzählen. Damit diese Geschichten nicht von Krankenhausaufenthalten und Krankheiten handeln, sollten folgende Dinge nicht im Gepäck fehlen: Verbandsmaterial sowie Wundsalbe und Desinfektionsmittel, um kleinere Verletzungen schnell selbst behandeln zu können. Ein Mittel gegen Durchfall kann so manchen Tauchgang retten, ebenso wie Sonnencreme, die verhindert, dass das Tragen eines Tauchanzugs unerträglich wird. Insektenspray und Mittel gegen lokale Krankheitserreger (z. B. Malariaprophylaxe) sowie ein Breitbandantibiotikum sollten ebenfalls in der Reiseapotheke eines Tauchers nicht fehlen. Gegen Seekrankheit wirken Ingwertabletten besonders gut, die als reines Naturprodukt auch bedenkenlos vor dem Tauchen eingenommen werden können. Wichtig sind Ohrentropfen und Mittel, die einer Entzündung vorbeugen können. In schweren Fällen wird einem ein Besuch beim Arzt aber nicht erspart bleiben. Beachten Sie bitte immer, dass die Einnahme von Medikamenten Ihre Tauchtauglichkeit beeinflussen kann und verzichten Sie im Zweifelsfall lieber auf einen Tauchgang, wenn Sie sich nicht richtig fit fühlen. Die Autoren wünschen einen erholsamen Urlaub.

Warum ist Österreich bei Tauchern so beliebt?

Wir geben zu, bei dieser Frage sind wir etwas befangen. Aber es gibt wirklich objektive Gründe, warum der Tauchsport in einem so kleinen Binnenland wie Österreich so beliebt ist und unzählige Gäste ins

Land lockt. Der erste sind natürlich Österreichs Tauchgewässer. Über 70 Seen und Flüsse stehen dem tauchenden Gast offen. Nur bei sehr wenigen davon muss man eine gesonderte Tauchgenehmigung einholen. Die abwechslungsreiche Unterwasserflora und -fauna, Sichtweiten von bis zu 50 Metern (Grüner See), imposante Gebirgsmassive, die sich im See fortsetzen und großer Fischreichtum begeistern jedes Jahr Millionen von Tauchern aus aller Herren Länder. Im Gegensatz zu den deutschen Nachbarn begünstigt auch die Gesetzeslage den Tauchsport im Land. Prinzipiell ist in Österreich tauchen überall erlaubt, es sei

denn, es ist ausdrücklich verboten. Dieses Verbot muss deutlich gekennzeichnet und gut sichtbar an der potenziellen Einstiegstelle angebracht sein. Trotzdem sollte der Taucher natürlich eine gewisse Sorgfalt an den Tag legen und sich im Vorfeld bei den örtlichen Tauchschulen oder Seeverwaltern bzw. Besitzern über Tauchverbote oder Tauchbeschränkungen erkundigen.

Welches ist der höchstgelegene See der Welt?

Der Lhagba Pool ist ein kleiner See mit 180 Meter Länge und rund 50 Meter Breite, der in 6368 Meter Höhe südwestlich des Lhagba La (Lhagba Pass) in Tibet liegt. Er eignet sich aber nicht als Tauchgewässer. Der höchstgelege, betauchbare See der Welt ist der Lincancábur. Er liegt inmitten eines Vulkankraters gleichen Namens an der Grenze zwischen Bolivien und Chile auf 5917 Meter Seehöhe in den Anden. Der See ist beinahe kreisrund, hat einen Durchmesser von rund 90 Meter und ist die meiste Zeit des Jahres zugefroren – was aber etliche Unterwasserforscher und Abenteurer nicht davon abhält, ihn zu betauchen.

Warum wird man seekrank?

Eigentlich ist der Begriff Seekrankheit nicht korrekt, handelt es sich bei der Kinetose (griechisch: bewegen) doch um eine normale und sinnvolle Reaktion des menschlichen Körpers auf Beschleunigungsreize, für die der Körper noch keine Anpassungsmechanismen entwickelt hat. Das Innenohr liefert dabei an das Gehirn Signale, die es nicht mit den optischen Eindrücken aus dem Auge in Einklang bringen kann. Verantwortlich sind die drei Bogengänge des Gleichgewichtsorgans, die wie ein dreidimensionales Koordinatenkreuz senkrecht aufeinander stehen. Die dort befindliche Flüssigkeit gerät bei einer Lageänderung in Bewegung und feine Haarzellen melden diese dem Gehirn. Je größer die Bogengänge sind, desto empfindlicher reagiert der Mensch auf diese Bewegung. Säuglinge können noch nicht seekrank werden, zwischen dem zweiten und zwölften Lebensjahr empfindet der Mensch Bewegungen am stärksten, Frauen sind, besonders während der Regelblutung und der Schwangerschaft, anfälliger als Männer. Ab 50 wird es besser, denn durch den Alterungsprozess degenerieren die Sinnesorgane. Manche Wissenschaftler gehen mittlerweile auch davon aus, dass der Histamingehalt im Gehirn für die Seekrankheit verantwortlich sein soll. Da Vitamin C Histamine abbaut, empfehlen sie, gegen Seekrankheit Vitamin C einzunehmen. Schon in

der Vergangenheit haben Seeleute Mangos und Rotalgen, die beide viel Vitamin C enthalten, gegen Seekrankheit eingenommen. Noch leichter haben es Schweine. Sie besitzen das Histamin-neutralisierende Enzym DAO und werden also nicht seekrank.

Werden Tauchbrevets überall anerkannt?

Generell muss man bei dieser Frage vorausschicken, dass es nicht einmal notwendig ist, ein Tauchbrevet zu besitzen, da es in den meisten Ländern keine gesetzliche Regelung für die Ausübung des Tauchsports gibt. Als einziges europäisches Land regelt Frankreich das Tauchen durch ein Gesetz des Ministers für Jugend und Sport. Alle weltweit der CMAS angeschlossenen Verbände haben automatisch eine Tauchberechtigung in Frankreich. Besitzer eines PADI- oder SSI-Brevets dürfen in Frankreich erst dann ins nasse Element, wenn sie ein 1 Jahr gültiges Tauchbrevet des französischen Tauchsportverbands FFESSM (Fédération Francaise d'Etudes et des Sports Sous Marins) erwerben, das dem eines CMAS*-Tauchers entspricht. In allen anderen Tauchurlaubsgebieten wird man aber mit den Brevets der großen Tauchsportverbände kein Problem haben und kann seinen Urlaub unbeschwert genießen.

Wie befördert man eine Taucherlampe im Flugzeug?

Die IATA (International Air Transport Association), der mittlerweile die 285 internationalen Fluggesellschaften, die rund 95 Prozent aller weltweiten Flüge durchführen, angehören, gibt eindeutige Empfehlungen in Bezug auf den Transport von Taucherlampen im Flugzeug – auch wenn dies manche Taucher immer noch nicht glauben wollen. Die Lampe muss im Handgepäck befördert werden und gegen zufälliges Einschalten gesichert sein. Dies kann entweder durch eine entsprechende Transportsicherung oder durch Entfernung des Leuchtkörpers oder Akkus erfolgen. Der Grund dafür ist, dass sich durch unbeabsichtigtes Einschalten der Lampe im Gepäck eine so große Hitze entwickeln könnte, dass ein Brand entsteht. Bei der Sicherheitskontrolle am Flughafen kann verlangt werden, die Taucherlampe einzuschalten Die komplette Lampe sollte also im Handgepäck transportiert werden.

Wie transportiert man Tauchflaschen in einem Flugzeug?

Wie vieles andere im Flugtransportwesen auch, geben auch hier die Vorschriften der IATA (International Air Transport Association) genaue Vorgaben, wie man seine Tauchflasche ins Urlaubsgebiet mitnehmen kann. Für den Transport von Druckbehältern ist es demnach notwendig, sie komplett zu entleeren und das Ventil während des Transports in geöffneter Position zu fixieren. Eine Tauchflasche muss als Gepäckstück aufgegeben werden. Da sich durch den kühleren Frachtraum in der offenen, druckfreien Flasche Kondenswasser bilden kann, besteht die Gefahr von Rostbildung im Inneren der Flasche. Bei der nächsten TÜV-Überprüfung könnte dies zu unliebsamen Überraschungen führen.

Welches ist das schönste Tauchgebiet der Welt?

Hier fällt eine Antwort schwer, liegt die Bewertung des jeweiligen Taucherparadieses doch immer im Auge des Betrachters. Um dennoch eine kleine Hilfestellung bei der Wahl des nächsten Urlaubsortes zu geben, wollen wir an dieser Stelle auf die Listung des renommierten Forbes Magazins verweisen. Die dortigen Redakteure sind der Meinung, dass die folgenden Tauchgebiete zu den zehn besten der Welt zählen:

1. Blue Corner, Palau, Mikronesien
2. Blue Hole, Lighthouse Reef, Belize
3. Coron Island, Philippinen
4. Bonaire, Karibik
5. Südliches Rotes Meer, Sudan
6. Cocos Island, Costa Rica
7. Great Barrier Reef, Australien
8. Providenciales, Karibik
9. Bali, Indonesien
10. Dinah's Beach Observation Point, Papua-Neuguinea

Für welches Sie sich jetzt entscheiden, bleibt Ihnen überlassen. Wie sagt André Heller doch so schön? Die wahren Abenteuer sind im Kopf, und sind sie nicht in deinem Kopf, dann sind sie nirgendwo.

Wo ist die größte Tauchbasen-Dichte weltweit?

Diese ruhmlose Auszeichnung gebührt wohl dem vormals kleinen Fischerdörfchen Hurghada am Roten Meer. Auf die rund 60 000 Einwohner des Ortes kommen pro Jahr eine Million Touristen, eine Vielzahl davon Taucher. Seit den 1980er Jahren wird Hurghada von amerikanischen, arabischen und europäischen Investoren zum führenden Badeort am Roten Meer ausgebaut. Am 20 Kilometer langen Strand konkurrieren derzeit etwas über 100 Tauchbasen um die besten Kunden. Damit kommt hier ein Tauchcenter auf 600 Einwohner. Zum Vergleich: Auf den Malediven kommt eine Tauchbasis auf 3 500 Einwohner.

Welches ist das größte Tauchboot?

Ein Tauchboot sollte vorwiegend dem Erleben der Unterwasserwelt dienen, verbunden mit Entspannung zwischen den Tauchgängen. Hier gibt es bei Drucklegung dieses Buches, Ende 2007, einen klaren Gewinner: die 126 Meter lange „Octopus“ des US-amerikanischen Milliardärs Paul Allen. Neben dem obligaten Pool hat das 2003 umgebaute Forschungsschiff 2 Hubschrauber, ein 19 Meter langes Beiboot, Jetski und ein ganzes U-Boot an Bord. Zusätzlich verfügt es über ein ferngesteuertes U-Boot, mit dem größere Tiefen erkundet werden können.

Paul Allen ist mit diesem Schiff weltweit unterwegs, um die Unterwasserwelt zu erleben. Ab 2008 wird sich die 160 Meter lange „Eclipse“ des russischen Milliardärs Roman Abramovich an die Spitze setzen. Auch sie hat ein U-Boot an Bord, dient aber ansonsten ausschließlich dem Wohlbefinden des Besitzers. Wir wollen diese Antwort mit einem echten „Tauchboot“ beenden: Die größten jemals gebauten U-Boote sind mit 170 Meter Länge die sowjetischen U-Boote der Typhoon-Klasse.

Darf ein Kapitän eine Trauung vollziehen?

Seit Ewigkeiten hält sich das Gerücht, dass Kapitäne von Kreuzfahrtschiffen Trauungen durchführen dürfen. Dies ist falsch, da eine solche offizielle Zeremonie nur ein dafür vom jeweiligen Staat zugelassener Standesbeamter vornehmen darf, wenn die Ehe nachträglich in Deutschland oder Österreich gültig sein soll. Also trauen kann man sich somit während seiner nächsten Tauch-Safari ruhig lassen, eine rechtliche Gültigkeit hat dieses Ritual allerdings keine. Sollten Sie dennoch zu den ewigen Romantikern gehören und Ihrem/Ihrer Liebsten auf hoher See das Ja-Wort geben wollen, bieten manche Reiseveranstalter oder aber auch Standesämter die Möglichkeit, einen Standesbeamten an Bord eines Schiffes zu bestellen. Das kann man dann ja gleich mit einem Tauchurlaub verbinden.

Was war die längste Tauchreise auf einem Schiff?

Wer jetzt an eine entspannende, lange Tauchsafari am Roten Meer oder den Malediven denkt, bei der man sich die Sonne auf den Bauch scheinen lässt, liegt falsch. Die längste Tauchreise der Welt wurde von einem U-Boot der United States Navy durchgeführt: der USS Triton. Das Atom-U-Boot fuhr zwischen 16. Februar und 25. April 1960 in Tauchfahrt einmal rund um die Welt. Bei dieser Fahrt tauchte man nur einmal aufgrund eines medizinischen Notfalls an Bord auf, ansonsten blieb das Schiff unter Wasser.

Darf man überall tauchen?

Selbstverständlich nicht! Die Erlaubnis zu tauchen hängt vom Grundstückseigentümer, einzelnen Länder- und Bundesgesetzen bzw. internationalen Abkommen ab. Im Hafengebiet ist nach Seerecht und Binnenschifffahrtsverordnung Tauchen strengstens verboten. Ebenfalls für Taucher tabu sind militärische Sperrzonen. Beim Betauchen eines Wracks empfiehlt es sich unbedingt, zuvor nähere Informationen einzuholen. Einige Wracks sind als Seegrab ausgewiesen. Bis zu zehn Jahre nach dem Untergang des Schiffes darf die Totenruhe der Opfer nicht gestört werden. Rund um diese Schiffe gilt eine Bannmeile von einer Seemeile, in der weder taucherische Aktivitäten noch Fischerei zugelassen sind. Manche dieser Wracks werden später zu Unterwasserdenkmälern erklärt, um die Anzahl der Taucher einzuschränken. Ein sehr bekanntes Beispiel ist etwa das Wrack der Baron Gautsch in Istrien, Kroatien. Nur wenige Tauchbasen haben die offizielle Lizenz, dort zu tauchen. Diese Bewilligung wird auch tatsächlich rigoros kontrolliert.

Wo sind die spektakulärsten Unterwasser-Sehenswürdigkeiten?

Weltweit gibt es tausende Tauchplätze, die einen Besuch lohnen. Einige herausragende Sehenswürdigkeiten, wollen wir hier – in einer subjektiven Aufzählung – vorstellen:

1. USS Saratoga, Bikini-Atoll, Mikronesien: Der 271 Meter lange Flugzeugträger, übrigens der dritte, der jemals gebaut wurde, wurde von den eigenen Leuten im Zuge von Atombombentests am 25. Juli 1946 versenkt. Er liegt zwischen 12 und 60 Metern Tiefe und kann gefahrlos betaucht werden, wobei sogar vier Flugzeuge am Flugdeck bewundert werden können.
2. SS President Coolidge, Vanuatu, Melanesien: Seit dem Untergang am 26. Oktober 1942 liegt das 200 Meter lange und 25 Meter breite Wrack zwischen 20 und 70 Meter Tiefe völlig intakt auf der Backbordseite. Es zeigt die Pracht der großen Luxusliner Anfang des 20. Jahrhunderts.
3. Gran Cenotes, Yucatan, Mexiko: Das in der Nähe von Tulum gelegene Höhlensystem hat eine Maximaltiefe von zwölf Meter und kann im vorderen Teil gefahrlos betaucht werden. Sichtweiten von über 100 Metern erlauben ein genaues Inspizieren der Höhle.

4. MS Yongala, Great Barrier Riff, Australien: Ein Zyklon brachte am 23. März 1911 das Dampfschiff Yongala zum Sinken, alle 122 Passagiere und Crewmitglieder starben. Heute ist die Yongala ein riesiges Riff, das von Bullenhaien, Tigerhaien, Mantas, Zackenbarschen und unzähligen Rifffischen bevölkert ist.

5. Umbria, Wingate Riff, Sudan: Das italienische Kriegsschiff wurde 1940 von der Mannschaft versenkt, damit sie nicht den Briten in die Hände fiel. Auf dem 150 Meter langen Wrack liegen heute noch 350 000 Bomben, Autoreifen, Fiat-Fahrzeuge und unzählige Kisten Wein in maximal 40 Meter Tiefe.

Was sind die versunkenen Städte von Tamil Nadu?

Eine Seemeile vor der Küste von Poompuhar im südindischen Bundesstaat Tamil Nadu wurden in einer Meerestiefe von sieben Metern unzählige Überreste von ehemaligen Hafenstädten und Tempelanlagen gefunden. Seit Jahren sind das Indian Naval Hydrographic Department (INHD) und der Archaeological Survey of India (ASI) mit der Untersuchung dieser historischen Unterwasserstätten beschäftigt. Diese Anzeichen einer längst vergangenen Hochkultur locken auch unzählige Atlantis-Gläubige nach Indien. Sie berichten von einer über 15 000 Jahre alten Zivilisation, die eine 120 Meter hohe Flutwelle ausgelöscht haben könnte. Die Wirklichkeit ist nicht ganz so spektakulär: Die Überreste einer Gruppe von Tempeln konnten anhand von schriftlichen Quellen bis ins 8. Jahrhundert nach Christi zurückverfolgt werden. Banale Küstenerosionen dürften die Bewohner der einstigen Hafenstädte vertrieben haben. So ganz will man den Glauben an ein Atlantis aber doch nicht aufgeben – klingt ja auch viel spektakulärer.

Auf welchem Tauchplatz verunglücken die meisten Taucher?

Das Risiko, einem Tauchunfall zum Opfer zu fallen, ist mehr als gering, es liegt im Durchschnitt bei 0,015 Prozent. Überall? Nein, nicht überall! Am nördlichsten Zipfel Schottlands, auf gleicher Höhe mit Grönland, liegen die Orkney Inseln mit ihrem weltberühmten Wrack-

friedhof. Alljährlich besuchen rund 3500 Taucher die historischen Wracks, die am Grunde des Scapa Flow liegen, 40 von ihnen müssen sich im Anschluss aufgrund eines Tauchunfalls einer Druckkammerbehandlung unterziehen. Im Durchschnitt kommt es dabei auch zu einem Todesfall pro Jahr. Das allgemeine Tauchunfallrisiko an diesem Ort liegt also bei sagenhaften 1,14 Prozent – also um über einem Prozent höher als anderswo in der Welt. Die Tauchrettungsorganisation DAN (Divers Alert Network) führt daher vor Ort seit einiger Zeit umfangreiche Untersuchungen durch, um die Gründe für diese Häufung herauszufinden.

Die Unter-wasserwelt

Was ist Biomineralisation?

Wenn Organismen durch ihre Lebensweise mineralische Produkte, in den meisten Fällen Kalk, entstehen lassen, spricht man von Biomineralisation. Beispiel für diese Bauherren sind Algen, Korallen und Seeigel. Auch Muscheln wandeln die durch die Nahrung aufgenommenen Kalzium-Ionen zu Kalk-Kristallen um. Das wunderschön anzusehende Perlmutt und die edlen Perlen sind einfach Kalk einer besonderen Kristallform, dem Aragonit. Ein Seestern (Ophioma wendtii) erzeugt aus Kalziumkarbonat Linsen, die seinen gesamten Körper bedecken und durch die er seine Umgebung wahrnimmt. Diese Linsen sind bis zu zwanzigmal präziser als jede durch Menschenhand erzeugte. Wir Menschen konnten bis heute diese Strukturen nicht kopieren, obwohl weltweit einige Wissenschaftler daran arbeiten.

Wohin verschwindet das Wasser bei Ebbe?

Die Gezeiten (die Tide) hängen vom Mond und dessen Anziehungskraft auf die Erde ab. In 24 Stunden dreht sich die Erde einmal um ihre Achse, wodurch immer unterschiedliche Erdteile dem Mond am nächsten kommen und so unterschiedlich stark seiner Anziehungskraft ausgesetzt sind. Das Wasser fließt also bei Flut genau in die dem Mond zugewandten Gebiete. Ein Phänomen ist jedoch, dass genau an der gegenüberliegenden Seite ebenfalls Flut herrscht. Dies wird dadurch bedingt, dass der Mond auf den Schwerpunkt der Erde viel stärker wirkt als auf die ihm abgewandte Wasserfläche. Er zieht den gesamten Planeten schneller zu sich als die an der gegenüberliegenden Seite befindlichen Wassermassen, die dieser Bewegung hinterherhinken. Dadurch entsteht eine Sogwirkung, die Hochwasser auslöst. Somit wechseln an jeder Küste zweimal täglich Ebbe und Flut.

Gibt es Unterwasser-Farmen?

Old McDonald had a farm ... Wie auch an Land werden unter Wasser in Farmen, sogenannten Aquakulturen (im Meer auch Marikulturen genannt), sowohl Pflanzen als auch Tiere gezüchtet, mit dem vorrangigen Ziel der Nahrungsproduktion. Der Unterschied zum Fischfang und der Nutzung frei heranwachsender Organismen ist die Zuordnung zu einem Besitzer, der die Anlage überwacht und pflegt. Weltweit werden so Fische, Muscheln, Krebse und Pflanzen in Flussläufen, Teichen und küstennahen Gewässern gezüchtet. Diese kontrollierte Zucht von aquatischen Organismen gewann in den letzten Jahrzehnten besonders durch die Überfischung der Meere an Bedeutung. Darüber hinaus hatte sie starke Auswirkungen auf die Preisentwicklung, besonders bei Fisch, Krustentieren und Muscheln, die durch die kontinuierliche und planbare Menge nun um ein Vielfaches billiger im Supermarkt eingekauft werden können. Rund 30 Prozent des jährlichen Fischbedarfs werden mittlerweile aus Aquakulturen gedeckt. Die Menge verbrauchter Antibiotika und Futtermittel konnte zwar in den letzten Jahren stark reduziert werden, die Gefahr für den Menschen durch die Verseuchung der Tiere mit Quecksilber und Blei, die von Industrien in Ländern mit niedrigen ökologischen Standards in die Flüsse eingeleitet werden, besteht aber immer noch. Fische, Muscheln und Krabbentiere aus europäischen Farmen und Zuchtbetrieben können aber bedenkenlos verzehrt werden. Wichtig beim Kauf ist daher das Ursprungsland, ein Bioabzeichen werden Sie auf diesen Produkten aber vergeblich suchen.

Gibt es Flüsse im Meer?

Es gibt Flüsse, die ihren Lauf nicht nur durch Flussbette an der Erdoberfläche oder unterirdisch in Höhlen nehmen, sondern die noch als eigenständiger Fluss weiter durch das Meer fließen. Der größte ist der Kongo, der sich, nachdem er sich 4700 Kilometer über Land geschlängelt hat, 150 Kilometer weit als Kongo-Rinne im Atlantik fortsetzt. Die Kongo-Rinne ist damit zugleich auch eine der größten Flussrinnen der Welt. Ein weiterer der wirklich großen Flüsse ist der Sankt-Lorenz-Strom, der – nachdem er die Großen Seen durchlaufen hat – noch etliche Kilometer durch die Sankt-Lorenz-Rinne im Atlantik zurücklegt. Diese Verbindung lässt zahlreiche Walarten, wie etwa Blau- und Finnwale, weit in den Flusslauf vordringen. Bei beiden Flussrinnen nimmt man an, dass sie Erosionstäler der Flüsse waren, die durch ein Absacken der Erdkruste unter das Meeresniveau gedrückt wurden.

Ab wann ist ein Fluss kein Bach mehr?

Wodurch sich ein Fluss von einem Bach unterscheidet, ist schwierig zu definieren. Für die deutsche Bundeswehr ist ein fließendes Gewässer ein Bach, wenn sich zwei Bäume darübergelegt noch berühren können. Hydrologen, also Wasserkundler, sprechen dann von einem Fluss, wenn sich zwei Bäche der Gewässerordnungszahl 3 vereinigen. Andere behaupten, ein Bach wird zum Fluss, wenn er zumindest in Teilbereichen mit Schiffen befahren werden kann. Vielleicht hilft der Wortursprung der beiden Begriffe weiter. Das Wort Fluss leitet sich aus dem althochdeutschen „fluz" (fließen) ab, Bach geht auf den althochdeutschen Begriff „aha" zurück, was auch „Fluss" bedeutet. Genau betrachtet bezeichnen beide Wörter also das Gleiche – ein fließendes Gewässer.

Welches ist das größte Unterwasser-Gebirge?

Das längste Gebirge der Erdoberfläche sind die Anden, die sich 7 500 Kilometer weit durch Südamerika schlängeln. Doch diese Strecke ist nichts, verglichen mit dem größten Unterwasser-Gebirge der Welt: dem Mittelatlantischen Rücken. Dieses Tiefseegebirge erstreckt sich 16 000 Kilometer weit vom Arktischen Ozean bis zur Antarktis. Sein Kamm liegt dabei im Durchschnitt in 1 500 bis 3 000 Meter Wassertiefe, wobei es an einigen Stellen aber auch Erhebungen bis über die Wasseroberfläche gibt. Zwei der bekanntesten dieser Inseln, die eigentlich Bergspitzen darstellen, sind Island und die Azoren. Die Bouvetinsel bildet als letzte Erhebung zugleich den Abschluss des Gebirges.

Gibt es giftige Stellen im Meer?

Ja, und zwar im Bereich von hydrothermalen Schloten in der Tiefsee der Weltmeere. An diesen Stellen entsteht durch aus dem Erdinneren aufsteigendes glutflüssiges Magma ständig neuer Meeresboden. Diese Geysire der Tiefsee haben Tiefsee-Forscher erstmals 1977 im pazifischen Ozean entdeckt. Mittlerweile wurden sie aber auch schon im Atlantik, im indischen Ozean und sogar in der Arktis auf einer Durchschnittstiefe von 2 100 Meter entlang der Unterwasser-Gebirgszüge der Mittelozeanischen Rücken gefunden. Die aus der Tiefe aufsteigende Thermalflüssigkeit ist voll gepackt mit giftigem Schwefelwasserstoff, an dem wir Menschen und die meisten anderen Lebewesen ersticken würden. Nicht so jedoch ein Riesen-Röhrenwurm (Riftia pachyptila), der hier lebt. Sein Blutfarbstoff Hämoglobin, der bei den meisten Lebewesen zum Sauerstofftransport genutzt wird, wurde von Mutter Natur an die Umgebung angepasst und transportiert jetzt zusätzlich Schwefelwasserstoff. Dadurch wird das Gift gebunden und kann für das Tier keinen Schaden mehr anrichten.

Wie viel Gold ist im Meerwasser enthalten?

Neben dem Hauptbestandteil Wasser (H_2O), sind auch eine Vielzahl an Mineralien im Meerwasser zu finden. Eines davon ist Gold. Rund 2 Mikrogramm (2 Millionstel Gramm) dieses edlen Metalls enthält ein Kubikmeter. Das klingt nicht viel. Doch in den endlosen Weiten der Ozeane kommt einiges zusammen. Insgesamt rund 2 718 400 Kilogramm Gold schwimmen gelöst in den Tiefen der Weltmeere. Bei einem Goldpreis von rund 700 Dollar pro Feinunze (= 28,35 Gramm) ergibt sich so die stolze Summe von 67 120 987 654 Dollar (67,12 Mrd.), die ungenutzt um uns Taucher herumschwimmen. Der erste, der auf die Idee kam, Gold aus dem Meer zu gewinnen, war der deutsche Chemiker und Nobelpreisträger Fritz Haber, der nach dem Ersten Weltkrieg ein Expeditionsschiff ausrüstete, um den Goldgehalt zu analysieren. Auch in unserer Zeit suchen findige Forscher nach einem Weg, diesen Geldspeicher anzuzapfen. Einer davon ist Prof. Dr. Peter Herzig von der Technischen Universität Freiberg. Gemeinsam mit seinem Team hat er an heißen Tiefseequellen, den sogenannten „Black Smokers“ goldhaltige Sedimente entdeckt. Vor der Insel Lihir im Pazifik fand er einen erloschenen Unterwasservulkan in 1050 Meter Tiefe und in seinem Umfeld bis zu 230 Gramm Gold pro Tonne Sediment. Eine Menge, die eine weitere Expedition lohnen würde.

Wodurch entstehen die Grenzen der Meere?

Wasser lässt sich nicht in Formen pressen. Die absolut exakte Definition der Grenzen der einzelnen Meere ist deshalb sehr schwierig und ungenau. Selbst die Bezeichnung der einzelnen Meere sowie die Angabe zum mengenmäßigen Inhalt weichen in der Literatur zu diesem Thema deutlich voneinander ab. Da die Grenzen der Meere aber auch keinerlei politische Bedeutung haben, ist diese Problematik auch mehr eine theoretische. Die Internationale Hydrographische Organisation

(IHO), eine Einrichtung der UNO mit Sitz in Monaco, die seit 1921 besteht, macht im von ihr veröffentlichten Katalog „Grenzen der Ozeane und Meere“ genaue Angaben über die Grenzen und über die Vermessung der Meere. Demnach werden hauptsächlich geologisch bedingte Übergangszonen als Unterwassergrenzen herangezogen.

Wieso wird es in der Tiefe kälter?

Die Sonne ist (wieder einmal) schuld an diesem Phänomen. Sie ist verantwortlich für Winde, Erderwärmungen, Klima, für alles Leben auf der Erde und auch für die Erwärmung der Ozeane. Die Sonne erwärmt das Wasser (Meere und Seen) ebenso wie das Land, jedoch nicht gleich stark. Die oberen Schichten des Wassers werden stärker erwärmt als die weiter darunter liegenden, da Wasser die unterschiedlichen Wellenlängen mit steigender Tiefe absorbiert. Daher wird es beim Abtauchen immer kälter. Nur im Winter nicht. Da ist es an der Oberfläche kälter als weiter unten, da die Außenluft die oberen Wasserschichten stärker abkühlt.

Was hat die Meeresforschung mit Kokainerzeugung zu tun?

Am 30. April 1857 verließ die erste österreichische Weltumsegelungsmission auf der Fregatte Novara den Hafen von Triest. Die von der „Kaiserlichen Akademie der Wissenschaften in Wien“ vorbereitete und von vielen Wissenschaftlern begleitete 10 600 Seemeilen lange Forschungsfahrt führte einmal rund um die Welt. Die durchgeführten meereskundlichen Untersuchungen, vor allem im südlichen Pazifik, revolutionierten die Ozeanografie und Hydrografie der damaligen Zeit. Die von der Novara-Expedition mitgebrachten Expo-

nate bereichern heute noch viele Museen. Am 26. August 1859 lief die Novara schließlich wieder in Triest ein. An Bord war u. a. auch ein Ballen Kokablätter, der aufgrund der langen Reise auf dem Meer Spuren von kristallisiertem Kokain aufwies. Diese Spuren wurden bei der späteren Auswertung der Reisemitbringsel vom deutschen Chemiker Albert Niemann entdeckt und analysiert. Seine Forschung ermöglichte es erstmals, Kokain in reiner Form zu produzieren. Zuvor war es nur in flüssiger Form bekannt. Die kolumbianischen Drogenbarone werden ihm heute noch dankbar sein.

Wie alt ist das Meer?

Die drei Ozeane, die zusammen die Weltmeere bilden, unterscheiden sich einerseits durch das Volumen und den Salzgehalt, andererseits aber auch dadurch, wann sie entstanden sind. Im Prinzip ist der Boden eines Ozeans die Oberseite einer ozeanischen Erdkruste. Durch tektonische Plattenverschiebungen der Erdkruste ändern sich Ozeane und deren Becken ständig. Als der Superkontinent Pangäa vor 200 Millionen Jahren auseinanderzubrechen begann und sich langsam die heute bekannten Kontinente bildeten, sackte der ihn umgebende Urozean Panthalassa in drei Becken ab, wovon das pazifische das älteste war. Vor 180 Millionen Jahren formte sich langsam das Ozeanbecken des Atlantik, bis schlussendlich vor 150 Millionen Jahren mit dem Indischen Ozean das Trio komplett war.

Was ist Meeresbergbau?

Da die Rohstoffreserven vieler Länder langsam aber sicher zur Neige gehen, setzen in den vergangenen Jahren immer mehr Nationen auf die Erschließung von neuen Lagerstätten in der Tiefsee. Der Abbau mineralischer Rohstoffe wie etwa Eisen, Gold, Kobalt, Kupfer, Mangan, Nickel und Zink in Tiefen von mehreren tausend Metern ist im Meer natürlich komplizierter als an Land. Im Vorfeld wird zuerst der Meeresboden mittels Satelliten und Forschungsbooten vermessen und kartografiert. Wird ein Rohstoff gefunden, muss bei der internationalen Meeresbehörde der UNO, der ISBA (International Sea Bed Authority), eine Abbaulizenz beantragt werden, die diese gegen eine Beteiligung an den Einnahmen vergibt. Die ertragreichsten Gebiete des Meeresbergbaus sind heute der zentrale Indische Ozean und der nördliche Pazifik.

Wie kommen Tiere des Roten Meeres in das Mittelmeer?

Das Rote Meer ist durch den 162,5 Kilometer langen und durchschnittlich 22,5 Meter tiefen Suezkanal mit dem Mittelmeer verbunden. Damit haben die Tiere des Roten Meeres und des Mittelmeers die Möglichkeit, von einem Meer ins andere zu gelangen. Quallen, auch die seit 20 Jahren vermehrt in mediterranen Urlaubsorten auftretende Feuerqualle, kommen in den Frachtschiffen per Anhalter ins Mittelmeer. Sie werden in die Ballasttanks der Schiffe hineingepumpt, um die Stabilität bei leeren Laderäumen zu erhöhen. In den Mittelmeerhäfen werden die Tanks entleert und die Quallen in ihren neuen Lebensraum entlassen. Fische schwimmen von den Abfällen angelockt hinter den Frachtern her. Darunter befinden sich auch Haie, die aber auch durch die Straße von Gibraltar ins Mittelmeer kommen. Generell wandern nur solche Arten, die sich an die neuen Lebensbedingungen hinsichtlich Wassertemperatur und Salzgehalt anpassen können. Alle übrigen scheinen auf halbem Weg umzukehren.

Kann man durch Osmose Strom erzeugen?

Haben zwei Lösungen unterschiedliche Salzkonzentrationen, fließt das Wasser von der niedrigeren Salzkonzentration zum Ort der höheren. Dieses physikalische Prinzip nennt man Osmose, den Überdruck in der höheren Konzentration nennt man osmotischen Druck. Findige Forscher wollen nun den unterschiedlich hohen Salzgehalt von Meerwasser und dem Süßwasser der Flüsse zur sauberen Energiegewinnung nutzen. Salz- und Süßwasser fließen durch ein Becken mit einer halbdurchlässigen Membran. Durch den unterschiedlichen Salzgehalt fließt das Flusswasser durch einen halbdurchlässigen Membran in das Beckenteil mit Meerwasser ein. Dort entsteht ein Überdruck, der eine Turbine antreibt. Die Grundidee stammt aus den 1970er Jahren, als der israelische Forscher Sidney Loeb zum ersten Mal über den Bau einer solchen Anlage nachgedacht hatte. Doch erst 2001 startete der norwegische Energiekonzern Statkraft zusammen mit einer Riege internationaler Forscher ein von der EU gefördertes Projekt, das 2015 abgeschlossen sein soll. Dann könnte auch der erste Strom aus dieser Versuchsanlage in Norwegen fließen.

Ist Plankton mondsüchtig?

Plankton weist in der Nähe der Wasseroberfläche die höchste Dichte auf, aber man findet es auch noch in Tiefen von bis zu 5 000 Metern. Bei ausgedehnten Forschungen zeigten sich drei wesentliche Rhythmen – ein täglicher, ein saisonaler und ein monatlicher. Dabei wurde beobachtet, dass die weitesten täglichen Wanderungen bei Vollmond erfolgen. Plankton bewegt sich nur sehr langsam. Deshalb ist ausgeschlossen, dass Bedrohungen, Temperaturschwankungen oder die Lichtintensität für die Auf- und Abwärtsbewegung verantwortlich sind. Die wahrscheinlichste Erklärung ist ein lichtinduzierter Biorhythmus, da die tägliche Vertikalbewegung annähernd den Ablauf eines Tages widerspiegelt, und auch monatlich und abhängig von den Jahreszeiten zyklisch erfolgt. Diesen hat das Plankton beim Aufwachsen in oberflächennahen Regionen gespeichert und lebt weiter nach diesem Rhythmus, auch wenn es in Tiefen, wo kein Licht, mehr vordringt abgesunken ist. Wie man sieht, hat der Mond anscheinend auch auf die kleinsten Lebewesen seine ganz besondere Wirkung.

Wie kommt die Perle in die Muschel?

In künstlich angelegten Farmen, die aus unzähligen Seilen bestehen, wachsen Muscheln heran, bis sie groß genug sind, um einen Nukleus aufzunehmen. Dieser künstlich eingefügte runde Kern aus der Schale der Mississippi-Muschel, einer amerikanischen Süßwassermuschel, wird zusammen mit einem Stück Mantelgewebe in die Spendermuschel hineinoperiert – eine Tätigkeit, die viel Geschick und Übung erfordert. Daraufhin verbringt die Muschel, abhängig vom Zuchtgebiet, zwei Jahre in Muschelkörben oder aufgefädelt auf Seilen im freien Meer, bis die fertige Perle „geerntet“ werden kann. Nur wenige der weltweit rund 10 000 Muschelarten sind zur Zucht von Schmuckperlen geeignet. Im Meerwasser werden vorwiegend Muscheln der Gattung Pinctada, der Perlauster, eingesetzt, im Süßwasser Muscheln der Gattung Hyriopsis. Perlen bestehen wie Muschelschalen aus Calciumcarbonat ($CaCO_3$) und bilden sich seit Jahrtausenden in

Süß- wie in Salzwasser ohne menschliches Zutun. Echte Perlen, auch Orient-Perlen genannt, dürfen sich nur natürlich entstandene Perlen nennen. „Akoya-Perlen“ ist die Handelsbezeichnung für Zuchtperlen, die zwischen 2 und 20 mm groß werden.
Weisheit, Glück, Kinderreichtum, Jungfräulichkeit und Heilmittel – der Symbolcharakter von Perlen ist so mannigfaltig wie ihre kulturelle Vielfalt.

Wodurch erhalten Perlen ihre Farbe?

Abhängig von der Art, vom Lebensraum der Muschel und der Wassertemperatur, variiert auch die Farbe der Perle, die man „Lüster“ oder „Orient“ nennt. Sie entsteht durch Lichtreflexion und -brechung (Irisieren) an den Kristallgrenzen und ist umso feiner, je dünner und zahlreicher die Schichten sind. Die natürliche Farbpalette reicht von Weiß über Rosa bis Schwarz. Die Farbe von Zuchtperlen kann durch das Einsetzen eines Stücks Mantelgewebe neben den Nukleus beeinflusst werden. Dieses Gewebe dient der Muschel als Schutz gegen eindringende Verunreinigungen und wirkt wie eine Dichtung zwischen den Schalen. Man schneidet es in kleine Stücke und versucht, möglichst eine Farbe zu isolieren. Je nachdem ob man ein helles oder ein dunkles Stück einsetzt, ändert sich auch die Farbe der heranwachsenden Perle. Perlen kann man auch färben, aber nur Perlen mit natürlichen Farben sollten den Nacken der Angebeteten zieren.

Wieso fühlt man sich unter Wasser schwerelos?

Als Schwerelosigkeit bezeichnet die Wissenschaft das Fehlen oder die Kompensation des Einflusses der Schwerkraft auf einen Körper, so dass sich die masseabhängigen Kräfte nach Größe und Richtung aufheben. Laut dem Auftriebs-Gesetz von Archimedes erfährt ein komplett in eine Flüssigkeit eingetauchter Körper eine aufwärts gerichtete Kraft, wobei der Auftrieb gleich dem Gewicht der verdrängten Flüssigkeit ist ($F = g \times r \times V$). Wenn der Taucher also in einer bestimmten Tiefe unter Wasser ist, an der sein Körper so schwer ist wie die durch ihn verdrängte Wassermenge, fühlt sich sein Körper nicht nur schwerelos an, sondern ist es auch – solange er die Tiefe nicht ändert. Raumfahrtunternehmen, wie etwa die NASA, üben deshalb in speziellen Tieftauchtanks Ausstiege und komplizierte Reparaturen an Raumfahrzeugen.

Was sind Schlammvulkane?

Weltweit sind 1100 aktive Schlammvulkane bekannt, Wissenschaftler gehen aber von bis zu 100 000 dieser Stinker in den Weltmeeren und an Land aus. Bei Schlammvulkanen auf dem Meeresgrund treten aufgeschlämmtes Sedimentgestein, Methan sowie Schwefelsulfat und andere übel riechende Gase aus dem Erdinneren aus und bilden Ablagerungen, die teilweise hunderte Meter hoch werden können. So erhob sich vor Trinidad in den vergangenen 100 Jahren bereits vier Mal die Insel Chatham in Folge schlammvulkanischer Aktivitäten aus dem Meer, um anschließend wieder zu verschwinden. Schlammvulkane entstehen vorwiegend an den dünnen Stellen der Erdkruste, wo ozeanische Krustenplatten in den Erdmantel abtauchen. Beim Abtauchen der Platte werden organische Ablagerungen, die sich über Millionen von Jahren auf ihr angesammelt haben, mit in die Tiefe gezogen, wo großer Druck herrscht. Unter diesem Druck wandeln sich die Ablagerungen in Methan um. Das Gemisch aus Wasser, Schlamm und Gas wird nach oben gedrückt und aus dem Vulkan ausgestoßen.

Woraus besteht Sediment?

Sediment, oder auch Ablagerungen genannt, ist überall zu finden. Drei Arten von Sediment können unterschieden werden. Das klassische Sediment besteht aus mechanisch verformten Partikeln, die von Wind und Wasser erodiert wurden und wird zum Großteil aus Sand gebildet. Chemische Sedimente entstehen durch das Herauslösen von Stoffen in einer wässrigen Lösung (als Fällung bezeichnet). So gelangen zum Beispiel Minerale oder Karbonate ins Wasser. Letztendlich findet man am Grund eines Gewässers noch biogene Sedimente, eine Untergruppe der chemischen Sedimente, die aus Ablagerungen und Resten von

Organismen bestehen. Abhängig von der Dichte, aus der sich eine unterschiedliche Absinkgeschwindigkeit ergibt, lagern sich diese Stoffe schichtweise ab. Diese genaue Ordnung der Schichten erfolgt aber nur im Reagenzglas. In der Natur lagern sich die Schichten zeitlich nach ihrem Auftreten ab. Wenn Sie also das nächste Mal beim Tauchen Schlamm aufwühlen, reden Sie sich darauf hinaus, dass Sie nur das Sediment nach seiner Dichte ordnen wollten.

Welche ist die stärkste Strömung der Welt?

Unter der Wasseroberfläche der Weltmeere geht es im wahrsten Sinne des Wortes rund. Meeresströmungen transportieren, vor allem angetrieben durch die unterschiedlichen Temperaturen, dem Salzgehalt der einzelnen Meere und deren Bodenbeschaffenheit, riesige Mengen Wasser rund um die Welt. Pro Sekunde werden so durchschnittlich 40 Millionen Kubikmeter Wasser befördert und dadurch auch die Ozeane untereinander vermischt. Der antarktische Zirkumpolarstrom, der als einziger den gesamten Globus umfließt und sich von der Wasseroberfläche bis auf über 4000 Meter Tiefe erstreckt, transportiert das Wasser der Antarktis durch alle drei Ozeane. Auf diese Art werden allein in diesem Strom unglaubliche 1 Million Kubikmeter Wasser pro Sekunde befördert, was nicht nur das Wetter auf unserem Planeten beeinflusst, sondern diese Strömung auch zur stärksten der Welt macht.

Wie werden Strömungen vorhergesagt?

Am 10. Januar 1992 geriet ein chinesisches Containerschiff im Nordwest-Pazifik in Seenot und verlor dabei einen Container mit Kinderspielzeug. Seit diesem Tag treiben rund 28800 Badeenten auf den Weltmeeren herum. Der US-Ozeanograf Curtis Ebbesmeyer nutzte diese Tatsache für sein Ozeanströmungs-Computermodell OSCURS (Ocean Surface Current Simulator). Dank der Quietscheentchen kann er heute die Meeresströmungen sehr präzise voraussagen. Dabei wird er weltweit unterstützt, denn wo immer eine Ente mit dem Aufdruck „The First Years“ gefunden wird, wird ihm der Fundort gemeldet. Er gibt diese Daten in seinen Computer ein, der die mittlerweile gesammelten Zahlen und Fakten zur exakten Berechnung der entsprechenden Strömungen nutzt. In den vergangenen 15 Jahren wurden die Spielzeugenten bereits in Alaska, Australien, Schottland, Indonesien, den USA und in Südamerika angeschwemmt. Wie lange ihre Reise noch dauert, ist nicht abzusehen. Bis 2022 könnten sie es auf zehn komplette Weltreisen bringen.

Ab wann ist ein Teich ein See?

Ein Teich ist ein künstlich angelegtes Gewässer, das nicht größer als 500 m^2 sein darf und das aufgrund der geringen Tiefe auch keine stabile Temperaturschichtung aufweist. Im Teich durchmischt sich das Wasser nicht eigenständig mehrmals pro Jahr durch Temperaturunterschiede. Der Sauerstoffgehalt des Gewässers ist also nicht gesichert. Ein See hingegen ist wesentlich tiefer, wodurch sich eine gewisse Frequenz der Temperaturschichtung ergibt. Liegt diese unter einer bestimmten Grenze, spricht man von einem Flachsee, der eigentlich nicht mehr als See bezeichnet wird. Der ungarisch-österreichische Neusiedler See und der ungarische Plattensee sind laut dieser Definition daher keine Seen. Ein Mittelding stellt übrigens interessanterweise der Baggersee dar, den man in Österreich als Schotterteich bezeichnet. Die gemeinsame Sprache schafft in diesem Fall wieder eine deutliche Trennung zwischen Österreich und Deutschland.

Wem gehört die Tiefsee?

Durch den Abbau von Rohstoffen in den Tiefen der Weltmeere entstanden schnell Streitigkeiten zwischen den Nationen, wer wo auf hoher See in der Tiefsee nach Rohstoffen suchen und diese fördern darf. Die UNO sah sich veranlasst, die Konflikte zwischen den Nationen durch eine eigene Behörde zu regeln. Im Rahmen der UNCLOS (United Nation Conference on the Law Of the Sea) wurde entschieden, dass der Tiefseeboden ein „Gemeinsames Erbe der Menschheit" ist und dass kein Land der Welt darauf Anspruch erheben darf. Zur Vergabe von Lizenzen zum Abbau von Rohstoffen in der Tiefsee wurde die Meeresbodenbehörde ISBA (International Sea Bed Authority) gegründet. Die Antragsgebühr für eine Lizenz beträgt 500 000 Dollar, zuzüglich fallen jährlich, je nach Fördermenge, mindestens eine Million Dollar an Gebühren an. Da trotzdem viele Nationen die Rohstoffe der Tiefsee abbauen, darf man also getrost davon ausgehen, dass sich dies lohnt.

Gibt es eine Volkszählung im Meer?

Der Census of Marine Life führt seit dem Jahr 2000 ein auf zehn Jahre angesetztes weltweites Forschungsprogramm durch, das als Volkszählung der Meere bereits in die Geschichte eingegangen ist. Ein ständig wachsendes globales Netzwerk von Wissenschaftlern beschäftigt sich in über 70 Ländern damit, eine Bestandsaufnahme der Ozeane durchzuführen und die Vielfalt der Unterwasserwelt zu erforschen. Mittlerweile verzeichnen die Forscher bereits über 10 Millionen Funde in ihren Datenbanken. Über 80 000 verschiedene Arten von Meereslebewesen konnten registriert werden, darunter auch viele unbekannte. Nahe einer Thermalquelle in 3 000 Meter Tiefe mit 470 °C wurde nicht nur die höchste jemals gemessene Unterwassertemperatur festgestellt, sondern zugleich auch neue Garnelenarten und anderes Getier gefunden. Wissenschaftler fanden heraus, dass 70 Prozent der Weltmeere frei von Haien sind, und dass manche Tiere doch noch leben, wie z. B. eine Garnele, die man seit 50 Millionen Jahren ausgestorben glaubte. Leider konnten die Wissenschaftler auch nachweisen, dass seit der Römerzeit 90 Prozent der wichtigsten Arten im Meer verschwunden sind. An manchen Stellen, an denen die Schutzmaßnahmen des 20. Jahrhunderts greifen, konnten jedoch auch Anzeichen für Erholung angetroffen werden. Hoffen wir, dass dieser Trend anhält.

Gibt es unter Wasser Wellen?

Wellen entstehen durch den Wind, der über das Wasser bläst, oder aber auch in seltenen Fällen durch Seebeben (Tsunami). Der Teil einer Welle, den man an der Oberfläche sieht, ist nur zwei Drittel der Gesamtgröße einer Welle. Ein Drittel befindet sich unter der Wasseroberfläche und kann auch beim Tauchen deutlich wahrgenommen werden, vor allem wenn man bei starkem Seegang gerade am Sicherungsseil hängt. Der Grund dafür ist, dass Wellen sich in einer Art Orbitalbewegung bewegen. Die Wasserteilchen werden dabei im Uhrzeigersinn gedreht und die Welle rollt somit im Wasser. Trifft die Welle nun im flacheren Wasser auf den Grund, wird sie abgebremst und der obere Teil der Welle bäumt sich auf, wodurch auch die typische Form einer Welle entsteht, die anschließend zusammenbricht und in einer weißen Gischt ausläuft.

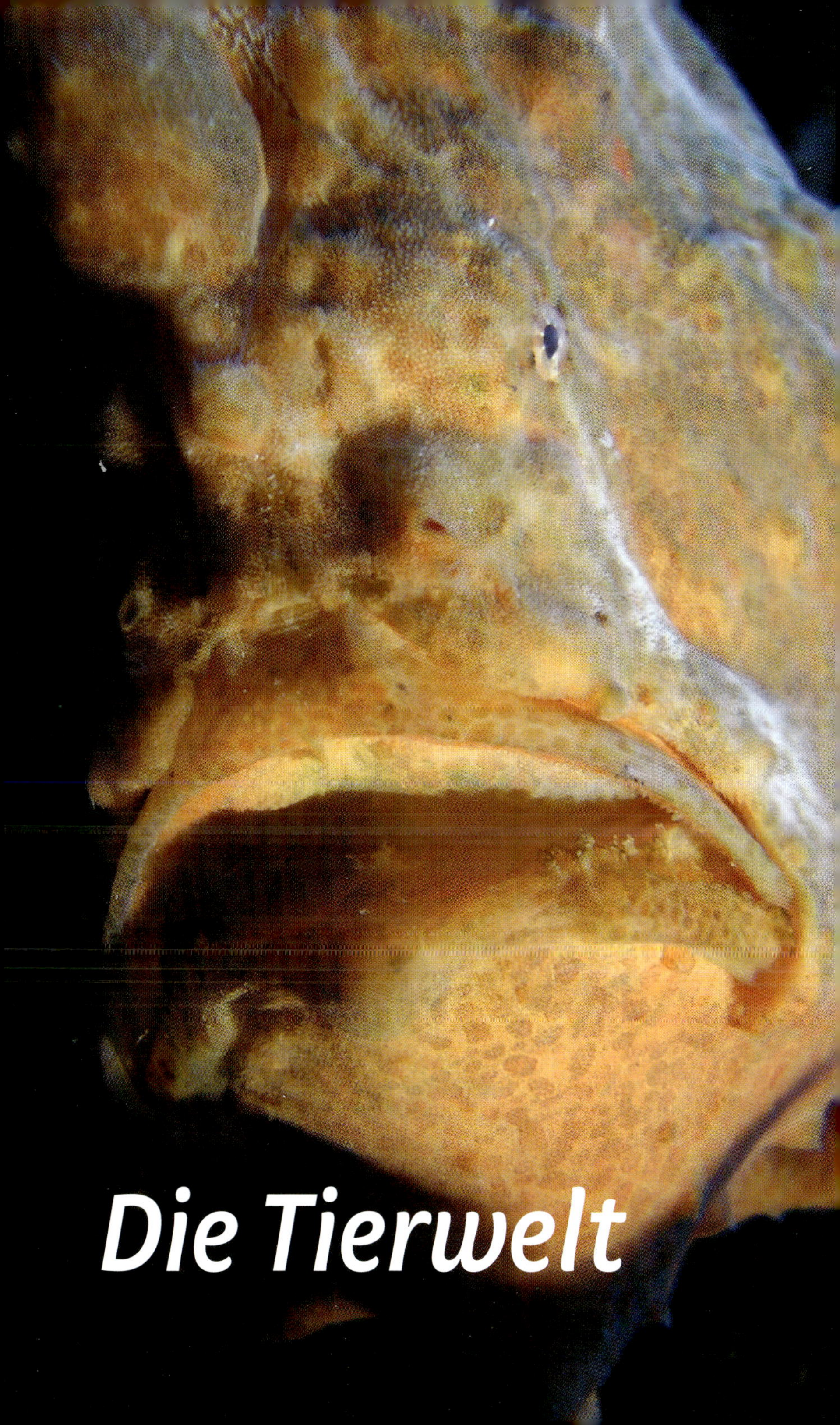

Die Tierwelt

Welches Wasserlebewesen hat die größte Bissstärke?

Im eigentlichen Sinne ist es ein Reptil, ein naher Verwandter der Dinosaurier, wenn nicht der letzte Lebende. Die Rede ist von Krokodilen bzw. Alligatoren, die mit ihren Zähnen und eben dieser mächtigen Bissstärke große Beutetiere packen und danach in der berühmten Todesrolle nach unten ziehen. Kent Vliet von der University of Florida, Gainesville, und seine Kollegen entwickelten einen Bissmesser, der einer überdimensionalen Stimmgabel ähnelt, und hielten ihn Alligatoren vors Maul. Diese ließen sich auch nicht lange bitten und bissen zu. Bei diesen Versuchen wurden Kieferkräfte von bis zu 9452 Newton entsprechend der Gewichtskraft von 960 Kilogramm ermittelt. Der König der Tiere, der Löwe, schnappt mit vergleichsweise geringen 420, die Hyäne mit 450 Kilogramm zu. Haie liegen mit 150 Kilogramm weit im Hintertreffen, wir selbst kauen mit maximal 60 Kilogramm.

Was ist Blubber?

Mit Blubber bezeichnen Meeressäugerexperten die dicke Fettschicht, die Wale und Robben fast am gesamten Körper, außer an den Flossen, haben und die lose die Muskulatur umgibt. Bis zu 50 Prozent der gesamten Körpermasse eines ausgewachsenen Meeressäugers kann diese wärmende Isolation ausmachen, die sie vor der Auskühlung in ihrem kalten Lebensraum schützt. Gegenüber einem Fellkleid, wie es etwa Seeotter aufweisen, hat Blubber noch dazu den Vorteil, dass er einerseits gleichzeitig als Auftriebshilfe dienen kann und andererseits – im Gegensatz zu den im Fell eingeschlossenen Luftbläschen, die Seeotter vor Kälte schützen – während eines Tauchgangs nicht komprimiert wird. Blubber diente in früheren Zeiten zur Herstellung von Tran, einem Öl, das lange Zeit als Lampenöl und Schmierstoff benutzt wurde. Über die Herkunft des Begriffs sind sich die Experten nicht ganz einig. Das „Oxford Dictionary of English Etymology" verweist jedoch auf einen Wortstamm aus dem Plattdeutschen. Eventuell haben gar friesische Seeleute diesen Begriff geprägt?

Gibt es Fische ohne Blut?

Der einzige Fisch, dem kein Vampir zu nahe kommt, ist der Eisfisch (Bovichtidae), denn er hat kein Blut. Dieser Exot der Polarmeere gibt Biologen Rätsel auf. Ihm fehlen die zum Transport von Sauerstoff normalerweise notwendigen roten Blutkörperchen (Erythrozyten). Sein „Blut" ist transparent, es hat mit dem, was man gemeinhin unter Blut versteht, nichts gemeinsam. Transportiert wird der Sauerstoff physikalisch in Plasma gelöst. Dieser Überlebenskünstler lebt um die Inseln der Subantarktis und Antarktis, in den Meeren um Neuseeland, Australien und Südamerika sowie in Süßgewässern Südostaustraliens und Tasmaniens. Der zwischen 9 und 80 Zentimeter lange Fisch ist bereits seit den 1840er Jahren bekannt und seit jeher ein beliebter Speisefisch. Allein in einem Jahr wurden nach Angaben von Greenpeace 230 Tausend Tonnen der Fische gefangen. Durch diese extremen Fangpraktiken sind diese bemerkenswerten Kreaturen mittlerweile überfischt.

Welche Sexualpraktiken haben Delfine?

Delfine, die süßen, kleinen, knuffigen Tiere, bekannt und beliebt aus Film und Fernsehen, haben den Vorteil, ein ausgesprochen positives Image in der Öffentlichkeit zu haben. Dank einer Augenfalte erwecken sie den Eindruck, ständig zu lächeln. Tatsächlich können diese Meeressäuger im Bett brutale Gesellen sein. So haben Forscher der Universität Michigan, USA, etwa herausgefunden, dass das Leben einer Delfindame wahrlich hart sein kann. Männliche Delfine schließen sich oftmals zu Gruppen zusammen, verfolgen das Weibchen, kreisen es ein und vergewaltigen es abwechselnd. Wobei „Vergewaltigung" natürlich ein menschlicher Moralbegriff ist. Dieses Verhalten kommt auch nicht ausschließlich bei der Fortpflanzung zur Anwendung: Delfine gehören nachgewiesenermaßen zu den wenigen Tieren, die Sex auch einfach nur aus Spaß an der Freude praktizieren.

Kann man sich mit Delfinen anfreunden?

Wir lieben Flipper, den kleinen Delfin! Spätestens seit der berühmten TV-Serie hält sich das hartnäckige Gerücht, Delfine würden den sozialen Kontakt zu Menschen suchen, was schlichtweg Unsinn ist. Es stimmt jedoch, dass manche Individuen starke Bindungen entwickeln. Jungtiere bleiben bis zu sechs Jahre bei ihrer Mutter. Daher könnte die instinktive Unterstützung für verletzte oder kranke Artgenossen kommen, von denen Seeleute profitierten, die durch Delfine vor dem Ertrinken bewahrt wurden. Der Mensch an und für sich ist dem Tier egal, es geht keine soziale Bindung ein. Im Gegenteil kann der Stress durch die Nähe des Menschen Delfine sogar dazu bringen, „auszuflippern". Doch es kommt gelegentlich zu Ausnahmen, wie etwa bei einem ägyptischen Fischer, der einem Delfin vor Jahren das Leben gerettet hatte. Noch Jahre später soll das Tier immer wieder aufgetaucht sein, um nach „seinem" Lebensretter zu sehen. Dass der Mann Fischer war und dementsprechend wohl auch immer den einen oder anderen Fisch dabeihatte, soll hier aber angeblich keine Rolle gespielt haben. Man darf ruhig skeptisch sein.

Wie intelligent sind Delfine?

Es heißt, Delfine seien unglaublich intelligent. Weit gefehlt, meinen zumindest die meisten Biologen und Verhaltensforscher. Sie kapieren nie, worum es geht. Delfine verfügen über ein Gehirn, dessen Hirnstruktur erstaunlich primitiv aufgebaut ist. Wo andere Säugetiere eine sechsschichtige Hirnrinde vorweisen können, ist die von Delfinen nur aus fünf aufgebaut. Diese fehlende Schicht ist zudem wichtig. Sie leitet die eingehenden neurologischen Impulse der tiefer liegenden Strukturen in die Hirnrinde weiter. Vergleicht man die Hirnrinde zusätzlich noch mit der von Mäusen, Ratten, Hunden, Katzen, Affen und unserer eigenen, findet man dort pro definiertem Abschnitt 110 Nervenzellen. Bei Delfinen wird man nicht mehr als 23 Nervenzellen im entsprechen-

den Abschnitt finden. Das Gehirn der Delfine, das anfänglich groß und beeindruckend erscheint, erweist sich bei näherem Hinsehen trotz der großen Oberfläche und der vielen Gehirnwindungen als ausgesprochen dünn und locker aufgebaut. Damit sind sie gegenüber vielen anderen Säugetier-Arten eindeutig benachteiligt. Die Intelligenz und Lernfähigkeit eines Delfins kann man durchaus mit der von Brieftauben oder Hunden à la Odie aus den Garfield-Cartoons vergleichen, auch wenn Sie diese Tatsache jetzt vielleicht enttäuschen sollte.

Was sind Kampfdelfine?

Tiere zu Kriegszwecken einzusetzen wird eigentlich vom Menschen seit Urzeiten praktiziert, man denke nur an Hannibals Elefantenarmee um 218 v. Chr. Die ersten diesbezüglichen Versuche mit Delfinen wurden durch die US Navy im Jahr 1959 durchgeführt. Diese damals wild gefangenen Delfine wurden mit speziellen Nasenwaffen ausgerüstet, um feindliche Taucher zu töten. Ihr erster Einsatz führte sie im Vietnamkrieg in die Bucht von Cam Ranh. In der Zeit des Kalten Krieges, als es zu einem wahren Wettrüsten zwischen den USA und der Sowjetunion kam, gehörten Kampfdelfine zu einem der bestgehüteten Geheimnisse – auf beiden Seiten. Die US Navy nutzt die natürliche Neugierde der Meeressäuger bis heute für ihre Zwecke und setzt sie nach wie vor ein, so auch im letzten Irak-Krieg. Mittlerweile werden Kampfdelfine und neuerdings auch Kampf-Seelöwen ausschließlich im Aufspüren und Anbringen von Unterwasserminen geschult, spezielle Kopfkameras übertragen Bilder zum Mutterschiff. Diese Methode kommt auch bei der indischen Marine zur Anwendung. Für Schlagzeilen sorgten diese maritimen Einheiten zuletzt während des Hurrikans Katrina im August 2005 in den USA: 36 Kampfdelfine sind angeblich geflüchtet. Verdenken würden wir es den Tieren nicht.

Wie groß ist das Revier eines Delfins?

Im Prinzip ist das „Revier" eines Delfins der gesamte Ozean, sind sie doch, wie auch die meisten anderen Walarten, Wanderer, die oft bis zu 100 km am Tag zurücklegen. Verantwortlich für die oft über tausende Kilometer gehenden Reisen der Meeressäuger sind Strömungen, denen sie – zusammen mit ihrer Nahrung – folgen. So sind etwa Blau-Weiße Delfine von September bis Oktober an der Küste Japans anzutreffen, ziehen dann jedoch zum Überwintern in das Ostchinesische Meer, wo sie bessere Nahrungsgebiete vorfinden. Auch aus Europa gibt es ähnliche Berichte. So sieht man diese Tiere etwa vor den Küsten Spaniens im Frühjahr und Sommer, während sie im Winter vor Frankreich anzutreffen sind. Ist der Delfin nun in seinem Gebiet angekommen, lebt er in einem sozialen Gefüge kleiner Gruppen von nur wenigen Tieren zusammen. Da sich aber mit Einsetzen der Wanderperiode auch alle anderen Kleingruppen auf den Weg machen, kann es passieren, dass man auf einmal bis zu 2 000 Tiere vor sich hat. Passiert dies während eines Tauchgangs, hat man durchaus etwas zu erzählen.

Was versteht man unter Delfintherapie?

Zur Behandlung von psychiatrischen und neurologischen Erkrankungen werden bereits seit Längerem Tiere eingesetzt. Die Idee dahinter ist, dass konservative Therapieformen dadurch verstärkt werden sollen.

Schwimmen mit dem Delfin ist für den Patienten die Belohnung für seine Mitarbeit. Das „freundliche" Wesen der Tiere, ihr Schnattern und das warme Wasser der Therapiebecken im sonnigen Klima soll eine positive Stimmung erzeugen. Sind die Erfolge bei der Therapieunterstützung durch Hunde (beruhigend, großes Sicherheitsgefühl und hoher Interaktionsgrad) und Pferde (Stärkung des Bewegungsapparats durch die Bewegung des Pferdes) allerdings tatsächlich belegt, gibt es bei der Delfintherapie keinerlei signifikanten Belege für den Erfolg. Im Gegensatz dazu erzielen zwischenmenschliche Interaktionsprogramme und positives Verstärkungslernen in 65 Prozent aller Fälle eine deutliche Besserung. Diese kosten dann allerdings auch nicht rund 13 000 Euro und kommen gänzlich ohne Delfine aus, die aufgrund der „Lagerhaltung" in einem Therapiezentrum Qualen leiden und auch keine besonders hohe Lebenserwartung haben.

Welcher Fisch legt die meisten Eier?

Nein, es ist nicht der Entenwal, der weder Eier legt noch ein Fisch ist. Es ist ein urtümliches Geschöpf, das normalerweise in tropischen Gewässern beheimatet ist, in großen Tiefen wohnt und nur selten an die Wasseroberfläche kommt – der Mola Mola oder Mondfisch. Anhand von Fossilien wurde nachgewiesen, dass er schon im Eozän vor 55,8 Millionen Jahren existierte. Wahrscheinlich hat er bis heute überlebt, weil der weibliche Mola Mola mit Abstand die meisten Eier aller Fische in einem Laichvorgang ablegen kann – bis zu 300 Millionen, um genau zu sein. Diese gigantische Leistung brachte ihm auch einen Eintrag im Guinness Buch der Rekorde.

Was ist ein Entenwal?

Entenwale (Hyperoodon) sind keine Kreuzungen aus einer Ente und einem Wal. Sie zählen zur Familie der Schnabelwale und verdanken ihren Namen ihrem schnabelförmigen Maul. Man unterscheidet nach dem Lebensraum zwischen dem nördlichen und dem südlichen Entenwal. Sie leben sowohl auf der nördlichen als auch auf der südlichen Hemisphäre fernab der Küste im offenen Meer. Entenwale erreichen eine Länge zwischen sechs und acht Metern und wiegen zwischen fünf und acht Tonnen. Die Färbung verändert sich von braun im Kindesalter, über gelbbraun beim juvenilen Entenwal bis zu weißlich-grau im hohen Alter. Sie ernähren sich von Fischen, Krustentieren und Tintenfischen. Sie tauchen 1 000 Meter in die Tiefe und können 30 Minuten unter Wasser bleiben, aber auch Tauchzeiten bis zu zwei Stunden wurden gestoppt. Das ist unter den Walen einsamer Rekord und mit Sicherheit auch unter den Enten.

Gibt es Tiere, die ewig leben?

Denken Sie in der Badewanne beim Einseifen daran, dass Sie dies gerade mit einem Tier tun? Dazu noch mit einem Tier, das ewig lebt. Die Rede ist von den Schwämmen (Porifera), die einen eigenen Tierstamm innerhalb der Gewebelosen (Parazoa) bilden. Von den weltweit vorkommenden rund 7500 Schwammarten leben einige Arten auch im Süßwasser. Manchen von ihnen kann man getrost ewiges Leben attestieren, haben sie doch eine eigene Art der Fortpflanzung entwickelt. Sie haben im Lauf der Evolution gelernt, sich nach einiger Zeit zurückzubilden und Überdauerungsstadien, sogenannte Gemmulae, zu bilden. Danach formen sie wieder Eikapseln und entstehen zu neuem Leben. Dieser Vorgang ist – so man den Schwamm nicht aus seinem Lebensraum entfernt – theoretisch unendlich oft wiederholbar. Die Wissenschaft ist sich nicht einig, ob man dies denn tatsächlich als ewiges Leben bezeichnen kann. Es ist aber tatsächlich immer ein und derselbe Schwamm, der sich selbst im wahrsten Sinne des Wortes neu erfindet.

Welche Fische klettern auf Bäume?

Keine, sie sind ja keine Affen! Lapidare Antwort – leider falsch. Der Schlammspringer, dessen Lebensraum die Mangrovenwälder und Brackwasser tropischer Küsten sind, klettert schon mal bei Flut auf einen Baum. Seine verdickten, armartigen Brustflossen helfen ihm dabei und durch seinen gekrümmten Schwanz, mit dem er sich kraftvoll abstoßen kann, kam er zu seinem Namen. Vom Aussehen ähnelt er einem Frosch, aber durch seine Kiemenatmung und die Flossen gilt er als Fisch. Seine Kiemen sind nur durch eine enge Spalte zugänglich, wodurch diese, unterstützt von einem Wasservorrat im Kieferraum, nicht austrocknen und den Sauerstoffbedarf bis zu mehreren Stunden an Land decken können. Eine andere optisch verwandte Art ist die Hawaiianische Meeresgrundel. Sie erklimmt, soll man diesbezüglichen Berichten Glauben schenken, vorzugsweise senkrechte Felswände hinter Wasserfällen und das mehr als 100 Meter hoch. Diese Angabe konnten wir allerdings nicht belegt finden.

Können Fische Menschen krank machen?

Fische werden wegen ihrer Omega-3-Fettsäuren und ihres hohen Eiweißanteils von ernährungsbewussten Menschen geliebt. Was die wenigsten jedoch wissen ist, dass das Fleisch von manchen wild lebenden Fischen eine hohe Giftbelastung aufweist. Ernährungsexperten weisen darauf hin, dass bei abwechslungsreicher Ernährung die positiven Effekte des Fischgenusses dessen negative ausgleichen. Dagegen warnt aber das deutsche Bundesinstitut für Risikobewertung Frauen im gebärfähigen Alter, Schwangere, Stillende und Kleinkinder davor, Heilbutt, Thunfisch, Schwertfisch oder Haiprodukte (wie etwa Schillerlocken, Seeaal usw.) zu essen. Auch Aal, Stör, Rotbarsch und Seeteufel soll arg kontaminiert sein. Im Jahr 2005 gelang es erstmals, den Gehalt von Methylquecksilber in Fischfleisch nachzuweisen: Dessen Anteil ist bei manchen Arten so hoch, dass es zu schweren gesundheitlichen Beeinträchtigungen (übrigens inklusive Impotenz!) führen kann. Haifleisch ist besonders stark damit belastet: Nur fünf Gramm Haifleisch ergibt bereits die maximale Tagesdosis eines Menschen. Mahlzeit!

Können Fische schielen?

Schielen (Strabismus) nennt man eine Fehlstellung der Augen, die durch das Abweichen von der normalen Sehachse hervorgerufen wird. Erkennt man den Strabismus bei Kindern nicht rechtzeitig und erfolgt keine Behandlung, entwickelt sich eine später nicht mehr ausgleichbare Sehbehinderung. Dieses Schicksal widerfährt unter Wasser leider den Plattfischen wie Heilbutt und Seezunge. Als kleine Larven haben sie einen ganz normalen symmetrischen Körperbau und schwimmen aufrecht im

Wasser. Im Laufe des Wachstums – und aus Ermangelung guter Doktorfische – beginnt das eine Auge durch die Verschiebung des Schädelknochens zu wandern. Beim Butt fast ausschließlich auf die linke, bei Seezunge und Scholle meist auf die rechte Seite. Um diese Verunstaltung zu vertuschen, flacht der Körper weiter ab, die Schwimmblase bildet sich zurück und sie verbuddeln sich im Sand.

Welcher ist der kleinste Fisch?

Zur Bewertung werden nur ausgewachsene und geschlechtsreife Fische herangezogen, die, wenn sie kleiner als 20 Millimeter sind, als „Miniaturfische“ bezeichnet werden. Als kleinste Fische am Riff galten bis vor einiger Zeit die nur 10 Millimeter großen Gobies, die vor Kurzem allerdings von der Zwerggrundel auf Platz zwei verwiesen wurden. Wissenschaftler beschrieben allerdings bereits einen weiteren Winzling, der mit seiner Körpergröße von 7,9 Millimeter die Grundel noch um einen zehntel Millimeter untertrifft. Der Holotyp, also das der Bestimmung zugrunde liegende Exemplar, dieses zuvor unbekannten Fisches war ein erwachsenes Weibchen und wurde in einem moorähnlichen Sumpfgebiet auf Sumatra in der Provinz Jambi gefangen. Die neue Art wurde Paedocypris progenetica getauft und zählt zur Familie der Karpfenfische, wird aber wegen ihrer Größe wohl nie als Weihnachtsschmaus enden.

Wie alt werden Fische?

Fressen und gefressen werden bestimmt das Leben im Meer. Abgesehen davon überleben die unterschiedlichen Arten umso länger, als ihre Namen auf den Speisekarten möglichst selten erscheinen. Manche Fische leben bedingt durch ihren Lebensraum nicht länger als sechs Monate. Dazu zählt etwa der Killifisch, der nur wenige Monate in Wasserreservoirs in der Wüste lebt, bis diese wieder austrocknen. Am Riff werden Fische meist ein bis zwei Jahre alt, einige Ausnahmen aber auch bis zu 80. Der australische Lungenfisch etwa lebt bis ins hohe Alter von 73 Jahren. Die Lebenserwartung großer pelagischer Fische des offenen Meers wird in erster Linie durch den Menschen verkürzt. Pottwale, die als Säugetiere allerdings nicht zu den Fischen zählen, können, sofern sie japanischen Walfangbooten aus dem Weg gehen, 100 Lebensjahre erreichen. Haiarten, wie etwa der Dornhai, erleben ebenfalls das biblische Alter von bis zu 100 Jahren, wenn sie nicht vorher als Schillerlocken in deutschen Supermarktregalen enden. Der Walhai wird bis zu 70 und der Große Weiße Hai immerhin über 25 Jahre alt. Im Schutz von Aquarien leben Goldfische rund 43 Jahre, der Koi wird bis zu 80 Jahre alt, in Einzelfällen konnten aber bereits über 200 Jahre alte Vertreter dieser Spezies beobachtet werden. Man sieht also: Wie bei jedem Lebewesen hängt auch beim Fisch die Lebenserwartung vom jeweiligen Lebensstil ab.

Können Fische lachen?

Während des Lachens betätigt der Mensch 17 Gesichtsmuskel, die unter anderem seine Augen zu Schlitzen zusammenpressen, die Augenbrauen nach oben heben, die Nasenlöcher weiten und seine Mundwinkel nach oben ziehen. Im Körper laufen zusätzlich alle möglichen Vorgänge ab, die von in Schwingung versetzten Stimmbändern bis zu einer erhöhten Atemfrequenz reichen und weitere 80 Muskeln aktivieren. Fische haben alle diese Muskeln nicht. Selbst die für ihren „freundlichen" Gesichtsausdruck bekannten Delfine, die keine Fische, sondern Säugetiere sind, können keine Emotionen zeigen. Der „Lacheffekt" ergibt sich durch eine fixe Augenfalte, die ihr Gesicht lachend erscheinen lässt. Hätte ein Hai diese Falte auch, würde er den gleichen freundlichen Ausdruck wie ein Delfin zeigen können. Weinen können Fische übrigens auch nicht, auch nicht, wenn sie Schmerzen empfinden.

Wie schwimmen Fische?

Die meisten Fische sind torpedoartig zugespitzt. Ihr Körper ist von einer schleimartigen, die Reibung reduzierenden Substanz überzogen. Damit können sie sich perfekt gegen den hohen Widerstand des Wassers bewegen. Erst seit den 1960er Jahren wurden die Besonderheiten der Fortbewegung von Fischen in „Hertels Analysen zur Schwanzflossenbewegung der Regenbogenforelle im Wasser" erforscht. Der Fisch nutzt nicht nur die Kraft der schwingenden Schwanzflosse, mit der er möglichst viel Wasser nach hinten wegdrückt, sondern er nutzt auch die Wirbelbildung im Wasser, die bei jedem Objekt in Bewegung auftritt. Fische verstehen es, die rotierenden Wirbelpaare an der Schwanzflosse auszunutzen, um durch Impulsübertragung eine zusätzliche konstante Beschleunigung in Bewegungsrichtung zu erhalten. Der Wirkungsgrad einer langsam schwingenden, großflächigen Flosse, die der Natur nachempfunden ist, ist deutlich besser als der Wirkungsgrad heutiger Schiffsschrauben. Bei relativ geringem Krafteinsatz ermöglicht dieser Antrieb hohe Geschwindigkeiten, hohe Beschleunigung bei maximaler Wendigkeit. Ein weiterer Vorteil ist die geringe Geräuschentwicklung eines solchen Antriebs. Stellen Sie sich vor, wie laut es unter Wasser wäre, hätten die Fische anstatt Flossen Propeller.

Wieso sind viele Fische bunt?

Im Meer unterscheidet man zwei große Lebensräume, das Benthal, das sich bodennah von der Flachwasserzone über den Kontinentalabhang bis zur Tiefsee erstreckt, und das Pelagial, den offenen Ozean. Abhängig davon ist die Färbung der Fische. Im offenen Meer, wo die Farben Blau, Grau und Silbern vorherrschen, tragen die meisten Fische eine blau-silbrige Oberfläche und eine fast weiße Unterseite. Makrelen, Thunfische, Mantas, Barrakudas, Hornhechte und Haie zum Beispiel nutzen dieses Prinzip der Gegenschattierung, um sowohl von unten als auch von oben möglichst gegen Feinde getarnt zu sein. Andere pelagische Tiere sind fast durchsichtig, wie etwa Quallen, Plankton und Glasfische, die sich auch nahe der Küste auf diese Art tarnen.

An den Riffen haben Farben unterschiedlichste Funktionen. Allen voran steht die Artzugehörigkeit. Falterfische etwa attackieren nur Männchen der gleichen Art, alle übrigen lassen sie in Ruhe. Manche Fische, die die meiste Zeit ihres Lebens an einem Ort verweilen, haben ihr Leben lang dieselbe Färbung. Andere wechseln ihren Aufenthaltsort häufig und können ihr Aussehen ändern. Rot, die vorherrschende Farbe am Riff, ist eine besonders gute Tarnung für nachtaktive Fische und Räuber. Da Wasser die Farbe Rot als Erste absorbiert, erscheinen diese ab einer gewissen Tiefe und beim Fehlen von Licht grau-blau. Der Rotfeuerfisch macht sich dies ebenso zunutze wie Soldatenfische, Husarenfische, Juwelen- und Großaugenbarsche und Kardinalfische. Das andere Extrem sind Träger von Warnfarben. Sie verstecken sich nicht, sondern kommunizieren etwaigen Fressfeinden, dass sie besonders giftig oder ungenießbar sind. Jungfische tragen aus diesem Grund oft ein solch farbenfrohes Kleid, das sie nach dem Heranwachsen ablegen.

Kann man Fische dressieren?

Wenn man den Bildern Glauben schenken darf, dann kann man Goldfische lehren, in Formation zu schwimmen. Das Konditionieren der Tiere auf einen Reiz erfolgt meist durch Futterbelohnungen. In Versuchen lernten Rotfedern auf verschiedene optische Signale zu reagieren und sich dementsprechend zu verhalten. Sie bevorzugten im Gegensatz zu nicht dressierten Artgenossen immer das größere von zwei Signalen, unabhängig davon, ob die tatsächliche Größe verändert wurde. Auch Hechte wurden im Zuge von Negativdressur dazu gebracht, bestimmte Beutetiere zu meiden. Mit Zuckerbrot und Peitsche lassen sich anscheinend auch Fische manipulieren.

Gibt es Fische mit mehr als zwei Augen?

Das Auge eines Fisches ist durch seine Form und den Glanz ein auffälliger Punkt, den Raubfische beim Angriff fixieren, um ihre Beute trotz guter Tarnung anzuvisieren. Aus diesem Grund tragen viele Riffbewohner zusätzliche unechte Augen auf ihren Flossen oder hinteren Körperteilen, wie beispielsweise der Perljunker, der Pfauenaugen-Butt und der Falterfisch. Einerseits hat dies abschreckende Wirkung, da Feinde sie als viel größer wahrnehmen, andererseits lenken diese Scheinaugen am Kopf des Tieres die Aufmerksamkeit auf das weniger verletzliche Hinterteil. Die Grundel etwa mimt mit ihren Augen auf der

Rückenflosse und ihrer ruckartigen Bewegung eine große Krabbe. Auch Drachenköpfe zeigen ihr Auge unter der Brustflosse wenn sie bedroht werden. Der Augenflecken-Mirakelbarsch steckt sogar seinen Kopf in eine Felsspalte und präsentiert sein Hinterteil, das mit dem Auge auf der Schwanzflosse wie eine Netzmuräne aussieht. Beißt jemand an, stellt er die Stacheln seiner Rückenflossen auf und verhindert so, dass der Angreifer ihn verschlucken kann. Vielleicht denkt er sich aber auch: „Wenn ich dich nicht sehe, siehst du mich auch nicht".

Welcher Fisch ist am gefährlichsten?

Der weiße Hai – klar, oder? Und doch: Die größte Gefahr ist meist die, die man nicht sieht. Und den Steinfisch sieht man in der Regel nicht einmal dann, wenn man sich seinen giftigen Stachel versehentlich in den Körper gerammt hat. Sein Nervengift, das dem der Kobra entspricht, kann für Menschen tödlich sein. Aber nicht nur im Meer selbst lauern Gefahren. Auch im Restaurant kann man sich durch schlechten Fisch schlimme Beschwerden zuziehen. Da muss man erst gar nicht Fugu (Kugelfisch) bestellt haben, dessen Gift bei falscher Zubereitung absolut tödlich wirkt. Nein, auch Barrakudas, deren Fleisch durch aufgenommene Gifte meist ungenießbar ist und Haie, z. B. in Form von Schillerlocken zu uns genommen, sind mit einer so großen Menge Methylquecksilber versehen, dass sie einen nicht nur impotent machen, sondern sogar langfristig ins Grab bringen können.

Gibt es Fische ohne Kiefer?

Aus dem Biologieunterricht wissen wir, dass sich die Wirbeltiere (Vertebraten) aus fünf Klassen zusammensetzen: Fische, Amphibien, Reptilien, Vögel und Säugetiere. Was wir nicht wissen oder wussten, weil in Bio geschlafen oder es vom Lehrer unterschlagen wurde, ist, dass es zwei Hauptgruppen der Wirbeltiere gibt – die Gruppe der Tiere mit

Kiefer und jene ohne Kiefer. Erstere sind mit ungefähr 50 000 Arten in der Mehrheit, die kieferlosen bringen es nur auf 84 Arten. Ca. 450 bis 300 Millionen Jahre zuvor war dieses Verhältnis umgekehrt. Die kieferlosen Vertebraten (Agnata) dominierten auf der Erde, die große Zahl der Vertebraten mit Kiefer (Gnathostomata) entwickelten sich erst ein paar hundert Millionen Jahre später. Zwei Klassen der Agnatha existieren auch unter Wasser, wobei die Verwandtschaft unter diesen beiden nicht geklärt ist. Die Neunaugen haben ein rundliches Saugmaul mit Hornzähnen. Damit heften sie sich an Fische, zehren als Parasiten von deren Blut und raspeln Fleischstücke aus deren Körper. Schleimaale oder Inger hingegen besitzen zahnähnliche Vorsprünge und können damit ihre Nahrung abreißen. Entgegen der landläufigen Meinung sind Neunaugen keine Fische sondern bilden eine eigene Klasse.

Welche Funktion haben Fischschuppen?

Wie der Vogel seine Federn, so tragen die meisten Fische ein Schuppenkleid, manche Hautzähne, Knochenplatten oder Stacheln und das in allen Farbschattierungen. Wie Dachziegel stecken sie überlappend in der ledrigen Haut. Bei einigen Fischen wachsen ganze Schuppenfelder zusammen und bilden einen durchgehenden Panzer, wie etwa beim Knurrhahn oder beim Panzerwels. Beim Aal sind die Schuppen so klein, dass er auf den ersten Blick nackt wirkt. Anhand der Schuppen kann man ähnlich den Jahresringen bei Bäumen feststellen, wie alt der Fisch ungefähr ist. Die Schuppen werden jährlich um zwei Jahresringe größer, die helleren Ringe wachsen in der Sommerzeit, die dunkleren in der Winterzeit. Das Alter ergibt sich aus der Anzahl der Ringe geteilt durch zwei. Wenn sie schon immer wissen wollten, warum Fische so schleimig sind: Dies liegt an der durchsichtigen Oberhaut, die die Schuppen bedeckt. Der Panzer dient in erster Linie dem Schutz vor mechanischen Verletzungen und Krankheiten. Verliert ein Fisch eine Schuppe, ist das vorerst nicht weiter schlimm, es besteht aber die Gefahr von Infektionen oder dem Eindringen von Parasiten. Der schleimige Überzug schützt zusätzlich vor dem Eindringen von Bakterien. In verunreinigten Gewässern oder beim Kochen kann sich der Überzug übrigens trüben, wie jedem Fischliebhaber beim Anblick seiner Forelle in Blau bekannt sein dürfte.

Wie kopulieren Haie?

Haie sind beim Geschlechtsakt wahrlich ruppige Gesellen. Hat ein männliches Tier das Objekt seiner Begierde ausgemacht, beißt der Rüpel kraftvoll in die Brustflossen des Weibchens, um sich daran festzuhalten. Versuchen mehrere Männchen gleichzeitig, das gleiche Weibchen zu befruchten, kann es schon mal vorkommen, dass sich sogleich zwei oder drei Haie festbeißen.

Die beim Tauchen oftmals zu beobachtenden Schrammen und Narben am Körper der Haie stammen in den meisten Fällen von diesem harten Liebesspiel. Doch nur einer schafft es schließlich, einen seiner zwei Penisse, Klasper genannt, in die Geschlechtsöffnung des Weibchens einzuführen. Diese nennt man übrigens unschön, aber streng wissenschaftlich „Kloake“, wer sich das ausgedacht hat, wüssten wir ja schon gern. Hat das Männchen schließlich sein Ziel erreicht, findet bei allen Haiarten eine innere Befruchtung statt. Rund die Hälfte der weltweit vorkommenden Haiarten (55 Prozent) bringt schließlich nach mehr oder weniger langen Schwangerschaftsphasen lebende Jungtiere zur Welt. Der andere Teil legt Eier, in denen sich sodann außerhalb des weiblichen Körpers die Babyhaie entwickeln. Bedingt durch die erst sehr spät einsetzende Pubertät bzw. Geschlechtsreife (bei manchen Arten erst mit zehn Jahren), die lange Tragedauer und die wenigen schließlich auf die Welt kommenden Jungtiere, haben Haie mittlerweile durch die Überfischung der Weltmeere ein massives Überlebensproblem.

Was sind Schurken-Haie?

Schurken-Haie sind böse Haie! So kurz könnte man die „Rogue Shark Theory“ (Schurken-Hai-Theorie) des australischen Mediziners Sir Victor Marcus Coppleson (1893–1965) nämlich zusammenfassen, die dieser zwischen 1916 und 1932 entwickelt hatte und die mittlerweile auch unter Wissenschaftlern durchaus Befürworter gefunden hat. Er stellt die Behauptung auf, dass die weltweiten Haiangriffe nur durch verhaltensgestörte Tiere durchgeführt werden, die auf den Geschmack von Menschenfleisch gekommen sind, wohingegen die „normalen“ Haie am Menschen absolut kein Interesse haben. Untermauert wird seine Theorie dadurch, dass es weltweit nur ausgesprochen selten zu Haiunfällen kommt. Wenn jedoch wirkliche Attacken gemeldet werden (im Gegensatz zu tatsächlichen Unfällen aus Missgeschick), dann treten sie über einen kurzen Zeitraum verstärkt im selben Gebiet auf. Selbst in von den als potenziell gefährlich eingestuften Tigerhaien, Bullenhaien und Weißen Haien bevorzugten G ewässern gibt es über einen langen Zeitraum wenig bis gar keine Berichte über Haiattacken, und wenn doch, dann gleich ein paar hintereinander. Sir Victor machte für diese Tatsache jeweils einen einzelnen „durchgedrehten" Hai verantwortlich. Unter Haiforschern ist diese Theorie ziemlich umstritten.

Gibt es in Seen Haie?

Von den weltweit rund 500 Haiarten gibt es nur eine, die auch in Seen zu finden ist. Einer der Haie, der in Flüssen – und auch da nur im Ganges – vorkommt, ist der gleichnamige Ganges Hai, der allerdings bereits auf der Roten Liste der gefährdeten Tierarten ganz oben steht und nicht mehr lange vorhanden sein wird. Der einzige Hai, der öfter in verschiedensten Flüssen wie etwa dem Amazonas, dem Sambesi und in Flüssen Floridas gesichtet wurde, und der auch in Seen vorkommt, ist der Bullenhai. Es gibt eine große Population dieser Tiere im Nicaraguasee, der an der Grenze des gleichnamigen Landes zu Costa Rica liegt. Da Bullenhaie oft lange Strecken in Flüssen zurücklegen, ist anzunehmen, dass die dortigen Haie den 199 Kilometer langen Rio San Juan vom Karibischen Meer aus kommend entlang schwammen. Sichtungen von Bullenhaien werden auch aus einem See in Mosambik gemeldet. Dieser See hat keine direkte Verbindung zum Meer. Bullenhaie sind mit ihren 3,5 Meter Länge und über 200 Kilogramm Körpergewicht beeindruckende Tiere, die leider auch für einen großen Teil der pro Jahr rund 60 weltweiten Haiverletzungen verantwortlich sind. Die Attacken geschehen fast immer im trüben Brackwasser.

Beruht der Film „Der weiße Hai" auf Tatsachen?

Der US-amerikanische Spielfilm „Der weiße Hai" aus dem Jahr 1975 ist wohl der einzige Film, der es jemals geschafft hat, ein Tier beinahe auszurotten. Der Film basiert auf einem Roman von Peter Benchley, der einen wahren Vorfall darin verarbeitete. Was der Autor jedoch nicht wusste war, dass damals der Falsche zum Täter erkoren wurde. Im Juli 1916 wurden binnen 10 Tagen an Stränden in New Jersey fünf Haiattacken verzeichnet, wobei vier davon tödlich ausgingen. Drei Attacken fanden im Flusslauf des Matawan Creek statt. Zwei Tage nach dem letzten Vorfall wurde ein noch junger weiblicher Weißer Hai gefangen, in dessen Bauch man menschliche Überreste fand. Der Fall schien geklärt. Problematisch dabei ist aus heutiger Sicht, dass Weiße Haie niemals in Flüsse einwandern. Zeugen des vorletzten Vorfalls beschrieben die Hautfarbe des Tieres mit der eines alten Holzbrettes. Beides gibt mehr als berechtigten Grund zur Annahme, dass es sich um Angriffe eines Bullenhais gehandelt hatte, der sehr häufig in ähnlichen Flüssen anzutreffen ist. Zudem wurde drei Tage nach dem letzten Vorfall ein Fischer Zeuge, wie ein Hai das mittlerweile zum Schutz des Flusses angebrachte Netz durchstieß und ins offene Meer schwamm. Die im gefangenen Weißen Hai gefundenen Knochen dürften von Kadavern am Meeresgrund stammen. Im 1. Weltkrieg verunglückten etliche Schiffe und U-Boote vor der Küste New Jerseys, was diese Theorie stützen würde. Nach diesen Vorfällen wandelte sich das Bild der Haie und der Film tat ein Übriges dazu, weltweit die Jagd auf Weiße Haie zu verstärken. Weiße Haie sind vom Aussterben bedroht. Als der Buchautor Benchley dies erfuhr, wurde er ein engagierter Haischützer.

Warum furzen Heringe?

Die beliebten Speisefische widerlegen eindeutig die Redewendung „stumm wie ein Fisch“, denn sie kommunizieren – man höre und staune – durch das Ablassen von Darmwinden. Heringe furzen über mehr als drei Oktaven. Pazifische Heringe – durchaus begabter als ihre atlantischen Artgenossen – können dem Darmtrakt Töne von bis zu 7,6 Sekunden Dauer entlocken – ein Kunststück, das nur wenige hart gesottene Männer zustande bringen. Wie Wissenschaftler herausfanden, pressen sie die Luft aus ihrer Schwimmblase in den Analtrakt und erzeugen damit pulsierende Töne. Ein Intervallfurz solcher Art war als Kommunikationsmittel unter Fischen bislang völlig unbekannt. Aber keine Angst, wie bereits in diesem Buch beschrieben funktionieren die menschlichen Geruchsorgane unter Wasser sowieso nicht.

Wie gut hören Delfine?

Der Gehörsinn von Delfinen ist extrem gut ausgebildet. Ihr Hörbereich reicht in Frequenzen bis zu 220 kHz, während die Hörfrequenz des menschlichen Ohres bereits bei rund 20 kHz endet. Sie können damit Töne, die weit in den Ultraschallbereich hineinreichen, wahrnehmen, was für die sogenannte Echolokation zur Orientierung und auch zur Ortung ihrer Jagdbeute eingesetzt wird. Sie erzeugen dazu Folgen kurzer hochfrequenter Töne, die sie mittels einer Klappe zwischen der Lunge und speziellen Luftsäcken, die in Schwingung gebracht werden, hervorbringen. Um ein Beutetier genau zu lokalisieren, sendet ein Delfin rund 800 solcher „Klicks" pro Sekunde aus. Das Echo der Klicks wird vom hohlen, mit schallleitendem Gewebe gefüllten Unterkiefer aufgefangen und zum Ohr weitergeleitet. Delfine verständigen sich mittels dieser Klicklaute, Pfeifen, Schnattern und anderer Geräusche über kilometerweite Distanzen auch untereinander. Oft kann man diese Laute auch während eines Tauchgangs vernehmen, selbst wenn das Tier noch weit außerhalb der Sichtweite liegt.

Was ist eine Jungfernzeugung?

Gläubige Menschen unter unseren Lesern kennen dies im Prinzip aus der Bibel: Es handelt sich bei einer Jungfernzeugung im wahrsten Sinne des Wortes um „unbefleckte Empfängnis". Bei diesem wissenschaftlich als Parthenogenese bezeichneten Vorgang greift Mutter Natur ganz tief in ihre Trickkiste und ermöglicht es so einem Weibchen, das zu lange auf dem Trockenen saß, sich selbst zu vermehren. Diese auch als Mittel der letzten Wahl bezeichnete Selbstfortpflanzung war in der Vergangenheit nur bei manchen Vogelarten sowie einigen Reptilien und Amphibien bekannt. Als im Jahr 2001 in einem Zoo in den USA ein Hammerhai-Weibchen auf diese wundersame Art und Weise schwanger wurde, waren daher weltweit die Forscher mehr als be-

geistert. Wissenschaftler sagen nun, dass nach diesem Vorfall die Säugetiere, also auch wir Menschen, nunmehr die einzige Gruppe der Wirbeltiere sind, bei denen noch niemals eine Jungfernzeugung nachgewiesen wurde. Vielleicht sollte man den Forschern einmal die Lektüre des Neuen Testaments ans Herz legen.

Wie gefährlich sind Kegelschnecken?

Von den weltweit in 500 Arten vorkommenden Kegelschnecken (Conidae) sind rund 70 der größeren Arten extrem gefährlich. Die meisten trifft man in den tropischen Gewässern des Indischen und Pazifischen Ozeans, vor allem rund um Australien. Ihr starkes Nervengift kann sogar einen Menschen töten. Macht ein Taucher den Fehler, eines der farbenfrohen und hübsch anzusehenden Kegelschneckengehäuse aufzuheben, verteidigt sich das Tier und injiziert mit seiner verlängerten Schnauze, dem Rüssel, einen Giftcocktail aus kurzkettigen Eiweißmolekülen. Damit sie sich nicht irrtümlich selbst vergiftet, legt sie einzelne, harmlose Bestandteile des Gifts im Körper ab und erst bei Bedarf wird das eigentliche Nervengift, das Conotoxin, zusammengebraut. Neben Würmern und anderen Weichtieren und kleinen Fischen frisst sie gelegentlich auch Artgenossen. Taucher stehen nicht auf ihrem Speiseplan.

Wie leben Korallenfische?

Man muss sich ein Korallenriff wie eine Stadt vorstellen. Die durch die größten Bauherrn der Erde, den Korallenpolypen, aufgebauten Riffe bilden die größten von Lebewesen geschaffenen Strukturen auf unserem Planeten und sind Lebensraum für eine Vielzahl von Pflanzen und Tieren. Ein Korallenriff teilt sich, ähnlich einer Stadt, in verschiedene „Bezirke“. Einer der Vororte ist die Strandzone, die direkt ans Festland anschließt. Dieser eher billige Bezirk wird bei Ebbe regelmäßig leergespült, daher lebt hier die Unterschicht, nämlich Einsiedlerkrebse, Krabben, Schnecken, Muscheln und Algen. Verlässt man diesen Vorort, gelangt man über die Peripherie in die eigentliche Stadt, das Riffdach. In der ersten Zone, der Algenzone, leben außer den Namensgebern nur einige Krebse, Seeigelarten, Schlangensterne und kleine Fische, wie etwa Grundeln und Schleimfische. Der nächste Bezirk, die Übergangszone, liegt bereits tiefer, das Wasser ist klarer, größere Kolonien von Steinkorallen bilden kleine Mikroatolle. Gleich dahinter befindet man sich im äußeren Bereich zwischen Innenriff und der Außenriffkante. Hier herrschen starke Wellenbewegungen, strömungsstarke Tunnel und Kanäle bilden sich. Dieser „bessere" Bezirk zieht viele Stein- und Weichkorallen an, zwischen denen sich Riffbarsche, Lippfische und Doktorfische tummeln. Man befindet sich sozusagen im an die Innenstadt angrenzenden Teil der Stadt, der schon einiges an Tag- und Nachtleben vorzuweisen hat. Gleich dahinter beginnt die eigentliche Innenstadt, die Außenriffkante, die starker Strömung ausgesetzt ist. Mächtige Steinkorallen dominieren hier und Unmengen an Schwarmfischen nutzen die Korallenstöcke, quasi die Bars der Stadt, um Jagd auf Plankton zu machen. In den Nachtclubs, den Unterwasserhöhlen, machen es sich Schwämme, Seescheiden und Steinkorallen gemütlich und viele Fische wie etwa auch der Soldatenfisch suchen hier Zuflucht. Verlässt man die aufgrund der vielen Bewohner relativ sichere Innenstadt und begibt sich weiter Richtung offenes Land aufs Vorriff, das den Übergang zur offenen See bildet, finden sich große öde Sandflächen und einzelne Siedlungen in Form von Riffpfeilern, die jedoch von ihren Bewohnern liebevoll mit Korallen überzogen wurden und entsprechend auch Anklang bei vielen Fischen wie etwa Falter- oder Kaiserfischen finden, denen das hektische Treiben der Großstadt zu anstrengend ist. Leider fallen hier jedoch auch oft Räuber wie Zackenbarsche und Muränen ein, die der Idylle dann oft rasch ein Ende setzen. Aber das kennen wir ja auch aus unseren Städten.

Wie tauchen Krokodile?

Eines der ältesten auf diesem Planeten noch lebenden Unterwasserlebewesen ist das Krokodil (Crocodilia), das – zusammen mit seinen Schwestern, den Vögeln – der letzte Überlebende der Archosaurier ist. Krokodile leben in den Flüssen und Seen der Tropen und Subtropen, bis auf das Leistenkrokodil, das auch im Meer leben kann und häufig an den Küsten verschiedener Inseln Asiens und Australiens vorkommt. Aufgrund der besonderen Eigenschaft, auch über einen längeren Zeitraum im Salzwasser leben zu können, nennt man es auch gerne Salzwasserkrokodil. Die Panzerechsen sind an ihren Lebensraum Wasser optimal angepasst, allerdings fehlt ihnen die Schwimmblase, die es Fischen ermöglicht, zu tarieren. Um dies auszugleichen, nutzen sie eine Technik, die sie von ihren Vorfahren, den Dinosauriern, übernommen haben dürften. Wie diese verschlucken sie Steine (in der Wissenschaft Lithophagie genannt), um leichter untertauchen zu können und auch bequemer unter Wasser zu bleiben. Interessanterweise dürfte dies auch schon im alten Griechenland bekannt gewesen sein, stammt doch der Name vom altgriechischen Wort krokódrilos ab, was soviel wie Steinwurm bedeutet.

Wie finden Lachse immer zu ihrer Geburtsstätte zurück?

Der Lachs bewohnt den Nordatlantik, die Nord- und Ostsee sowie deren Zuflüsse. Ebenso wie der Stör und der Maifisch zieht er zum Ablaichen in den Monaten September bis Februar vom Meer in die Flüsse. Er zählt zu den anadromen Wanderfischen und kehrt aus noch nicht restlos geklärten Umständen nach ausgedehnten Ausflügen von über 1 000 Kilometer ins Meer wieder an seine Geburtsstätte in Süßwasser führenden Bächen und Flüssen zurück. Die Wissenschaft hat mehrere Theorien auf Lager, um dieses Phänomen zu erklären. Ganz oben steht das Magnetfeld, das der Lachs nutzt, um sich zu orientieren. Allein das Sinnesorgan, jene Elektrorezeptoren, die ihm als Kompass dienen sollen, sind noch nicht eindeutig bestimmt. Ein weiteres Hilfsmittel, das der Fisch nutzen könnte, um abhängig von Jahreszeiten und geografischer Breite zu navigieren, ist die Sonne. Sonnenlicht spielt auch bei der Theorie der Polarisierung eine Rolle. Dabei orientieren sich die Fische anhand des polarisierten Lichts mittels empfindlicher Nervenzellen im Sehbereich. Eine weitere Hilfe, um sich den Weg zurück in die

Kinderstube zu merken, können mechanische, thermische und chemische Stimuli und Meeresströmungen sein, die wie Temperatur und Salzgehalt des Wassers über das Seitenlinienorgan aufgenommen werden. Schließlich kommt bei den Erklärungen der Geruchsinn zur Sprache. Danach riechen die Tiere die von Lokalpopulationen abgesonderten Duftstoffe, die zur Flussmündung getragen werden. Unsere Theorie ist, dass sie sich den Weg merken und zurück einfach den umgekehrten Weg schwimmen. Beim großen Felsen rechts, danach zweimal links und neben dem stinkenden Abflussrohr einfach der Nase nach.

Gibt es Leihmütter bei den Fischen?

Natürlich nicht, im Labor schon. Um seltene Fischarten vor dem Aussterben zu bewahren, gehen japanische Forscher der Universität Tokio jedoch einen neuen Weg. So wurden Spermienstammzellen von Forellen in einem Lachs herangezogen und daraufhin von der Lachsmutter gesunde Forellenkinder geboren. Dieser Sensation vorangegangen waren gentechnische Experimente, bei denen Lachsen (Masu-Lachs-Embryonen) Zellen von Forellen, genauer Spermatogonien von Regenbogenforellen, eingepflanzt wurden, um Forellensperma zu erhalten. Damit wurden Forelleneier künstlich befruchtet, die sich zu fruchtbaren Forellen entwickelten, die ebenso gesunden Nachwuchs erzeugen konnten. Lachse können also Väter und Mütter von Forellen sein. Sollte sich die neue Methode bewahren, konnte man sie zur Erhaltung von genetischem Material bedrohter Fischarten einsetzen. Vielleicht entstehen aber auch neue Speisefische, wie der Forellenbarsch, der Lachshai oder der Forellenhecht.

Welches Meereslebewesen besteht hauptsächlich aus Wasser?

Wasser ist das Lebenselixier, das den Organismus unseres Planeten und auch den aller Lebewesen aufrecht hält. Fische weisen im Durchschnitt einen ähnlichen Wasseranteil am Gesamtgewebe aus wie der Mensch, und zwar je nach Fischart zwischen 60 Prozent und 80 Prozent. Ein Lebewesen sah sich jedoch bemüßigt, bei der Entstehung unseres Planeten zweimal „Hier!" zu rufen: Quallen, von denen es rund 10 000 verschiedene Arten gibt, haben im Durchschnitt 95 Prozent Wasseranteil in ihren wabbeligen Körpern. Stranden sie denn eines Tages am Strand, wird schnell aus einigen Kilogramm Gallertmasse ein kleines Häufchen organischen Schlamms von wenigen Gramm Gewicht.

Welches sind die bedrohtesten Meereslebewesen?

Die 1948 gegründete internationale Weltnaturschutzunion IUCN (International Union for Conservation of Nature and Natural Resources) gibt jedes Jahr eine Rote Liste der weltweit von der Ausrottung bedrohten Arten heraus, der mit Stand 2007 bereits 7859 Tier- und 8447 Pflanzenarten angehörten. Diese Liste wird von Jahr zu Jahr umfangreicher und beinhaltet auch immer mehr Meereslebewesen. Nicht nur illegale Geschäfte bedrohten deren Überleben, sondern vor allem auch die weltweite Überfischung der Weltmeere. Am stärksten gefährdet sind danach unter anderem eine indische Krokodilart, zwei mexikanische Süßwasserschildkröten sowie der Banggai Kardinalfisch, der nur im gleichnamigen Archipel lebt und von dem pro Jahr 900 000 Stück gefangen und für Aquarien vermarktet werden. Erstmals aufgenommen wurden auch Korallen, wobei einige der Galapagos-Arten bereits als akut gefährdet gelten. Als beinahe ausgestorben gelten mittlerweile bereits 13 Unterwasserlebewesen, unter anderem der Ganges Hai und einige Sägefischarten. Der Gemeine Sägefisch (Pristis pristis), der früher im Mittelmeer und im östlichen Atlantik heimisch war, führt diese Liste der letzten ihrer Art haushoch an. Ebenfalls akut gefährdet sind neben den Exoten, wie etwa Seekühen oder Roten Korallen, auch beliebte Speisefische, wie etliche Lachsarten und extrem viele Störarten. Die bei Tauchern besonders beliebten Bullenhaie werden laut dieser Liste wohl genauso in naher Zukunft von unserem blauen Planeten verschwunden sein wie der Dornhai und der Heringshai, die allesamt trotz ihrer Gefährdung international noch nicht geschützt sind.

Was ist ein Megalodon?

Der größte bekannte Hai der Geschichte, der Megalodon (Carcharocles megalodon), war ein Hai der Superlative. Er wurde bis zu 18 Meter lang und seine Körperform glich einem aufgeblasenen Weißen Hai. Sein Gebiss war so groß, dass er damit einen aufrecht stehenden Menschen hätte verschlucken können. Seine Zähne, mit denen er seine Lieblingsbeute, Wale, tötete, waren bis zu 17 cm lang und glichen denen heutiger Weißer Haie. Wie diese gehörte er zur Familie der Makrelenhaiartigen und war ein Räuber, was ihn deutlich vom noch lebenden größten Hai, dem Walhai, unterscheidet – dieser ist Planktonfresser. Die letzten fossilen Funde eines Megalodon stammen aus dem Pazifik und sind 1,6 Millionen Jahre alt. In der heutigen Zeit gibt es aus dem australischen Pazifikraum allerdings immer wieder Sichtungen von gigantischen Haien, die nach diesen Schilderungen weitaus größer als Weiße Haie sein sollen. Vielleicht haben diese Giganten der Urzeit ja doch überlebt – träumen wird man ja noch dürfen.

Wie vermehren sich Muscheln?

Muscheln (Bivalvia) gehören zu den Weichtieren und leben seit rund 500 Millionen Jahren auf unserem Planeten. Man findet sie sowohl im Süß- als auch im Salzwasser und sogar am tiefsten Punkt der Erde in 11 034 Metern im Marianen-Graben. Die meisten Muscheln sind getrennt geschlechtlich, es gibt also Männchen und Weibchen. Nachdem bei diesen Tieren die Befruchtung und Larvenbildung außerhalb des Körpers, im Wasser, stattgefunden hat, entsteht aus dieser Larve durch Metamorphose (ähnlich einem Schmetterling) die Jungmuschel. Bei manchen Muscheln im Süßwasser leben die Larven übrigens interessanterweise parasitär, sie haften sich an einen vorbeischwimmenden Fisch und werden von diesem miternährt. Bei den meisten Süßwassermuscheln gibt keine Zweigeschlechtigkeit mehr. Sie sind Zwitter, die sich selbst befruchten und danach lebende Larven gebären.

Haben Muscheln Füße?

Und ob, es ist sogar die häufigste Fortbewegungsart bei Muscheln, zu gehen. Der Fuß kann bei manchen Arten, z. B. der Herzmuschel, bis auf das dreifache ihres Schalendurchmessers gestreckt werden. Sie können mit seiner Hilfe rückwärts kriechen, manche bis zu 20 cm hoch springen und sich bei Gefahr schnell eingraben. Dazu brauchen sie aber jeweils einen geeigneten Untergrund, da sie keinen echten Kriechfuß besitzen, wie etwa die Schnecken. Manche Muscheln kleben sich mit gestrecktem Fuß fest und ziehen ihren Körper daran nach. Andere Arten können durch Zusammenklappen der Schalen schwimmen oder verwachsen mit dem Untergrund, wozu einige sogenannte Byssusfäden aus ihrem Fuß spinnen, was zumindest die Miesmuschel bei Bedarf auflösen kann. Wenn Sie eine Muschel unter Wasser entdecken, heißt das nicht, dass sie am gleichen Platz auf Sie wartet.

Was sind Pfeilmuscheln?

Die Pfeilmuschel hat viele Namen. Die meisten verweisen auf eine Zugehörigkeit zu den Würmern, was jedoch falsch ist. Wissenschaftler nennen sie Bohrmuschel, Holzbohrwurm, Pfahlwurm, Pholade, Schiffsbohrmuschel oder aber auch (am häufigsten) Schiffsbohrwurm. Man sieht an diesen Bezeichnungen schon, was die liebste Beschäftigung dieses nur maximal ein Zentimeter breiten und 20 Zentimeter langen Tieres ist: Sich in alle möglichen Gegenstände hineinzubohren und sie dabei so stark zu belasten, dass sie instabil werden. Die Pfeilmuschel kann an Holzkonstruktionen schwerste Beschädigungen anrichten. Historiker geben der gefräßigen kleinen Muschel die Schuld am Untergang der spanischen Armada. Bedingt durch die intensiven Reiseaktivitäten in früheren Zeiten, verbreitete sich die Pfeilmuschel aus dem indopazifischen Raum in alle Welt. Vor allem historische Holzwracks am Meeresgrund werden dadurch im Laufe der Zeit komplett zerstört, was dann wieder für uns Taucher ein herber Verlust ist.

Fallen Pinguine beim Anblick von Flugzeugen um?

Die kleinen Frackträger auf den britischen Falkland-Inseln geben den Forschern Rätsel auf. Wenn man den Pressemeldungen und den Aussagen von Kampfpiloten Glauben schenken darf, verlieren Pinguine beim Anblick von tief fliegenden Flugzeugen oder Hubschraubern das Gleichgewicht und fallen reihenweise um. Dies wird jedenfalls seit dem Falklandkrieg 1982 zwischen Argentinien und Großbritannien von stationierten Soldaten kolportiert. Ein Team der Forschungsgesellschaft British Antarctic Survey unter der Leitung von Richard Stone will diesem

Umstand auf den Grund gehen und gleichzeitig untersuchen, ob sich die Vögel zur Brutzeit gestört fühlen. Ergebnisse der Untersuchungen über das seltsame Verhalten konnten bis Druckschluss dieses Buches nicht herausgefunden werden.

Gibt es leuchtende Quallen?

Die Leuchtquallen (Pelagia noctiluca) leben im Mittelmeer und im Atlantik und verdanken ihren Namen der Fähigkeit, von selbst zu leuchten. Dieses Phänomen beruht auf Biolumineszenz, der Fähigkeit von Tieren, sichtbares Licht statt Wärme abzustrahlen. Die bis zu 40 Zentimeter großen Leuchtquallen können aufgrund ihres sehr starken Giftes, das sie über die Nesselkapseln an ihren bis zu vier Meter langen Tentakeln aufbewahren, beim Menschen schwere Hautreizungen und Schmerzen hervorrufen. Durch die verstärkte Überfischung der Weltmeere werden auch immer mehr der natürlichen Fressfeinde der Qualle, wie etwa Thunfische und Schildkröten, getötet, wodurch sie sich explosionsartig ausbreitet. So kam es etwa in den vergangenen Jahren zu Massenaufkommen an den spanischen Stränden. Aber auch im fernen Namibia und in Japan hat man seine Qual mit der Qualle. Vor der Küste Namibias haben Wissenschaftler 12,2 Millionen Tonnen Quallen gefunden, in einem Gebiet, in dem es nur 3,6 Millionen Fische gibt. Und in Japan legten die Leuchtquallen gar die Kühlwasserzufuhr eines Atomreaktors lahm, so dass dieser teilweise heruntergefahren werden musste.

Sind alle Quallen gefährlich?

Jedem, der diese fast gänzlich aus Wasser bestehenden Lebewesen schon einmal aus der Nähe betrachtet hat, sind die Tentakeln aufgefallen, die im Sonnenlicht schimmern und dem Schirm entspringen. Bei Süßwasserquallen sind diese meist stark zurückgebildet und haben nur wenige bis keine Nesselzellen, die dem Menschen gefährlich werden könnten. Im Meer tummeln sich jedoch ein paar Artgenossen, die bei Berührung nicht nur unangenehm nesseln, sondern auch lebensbedrohlich sein können. Eine verbreitete Art ist die Feuerqualle, die auch in der Nord- und der Ostsee vorkommt. Sie hinterlässt unangenehm juckende, brennende Blasen und schmerzhafte Urlaubserinnerungen, ist aber vergleichsweise harmlos. Die Portugiesische Galeere dagegen, die in tropischen und subtropischen Meeren beheimatet ist, die Leuchtqualle, die zusätzlich auch im Mittelmeer und Atlantik zu Hause ist und die Kompassqualle, die sich im Pazifik und Atlantik herumtreibt, sind durchwegs als gefährlich einzustufen. Berührungen mit ihren Nesselzellen führen zu Übelkeit, Fieber und Krämpfen. Das Gift der Würfelqualle, die in Australien und auch in Südostasien ihr Unwesen treibt, kann mitunter auch tödlich sein. Die Tentakel der Qualle reichen bis zu vier Meter weit und sind mit Nesselzellen bestückt, die bei Berührung platzen und sich wie Harpunen ins Gewebe bohren, um das Gift zu injizieren. Sie haben den Zweck, die Beute, die auch aus kleinen Fischen besteht, zu lähmen. Der Mensch passt zwar nicht ins Beuteschema der Quallen, ist aber immer häufiger ein Opfer.

Welche Reptilien leben im Meer?

Echte Reptilien, die das Meer als ihren natürlichen Lebensraum auserkoren haben, sind die Meeresschildkröte (Cheloniidae) und die Seeschlange (Hydrophiidae). Dazu haben sich diese Arten gegenüber ihren im Trockenen lebenden Artgenossen unterschiedlich entwickelt. Meeresschildkröten haben ihre Beine zu Paddeln umgestaltet und ihre Krallen bis auf wenige zurückgebildet. Der Panzer ist kleiner und abgeflacht, weshalb sie ihren Kopf bei Gefahr nicht mehr einziehen können und eine Salzdrüse reguliert zusätzlich zur Niere den Salzgehalt des Blutes. Die nächsten Verwandten der Seeschlangen sind die Giftnattern, zu denen auch die Kobra zählt. Sie unterscheiden sich aber in einigen Merkmalen. Am auffälligsten ist der seitlich abgeflachte Schwanz, der mehr Vortrieb verleiht. Eine Salzdrüse unter der Zunge hilft überschüssiges Salz auszuscheiden. Die meisten haben auch eine reduzierte Anzahl der Bauchschuppen. Der rechte Lungenflügel von Seeschlangen ist bis in die Schwanzspitze vergrößert und hilft beim Tarieren. Ventilartige Verschlüsse ihrer Atmungslöcher ermöglichen ihr, bis zu zwei Stunden unter Wasser zu bleiben und bis zu 180 Meter tief zu tauchen. Ob sie auch Sauerstoff über die Haut aufnehmen können, ist nicht restlos geklärt.

Wie navigieren Schildkröten?

Meeresschildkröten sind Tauchern oft nur als träge Korallenfresser bekannt, die gemächlich an der Wasseroberfläche nach Luft schnappen oder in der Tiefe an einer Koralle herumnuckeln. In bestimmten Phasen ihres Lebens unternehmen sie jedoch weite Wanderungen über Tausende von Kilometern, sehen sich die Welt an und kehren danach wieder exakt zu ihrem Ausgangspunkt zurück. Forscher der University of North Carolina haben sich dieses Phänomens angenommen und herausgefunden, dass Schildkröten innere Landkarten haben, aufgrund derer sie sich orientieren. Selbst in einem abgeschlossenen Versuchsbecken trachteten jugendliche Tiere immer, genau in Richtung ihrer Heimat zu schwimmen. Allerdings nur von Mai bis September, da ihr inneres Navigationsprogramm noch eingespeichert hatte, dass man im Spätherbst von den Weidegründen des Ostens zur Überwinterung in den Süden ziehen soll. Von November bis Dezember wollten die Schildkröten daher immer in den südlichen Teil des Schwimmbekkens reisen.

Haben Schnecken Zähne?

Nicht alle, denn manche ernähren sich saugend. Die Mehrzahl der kleinen Schleimer verfügt aber über eine Radula bzw. Raspelzunge, die mit mehr oder weniger vielen Zähnen aus Chitin, Conchin und Mineralsalzen besetzt ist. Sie ist das wichtigste Mundwerkzeug aller Weichtiere und bildet die Zähne in der sogenannten Radulatasche bei Bedarf nach. Das Gebiss und der Giftapparat der Kegelschnecken sind besonders interessant. Er baut auf dem gleichen Organ auf, wie die Raspelzunge einer Weinbergschnecke. Bei Kegelschnecken ist die Anzahl der Radulazähne jedoch stark reduziert, nur immer ein Zahn ist einsatzbereit, die übrigen lagern in der Tasche der Radula, bis sie gebraucht werden. Auch die Form der Radulazähne der Kegelschnecken ist einzigartig. Jeder Zahn ist zu einem flachen, scharfkantigen Blatt umgebildet, das zu einer hohlen Harpune mit Widerhaken zusammengerollt ist. Während das spitze Ende dazu dient, der Beute in den Körper gestochen zu werden, steht das andere Ende der Harpune mit einer zur Giftdrüse umgewandelten Speicheldrüse in Verbindung. So wird das Gift, das die Kegelschnecke produziert, beim Stich dem Beutetier injiziert. Merke: Auch Schnecken können kraftvoll zubeißen. Man sollte sich also besser nicht mit ihnen anlegen!

Gibt es Fische ohne Schuppen?

Nicht jeder, der Schuppen hat, ist ein Fisch – sagt ein Sprichwort. Tatsächlich gibt es auch zahlreiche Vertreter dieser Tiergattung, die ganz ohne den Schutz von Schuppen auskommen. Stattdessen überzieht eine dickere Schleimschicht die darunterliegende dicke und ledrige Haut. Zu diesen Arten zählen Wels, Koppe, Lederkarpfen und Neunaugen. Auch Stichlinge sind unbeschuppt, ihre Körperflanken und den Schwanz schützen sie mit Knochenplättchen. Die Schmelzschuppen des Störs sind in Längsstreifen verlaufende Seiten- und Bauchschilde. Auch der Mondfisch hat kein Schuppenkleid, ebenso wie der Doktorfisch. Pferde haben an Land keine Schuppen und so ist es auch unter Wasser, denn das Seepferdchen ist ebenso ein schuppenloser Fisch. Diese zahlreichen Beispiele zeigen klar und deutlich, dass es sich bei der Wahl der schützenden Hülle unter Wasser nicht um eine elitäre Modeerscheinung handelt.

Kann man aus Schwämmen Medizin herstellen?

Der Meeresschwamm Ircinia felix, der an Korallenriffen und in der Tiefsee heimisch ist, beinhaltet über 100 verschiedene Arten von Bakterien. Diese werden von Forschern der Universität Würzburg in Hinblick auf die Entwicklung neuer Arzneistoffe untersucht. Dabei werden die Bakteriengruppen kultiviert und nach Schlüsselenzymen geforscht, die Antibiotika und andere Naturstoffe produzieren können. Schwämme sind festgewachsene, einfache Organismen, die diese Bakterien an ihre Larven weitergeben, die sie später zur Fortpflanzung ins Wasser entlassen. Welche Funktion diese Untermieter haben, ist noch nicht restlos geklärt. Vermutet wird, dass der Schwamm so giftige Stoffe produzieren kann, um sich gegen Fressfeinde zu wehren oder dass die Bazillen die Abfallprodukte ihrer Wirte abbauen. Ein Phänomen, das sich bei manchen Badeschwämmen leicht nachvollziehen lässt.

Gibt es Unterwasserlebewesen, bei denen beide schwanger werden?

Schlüsselwort dieser Frage ist: beide, denn generell können ja alle Zwitter schwanger werden, unabhängig wer beim Sex nun den weiblichen oder den männlichen Part übernimmt. Nacktschnecken gehören dazu. Sie sind, wie alle Hinterkiemerschnecken, Zwitter und verfügen über beide Geschlechtsteile. Weil aber diese einsame Art der Fortpflanzung auch Schnecken keinen Spaß zu machen scheint, vereinigen sie sich in einer Kopf-zu-Schwanz-Position, landläufig als 69 bekannt, und tauschen mit ihrer rechten Seite zueinander liegend ihre Geschlechtsprodukte aus. Immer kommt es dabei zur Befruchtung. Nach diesem One-Night-Stand gehen sie ihrer Wege und legen ihre Eibänder ab. In einer richtigen Beziehung auf Lebenszeit kommt es aber nur bei den Seepferdchen und den Seenadeln auch beim Männchen zur Schwangerschaft. Diese kann ganz unterschiedliche Formen annehmen. Bei einigen Seenadeln werden zum Beispiel lediglich die Eier an den Bauch angeheftet. Die Seepferdchen lieben es aufwendiger: Während der Paarungszeit bringen sie sich mit einem innigen Balztanz in Stimmung. Dabei umschlingen sich Männchen und Weibchen gegenseitig an ihren Schwanzspitzen und umkreisen sich. Nur das Seepferdchen-Männchen besitzt am Bauch eine markante Bruttasche. Nach dem Paarungstanz dockt das Weibchen an das Männchen an und füllt – je nach Art – bis zu tausend Eier in diese Bruttasche des Männchens. Dafür braucht sie nur wenige Sekunden, dann ist die Schwangerschaft schon vorbei. In der Tasche werden die Eier befruchtet und bereits zwei bis drei Wochen später haben sich die befruchteten Eier zu kleinen Seepferdchen entwickelt. Mit wehenartigen Krämpfen

presst das Männchen sie aus dem Beutel. Bis sämtlicher Nachwuchs ins Meerwasser entlassen ist, können bis zu zwei Tage vergehen. Ein Seepferdchenpaar ist sich ein Leben lang treu – je nach Art sind das bis zu vier Jahre. In dieser Zeit gebärt ein Männchen bis zu 1000 Junge. Welch ein Glück für die tausendfachen Väter, dass die Neugeborenen gleich nach der Geburt voll entwickelt und selbstständig sind.

Wie tief tauchen See-Elefanten?

Die See-Elefanten (Mirounga) sind die größten Robben der Welt und verdanken ihren Namen der rüsselartigen Nase der bis zu 6,5 Meter großen Männchen. Anhand ihres Nasenerkers kann man Männchen und Weibchen unterscheiden: Die mit ihren maximal 3,5 Metern nur halb so großen Weibchen und die jüngeren Männchen haben normale Nasen. Durch das enorme Blutvolumen können See-Elefanten auch eine große Menge Sauerstoff zwischenspeichern, was ihnen Tauchgänge von bis zu einer Stunde auf 1400 Meter Tiefe ermöglicht. Während eines solchen Tieftauchgangs fahren sie zudem die Arbeitsleistung ihrer Organe, wie etwa Leber und Niere, auf ein absolutes Minimum herunter, um den Sauerstoffverbrauch so gering wie möglich zu halten. Beim Auftauchen droht ihnen denn auch die einzige Gefahr (neben dem Menschen): Ihre einzigen natürlichen Feinde, Weiße Haie und Orcas, warten im Flachwasserbereich oft auf die aufsteigende Beute.

Was ist ein Seehase?

Diesen putzigen Namen teilen sich zwei ganz unterschiedliche Meereslebewesen. Eines ist die weltweit vorkommende farbenfrohe Schneckenart Aplysia, deren eigenartige Tentakelform ihr den deutschen Namen Seehase eingebracht hat. Sie wird bis zu 75 Zentimeter lang und gilt damit als eine der größten Schnecken der Welt. Ihr Namensvetter könnte gegensätzlicher nicht sein, handelt es sich dabei doch um einen plumpen, schuppenlosen Bodenfisch (Cyclopterus lumpus), dessen Körper mit Knochenzähnen besetzt ist. Sein Lebensraum ist das küstennahe Gebiet der Bermudas, der Bahamas, des Arktischen Meeres, des Nordpazifiks, und des Nordatlantiks. Gelegentlich verirrt er sich auch in die Ostsee. Der bis zu 70 Zentimeter große Fisch hat keine Schwimmblase und lebt daher auf dem Meeresboden zwischen 50–200 Meter Wassertiefe. Da ein Weibchen bis zu 700 Gramm Rogen produzieren kann, hat sich auch ein lukratives Geschäft entwickelt. Der Fischlaich des Seehasen wird, schwarz eingefärbt und gesalzen, als „Deutscher Kaviar“ vertrieben. In Island nennt man diesen Kaviarersatz wortgewaltig „Perles du Nord“.

Wie tief tauchen Seehunde?

Seehunde (Phoca vitulina) sind in allen nördlich-gemäßigten Meeren verbreitet und gehören zu den Hundsrobben. Im Gegensatz zu den Ohrenrobben, die sich hervorragend an Land bewegen können, sind Seehunde außerhalb des nassen Elements eher träge Tiere. Die bis zu 1,7 Meter großen und 150 Kilogramm schweren Seehunde sind deshalb auch lieber im Wasser und naturgemäß auch hervorragende Schwimmer. Es verwundert daher nicht weiter, dass auch die Paarung im Meer stattfindet, wobei sich der männliche Seehund für den Fall der Fälle das nächstbeste Weibchen schnappt, um Nachwuchs zu zeugen. Es gibt keine Zugehörigkeit oder Pärchenbildung. Genommen wird, wer grad in der Gegend ist und nach drei Minuten ist der Spaß wieder vorbei. Bei der Nahrungssuche sind ausgewachsene Seehunde sehr wählerisch und fressen nur Dorsche, Heringe, Lachse, Plattfische, Sardinen und die lachsartigen Stinte. Da diese nicht überall zu finden sind, tauchen sie bei der Jagd bis zu 30 Minuten lang auf bis zu 200 Meter Tiefe. Seehunde sind mittlerweile weltweit bedroht, vor allem die Ausrottungskampagnen durch Fischer, die um ihre Bestände fürchteten, und die Pelztierindustrie haben das ihre dazu beigetragen.

Was haben die Seekuh und die Kuh gemeinsam?

Seekühe (Dugong, Manatee, Sirenen) sind wie ihre Namensvetter an Land Säugetiere und ernähren sich ausschließlich von Gras. Die Seekuh von Seegras. Sie bewegen sich ebenso bedächtig auf den Weiden unter Wasser und machen Mist, in den man zwar nicht hineintreten aber doch hineinschwimmen kann, da er an der Wasseroberfläche treibt. Sie gebären ein Kalb nach rund einem Jahr Tragzeit, das von der Muttermilch ernährt wird, bevor es auf vegetarische Nahrung umsteigt, und sie bewegen sich in Herden meist nebeneinander. Ansonsten haben diese zwei Tiere wenig gemeinsam. Die Seekuh wird mehr als den Elefanten nahestehend angesehen, als den heimischen Wiederkäuern. Ihre Körperform ist ähnlich der einer Robbe, sie sind nur als Jungtiere leicht behaart und wechseln im Laufe ihres Lebens die Farbe von Weiß über Bräunlich zu Grau. Anders als Robben können sie sich nicht an Land bewegen. Sie tauchen bis zu zwölf Minuten und kommen danach kurz an die Oberfläche, um durch ihre Nüstern Luft zu holen. Die Seekuh zählt zu den bedrohten Arten. Von der Familie der Rundschwanzseekühe existieren noch drei Manatee-Arten, von den Gabelschwanzseekühen lediglich der Dugong.

Beißen Seelöwen?

Außer mit ihrem Namen haben sie mit dem größten Landraubtier Afrikas nichts gemeinsam. Seelöwen zählen zu den Ohrenrobben und verspeisen mit ihren an ein Hundegebiss erinnernden Zähnen neben Kleinkrebsen (Krill) von Schwarmfischen über Tintenfische und Pinguine teilweise sogar Jungtiere anderer Robben. Echte Allesfresser also. Zur Jagd tauchen Seelöwen – im Gegensatz zu Seehunden – meist nur in flachem Gewässer, obwohl einige Ausnahmetalente auch Tiefen von über 100 Meter erreichen können. Rekordverdächtig ist auch das Sexualleben der Seelöwen: Ein Männchen wacht über einen Harem von bis zu 80 Weibchen, die es dann der Reihe nach beglückt. Bei diesem Paarungsakt verbeißt sich der Bulle während des Schwimmens im Weibchen und lässt es erst wieder los, wenn er die Angelegenheit zu einem glücklichen Abschluss gebracht hat. Seelöwen werden Menschen nicht gefährlich. Sie sind ausgesprochen neugierige und verspielte Tiere und schwimmen oft stundenlang mit Tauchern mit. Nur ein Fall einer Verletzung durch einen Seelöwen ist aus Australien bekannt: Das Tier wollte mit der betroffenen 13-jährigen Schwimmerin spielen und verletzte sie dabei. Bei einer Größe von bis zu 3,5 Meter und 500 Kilogramm Lebendgewicht kann das im Eifer des Gefechts schon mal vorkommen. Vielleicht hat er sie aber auch einfach für einen weiblichen Seelöwen gehalten?

Wo schlafen Seeschlangen?

Diese bis zu 2,5 Meter lange Giftschlange ist relativ schlecht an die Unterwasserwelt angepasst. Der Hauptunterschied zu ihren an Land lebenden Verwandten ist die Abflachung des Schwanzes Sie atmet Luft und muss nach maximal zweistündigen Tauchgängen auf bis zu 200 Metern Tiefe wieder an die Oberfläche, um zu atmen. Dort suchen sich auch die meisten Arten einen Platz zum Schlafen. Plattschwanz-Seeschlangen sonnen und schlafen generell an Land, Ruderschwanz-Seeschlangen, die an Land relativ hilflos sind, bevorzugen einen schwimmenden Schlafplatz an der Wasseroberfläche. Seeschlangen (Hydrophiinae) gehören zu den Giftnattern (Elapidae) und kommen mit etwa 56 Arten an den warmen Küsten im Pazifischen und Indischen Ozean vor. Ihr Gift gilt als eines der stärksten Schlangengifte und ist auch für den Menschen lebensgefährlich. Da sie es aber ausgesprochen selten zur Verteidigung einsetzt und lieber flieht, muss man bei einer Begegnung während eines Tauchgangs keine Angst haben.

Welche sonderbaren Sexualpraktiken gibt es bei Fischen?

Wenn der Fortpflanzungstrieb einsetzt, gibt es die unterschiedlichsten Möglichkeiten, zum Ziel zu kommen. Der Sonnenbarsch ist der am weitesten verbreitete Transvestit der Meere. Um von konkurrierenden, dominanten Männchen oder dem eifersüchtigen Ehemann nicht entdeckt zu werden, schleusen sich listige Männchen a la „Manche mögen's heiß" als Weibchen getarnt an ihnen vorbei. Derart kostümiert lokalisieren sie die Fischdame ihrer Wahl und machen ihr den Hof. Den Rest kennen sie aus einschlägigen Filmen. Eine meist lesbische Frauengesellschaft kommt bei Guppies und Ährenfischen vor. Sie benötigen keine Männchen, da ihre Eier nicht befruchtet werden müssen. Sex haben sie anscheinend nur aus Spaß. Aber auch flotte Dreier kann man unter Wasser beobachten. Nicht öffentlich, sondern in Höhlen vernaschen zwei männliche Zahnkärpflinge ein Weibchen, wobei das kleinere auch am Männchen nippt, also wahrscheinlich bisexuell ist. Selbiges wurde von Wissenschaftlern auch bei Höhlenmollies durch Zählen der gegenseitigen Nippfrequenz der Fische festgestellt. Aber abseits von all dem Schmuddelkram gibt es auch wahre romantische Liebe. Tiefsee-Anglerfischmännchen verwachsen förmlich mit ihrer

Partnerin, die ca. neunmal größer ist. Doch auch diese ist mehreren Liebhabern nicht abgeneigt. Wenn er sich nur forsch in ihr verbeißt, darf auch ein weiterer mit ihr verwachsen, ihre Blutkreisläufe verbinden sich und das Männchen wird vom Weibchen miternährt. Sie gehen also eine poly-monogame Verbindung auf Lebenszeit ein.

Sind Stachelrochen gefährlich?

Stachelrochen (Dasyatidae) haben einen langen, peitschenartigen Schwanz, dessen Ende mit scharfen, teilweise mit Widerhaken versehenen Stacheln bestückt ist. In diesen befinden sich Giftdrüsen, die – je nach Art – ein schwaches, aber gelegentlich für den Menschen tödliches Gift produzieren können. Sticht der Rochen zu, kann es auch passieren, dass der lange Stachel in der Wunde abbricht, was dem Tier egal ist, da er nachwächst, dem Opfer aber noch zusätzliche Schmerzen bereitet. Trotz all dieser Details ist der Stachelrochen eines der harmlosesten Unterwasserlebewesen, das sich weder zur Verteidigung und schon gar nicht zum Angriff zu einem Stich verleitet fühlt, sondern immer die Flucht sucht. Und genau hier kann es denn doch zu einem Problem kommen. Verstellt man einem panischen Rochen seinen letzten Ausweg, weiß er sich nicht mehr zu helfen und nutzt seine letzte Verteidigungsmöglichkeit. So geschehen beim australischen Fernsehstar Steve Irwin, der im September 2006 mitten ins Herz gestochen wurde und verstarb. Diese Attacke ist jedoch eine so große Ausnahme und beruht auf dem eingangs beschriebenen Panikverhalten des Tieres, dass man diese ruhigen Unterwassersegler wirklich als ungefährlich einstufen kann.

Warum wird aus heimischen Süßwasserfischen kein Sushi gemacht?

Sushi hat in den letzten Jahren Einzug in unsere heimische Esskultur gehalten. Die kleinen Röllchen mit rohem Fisch auf gesäuertem Reis und überwiegend in eine Hülle aus Nori – getrocknetem und geröstetem Seetang – gepackt, bekommt man mittlerweile fast an jeder zweiten Straßenecke, in Japan an jeder ersten. Sushi hat sich aus einer alten Konservierungsmethode entwickelt, dem Funazusushi. Dabei wurde früher meist Süßwasserfisch gesalzen und in einer Schutzschicht aus Reis in Erdlöchern fermentiert, um den Fisch ohne Kühlung haltbar zu machen. Traditionell werden heute „nur" Salzwasserfische verarbeitet, allen voran Thunfisch und Lachs, der aber bekanntlich auch im Süßwasser lebt. Das Wichtigste ist, dass der Fisch ganz frisch ist. Warum nun heimische Süßwasserfische in der Regel nicht in den Genuss kommen, auf einem Nockerl Reis serviert zu werden, liegt laut Auskunft zahlreicher Köche an der erhöhten Gefahr, dass dieser Parasiten enthalten kann. „Au contraire" sieht das ein Zweihaubenkoch aus Trainach in Kärnten. Er serviert mit Vorliebe Sushi aus seiner eigenen Zucht und straft geschmacklich alle Lügen, die Süßwasserfisch für Sushi-untauglich halten. Aber im Vertrauen: In japanischen Restaurants werden auch Forellen und Saibling zu Sushi verarbeitet.

Welcher Fisch hält den Tiefenrekord?

Der Weltrekordhalter im Tieftauchen ist ein Fisch der Familie der Brotulidae, der in einer Tiefe von 7000 Metern und darunter lebt. Der tiefste jemals gefundene Fisch mit der wissenschaftlichen Bezeichnung Abyssobrotula galatheae wurde im Puerto-Rico-Graben in einer Tiefe von 8372 Metern gefunden. Der Puerto-Rico-Graben liegt zwischen der Nordamerikanischen Platte und der Karibischen Platte und weist mit 9219 Metern die tiefste Stelle des Atlantiks auf. Viel ist bis heute über diesen Fisch nicht bekannt, außer dass er im Gegensatz zu anderen Tiefseebewohnern keine Augen hat. Wissenschaftler vermuten, dass andere hoch entwickelte Sinnesorgane diesen Mangel kompensieren.

Wozu haben Tiefseefische Augen?

In der Tiefsee ab ca. 1000 Meter herrscht vollkommene Dunkelheit. Also wozu haben Tiefseefische teils große Augen, wenn es doch nichts zu sehen gibt? Es gibt etwas zu sehen, Untersuchungen mit Kameras, die in diese Tiefe hinuntergelassen wurden, zeigen ein wahres Feuerwerk. 90 Prozent der dort lebenden Tiere erzeugen Biolumineszenz, also auf chemischen Reaktionen basierendes kaltes Licht. Dies dient unterschiedlichen Strategien. Der Anglerfisch, wie wir spätestens seit „Findet Nemo" wissen, legt seine Rute aus, um mit seinem beleuchteten Köder Beute anzulocken. Er hat wie die meisten Tiefseefische große Augen. Die Sehzellen bestehen aus 100 bis 200 Stäbchen, die ihre Reize an eine einzelne Nervenzelle abgeben. Dadurch sind die Augen sehr lichtempfindlich, können aber keine Farben wahrnehmen. Anderen Fischen dient das Licht zur gegenseitigen Erkennung und zur Paarung. Dabei wird Licht im blau-grünen Spektrum produziert. Englische Forscher haben nun einen Fisch entdeckt, der zusätzlich auch über rotes Licht verfügt. Da seine Beutefische diese Wellenlänge nicht wahrnehmen, kann er sie damit unbemerkt anleuchten und lokalisieren. Er benutzt quasi ein Nachtsichtgerät.

Gibt es Vögel im Meer?

Ja, denn Pinguine sind Vögel, die ihre Flugfähigkeit im Laufe der Evolution verloren haben. Ein Kaiserpinguin kann bis zu 36 km/h schnell

schwimmen (einige Quellen sprechen sogar von 50 km/h) und bis zu 20 Minuten unter der Wasseroberfläche bleiben. Er taucht tiefer, je heller es ist – teilweise auf über 500 Meter Wassertiefe. Da er ein Sichtjäger ist, entdeckt er seine Lieblingsnahrung Krill, sowie kleine Fische und Tintenfische, indem er sie sieht – und nicht durch andere Sinne wie Gehör oder Echolotortung. Der Kaiserpinguin ist der größte aus der Familie der Pinguine und lebt im Südpolarmeer und der Antarktis. Er wird bis zu 1,30 Meter groß und 50 Kilogramm schwer. Um sich zu paaren legt er bis zu

200 Kilometer auf Packeis zurück, um das nächstgelegene Festland zu erreichen. Heute existieren noch rund 300 000 dieser äußerst fitten Vögel.

Was ist der erste, durch Menschenhand ausgerottete Wal?

Der Flussdelfin Baiji (Lipotes vexillifer) lebte von rund 18 000 v. Chr. bis 2006 n. Chr. im chinesische Jangtse-Fluss. Er galt als einer der seltensten Wale der Welt. Die rund 2,5 Meter großen Tiere hatten eine blassgraue Färbung und waren dem trüben Wasser des Jangtse bereits derart angepasst, dass ihre Augen verkümmert waren. Aus diesem Grund waren sie auch auf reine Echo-Ortung angewiesen, die durch die zunehmenden Motorgeräusche von Schiffen und Booten massiv gestört wurde. Immer häufiger landeten sie in den Schiffsschrauben vorbeirasender Fischer, oder verendeten qualvoll in deren Netzen als Beifang. In den letzten Jahren konnte kein einziger Baiji mehr im Jangtse entdeckt werden. Das Rückstauprojekt des größten Wasserkraftwerks der Welt, der Drei-Schluchten-Staudamm, dürfte sein endgültiges Ende besiegelt haben.

Was essen Wale?

Wale sind Säugetiere, die weltweit mit rund 80 Arten und zwei Unterordnungen vertreten sind: die Zahnwale und die Bartenwale. Sie unterscheiden sich u. a. darin, wie sie ihre Nahrung aufnehmen. Zahnwale haben unterschiedlich viele Zähne. Sie jagen ihre Beute, fangen und zermalmen sie. Zahnwale, zu denen auch Delfine gehören, sind Räuber und Fleischfresser. Auf ihrem Speiseplan stehen hauptsächlich Fische und Tintenfische, gelegentlich landen aber auch andere Meeressäuger oder Tiere derselben Art auf ihrem Teller. Die Bartenwale haben anstelle der Zähne lange hornige Filterplatten, die Barten, in ihren Kiefern. Bei Bartenwalen geht alles schon etwas gemächlicher zu. Während sie langsam durchs Wasser gleiten, filtern sie mit ihren Barten tierisches Plankton und kleinere Meerestiere aus dem Meer. Dazu schließen sie einfach ihre Kiefer und pressen das Wasser durch die Barten nach außen. Die Nahrung verbleibt im Mundraum und kann verspeist werden.

Wo kann man Wale beobachten?

Wale und Delfine übten immer schon eine magische Anziehungskraft auf den Menschen aus und wurden in vielen Kulturen als mystische Wesen angesehen. Spätestens seit dem Roman „Moby Dick“ von Herman Melville ist das Interesse an den Riesen des Meeres groß. Whalewatching stammt aus den USA und wurde erstmals kommerziell 1980 in Europa in der Straße von Gibraltar angeboten. Inzwischen ist es ein eigenständiger Tourismuszweig und für viele ehemalige Walfänger und Fischer eine neue Lebensgrundlage. Wale leben in allen Weltmeeren und mit Glück kann überall auf sie treffen. In Ägypten beispielsweise sind große Delfinschulen kein seltener Anblick, vor der Küste der USA, Australiens und Neuseelands sowie auf Hawaii und in Französisch Polynesien trifft man auf Pottwale. Weitere beliebte Urlaubsregionen, in denen man Wale beobachten kann, sind die Azoren, Südafrika, Norwegen, die Dominikanische Republik ebenso wie die Malediven. Wenn sie mit Walen tauchen wollen, brauchen sie nur vor einer dieser Destinationen ins Wasser springen. Meist werden auch spezielle Tauchtrips vor Ort angeboten. Und das nötige Glück gehört natürlich auch dazu.

Wie kommunizieren Wale?

Wale sind überaus gesellige und kommunikative Säugetiere und verfügen über ein hoch entwickeltes Sozialverhalten. Schnalzen, Schnarchen, Knacken oder Zirpen sind die typischen Laute der Wale. Der Schall, so nehmen die Forscher an, wird im Nasengang erzeugt. Bläst

der Wal Luft durch mehrere enge Stellen im Nasengang, gerät die Luft in Schwingung. Männliche Tiere geben gesangsähnliche Töne und Melodien von sich, die Hunderte von Kilometern weit im Wasser zu hören sind. Dabei gelten Buckelwale als besonders begabte Sänger. Ihre Gesänge werden vom Menschen als sehr melodisch empfunden. Der Pfiff eines Blauwals dagegen bringt es auf eine Lautstärke von 188 Dezibel. Das ist mehr als der Lärm eines startenden Flugzeugs. Forschungen haben ergeben, dass mitunter jede Schule (Zusammenschluss von 10–50 Walen) ihren eigenen Gesang entwickelt. Manchmal lässt sich sogar ein einzelner Wal an seinem unverwechselbaren Gesang identifizieren. Wallieder können über eine Stunde dauern und bestehen aus festen Bestandteilen. Wenn der Wal seinen Gesang unterbrechen muss, setzt er ihn später an genau dieser Stelle wieder fort. Manche Walarten sind in der Lage, bis zu 622 unterschiedliche Laute zu erzeugen. Bei der Kontaktaufnahme spielen gegenseitiges Aneinander-Streichen und -Stupsen eine große Rolle. Hierarchien in den Gruppen werden durch Beißen, Schieben, Schlagen mit den Flossen oder Rammen festgelegt. Die Mitglieder einer Gruppe passen gewöhnlich aufeinander auf. Sie warnen sich durch Schnalzlaute vor Gefahr. Grundsätzlich leben Wale friedlich zusammen, außer es kommt zu Stresssituationen wie Nahrungsmangel, dann kann ihr Verhalten von Aggressivität bestimmt sein. Jason Gedamke, Doktor an der Universität von Kalifornien, untersuchte Laute und Gesänge von Zwergwalen am Great Barrier Riff vor Australien. Was die Wale sagten, wusste er nach Abschluss seiner Studien nicht, er vermutet aber, dass es sich um Paarungsrufe handelt. „Vielleicht sagen die Wale aber auch, dass der Mensch nur zuhören sollte, wenn die Natur zu ihm spricht.“

Wie kann man das Geschlecht von Wasserschildkröten bestimmen?

Zur Unterscheidung von Männchen und Weibchen gibt es – wie so oft – auch bei der Wasserschildkröte mehrere Anhaltspunkte. Wenn Ihre zwei süßen Wasserschildkröten auf der Bauchunterseite, am Kopf oder an ihren Krallen unterschiedlich aussehen, haben Sie vermutlich ein Pärchen im Terrarium. Ausgewachsene Männchen (vor allem Schmuck-, Höcker- und Zierschildkröten) sind artspezifisch kleiner als die oftmals bulliger wirkenden Weibchen, dafür haben manche Exemplare der Schlamm-/Klappschildkröten einen größeren Kopf. Beim Männchen ist die Afteröffnung erheblich weiter von der Panzerkante entfernt als beim Weibchen. Beim Männchen ist der Schwanz auch dicker und länger als beim Weibchen, was eigentlich nicht ungewöhnlich ist. Das Geschlechtsteil des Männchens ist lila-schwarz, unförmig, hat eine fast morchelartige Form und ist dicker an der Basis. Es kann vorkommen, dass die Schildkröte es selber nicht mehr einziehen kann. Warmes Wasser um die 34 °C über Nacht, gepaart mit Einzelhaltung, kann das männliche Gemüt jedoch durchaus wieder abkühlen. Einen Panzer haben beide Geschlechter, wenn nicht, wurde Ihnen ein Leguan verkauft.

Gibt es unter Wasser Wellen?

Wellen entstehen durch den Wind, der über das Wasser bläst, oder aber auch in seltenen Fällen durch Seebeben (Tsunami). Der Teil einer Welle, den man an der Oberfläche sieht, ist nur zwei Drittel der Gesamtgröße einer Welle. Ein Drittel befindet sich unter der Wasseroberfläche und kann auch beim Tauchen deutlich wahrgenommen werden, vor allem wenn man bei starkem Seegang gerade am Sicherungsseil hängt. Der Grund dafür ist, dass Wellen sich in einer Art Orbitalbewegung bewegen. Die Wasserteilchen werden dabei im Uhrzeigersinn gedreht und die Welle rollt somit im Wasser. Trifft die Welle nun im flacheren Wasser auf den Grund, wird sie abgebremst und der obere Teil der Welle bäumt sich auf, wodurch auch die typische Form einer Welle entsteht, die anschließend zusammenbricht und in einer weißen Gischt ausläuft.

Gibt es Fische im Weltraum?

Wie eine kleine Waschtrommel sieht der Kasten aus: Dünne Leitungen führen in eine Rolle, die etwa drei Liter Wasser fasst. Der Inhalt hat aber nichts mit Schmutzwäsche zu tun. Zoologen der Universität Hohenheim in Stuttgart schicken darin Fische ins All. Am 14. September 2007 startete vom Weltraumbahnhof Baikonur in Kasachstan die Mission der Wassertiere an Bord einer Sojusrakete. Im sogenannten Omegahab, einem speziellen Weltraumaquarium, schwimmen die Fische in der einen, die Pflanzen in einer anderen Kammer des Versuchsaufbaus. Der von den Algen produzierte Sauerstoff wird erst im Laufe der Mission zu den 30 Tieren, die an dem Versuch teilnehmen, übergeleitet. Zu Beginn der Reise sind die Fische noch Larven – der eigene Dottersack versorgt die Tiere in der ersten Woche der zwölftägigen Mission mit Nahrung, erst danach wird zugefüttert. Die Gleichgewichtsorgane bei Fischen haben eine ähnliche Masse wie beim Menschen. Kleine Schweresteinchen aus Kalk, sogenannte Otolithen, liegen im Innenohr und sorgen für Orientierung im dreidimensionalen Raum. Die ungewöhnliche Versuchsanordnung soll Aufschluss über das menschliche Gleichgewicht geben. Im All wollen die Wissenschafter überprüfen, ob ohne Schwerkraft die Mineralisation der Otolithen weiterhin funktioniert oder sogar schneller abläuft. Nach der Rückkehr ist geplant, die Tiere zu sezieren und die Größe der Schweresteinchen mit denen einer zweiten Fischgruppe, die nicht zum Weltraumausflug aufgebrochen war, zu vergleichen.

Gibt es Fische in der Wüste?

Die Lebensbedingungen in den trockensten Zonen der Erde sind hart und fordern von ihren Bewohnern ganz besondere Fähigkeiten, um zu überleben. Drei zentrale Aufgaben müssen gelöst werden: Wie widerstehe ich der Hitze, wie beschaffe ich mir Nahrung und wo finde ich Wasser? Der Killifisch ist so ein Fisch, der sich an die unwirtliche Umgebung angepasst hat. „Killi" bedeutet Pfütze oder Tümpel und beschreibt gleichzeitig den Lebensraum dieses Tiers. Der Killifisch lebt nur wenige Wochen und hat entsprechend wenig Zeit sich fortzupflanzen. Vor dem Ableben legen die Weibchen Eier, die gegen die Hitze und das Austrocknen geschützt sind. Die Larven stoppen ihre Entwicklung, sobald Hitze und Trockenheit zunehmen, und entwickeln sich erst weiter, wenn es nach Regengüssen genug Wasser zum Überleben gibt. Dies kann oft mehrere Jahre dauern. Ein weiterer Lebenskünstler ist der Salzwüstenfisch, der lange bei größter Hitze in immer kleiner werdenden Tümpeln mit enormem Salzgehalt überlebt. Nur wenige Exemplare schaffen es, sich bis zu einem Teil des Flusses zu retten, der auch bei großer Hitze noch Wasser führt, um sich dort zu paaren und zu vermehren. Der Sandfisch zählt nicht zu den Wüstenfischen, da er eine kleine Echse ist, die gelernt hat im Sand zu schwimmen, um so Fressfeinden zu entkommen und sich vor der Hitze zu schützen.

Gibt es Zwitter unter den Fischen?

Fische sind überwiegend getrenntgeschlechtlich. Das Zwittertum, also Zweigeschlechtlichkeit, ist in vielen Fällen eine Fehlentwicklung, die z. B. bei Aal, Forelle, Hecht und Karpfen auftritt. Es gibt aber auch richtige Zwitter, die sich ohne Partner fortpflanzen können. Der Gürtelsandfisch ist solch ein Simultanhermaphrodit und sowohl Männchen als auch Weibchen. Er legt zuerst die Eier ab und stößt dann den Samen aus, um sie zu befruchten. Folgezwitter sind hingegen Fische, die nach einiger Zeit ihr Geschlecht wechseln. Man unterscheidet dabei zwei Arten: Protandrische Hermaphroditen (griechisch: proteron = vorher und andros = Mann) wechseln ihr Geschlecht von männlich auf weiblich. Protogyne Hermaphroditen (griechisch: gynos = Weib) machen dies genau umgekehrt. Meeresbarsche etwa sind im zweiten Lebensjahr männlich und im dritten weiblich. Bei ihnen entwickeln sich die männlichen Geschlechtsprodukte früher als die weiblichen und es kommt zur Geschlechtsumwandlung, ganz ohne Skalpell und Silikon. Anemonenfische, Fahnenbarsche, Grundeln, Lippfische, Papageifische und Sägebarsche wechseln ebenfalls das Geschlecht. Man nimmt an, dass die unterschiedlichen Geschlechter verschiedene ökologische Ressourcen nutzen, die die Umwandlung bedingen. Protandrischen Hermaphrodismus trifft man dort an, wo große Weibchen wegen ihrer hohen Fruchtbarkeit im Vorteil und Männchen eher zweitrangig sind. Die Beobachtungen von Putzerfischen zeigen ein klassisches protogynes System. Verschwindet das dominierende Männchen, das einen ganzen Harem von Weibchen um sich schart, von der Putzerstation, wird es nicht von einem neuen Männchen, sondern vom größten Weibchen ersetzt, das sein Geschlecht dazu umwandelt. Eine verantwortungsvolle und anstrengende Aufgabe, der nur die Größten und Stärksten gewachsen sind, denn männliche Putzerfische haben jeden Tag Sex und das mit jedem einzelnen Weibchen ihres Harems.

Pflanzen unter Wasser

Kann man mit Algen Fahrzeuge betreiben?

Algen haben einen hohen Anteil an Fettreserven, den französische Forscher nun zur Gewinnung von Treibstoff nutzen wollen. Experten sehen in den Wasserpflanzen gar schon den Biokraftstoff der Zukunft. Einige Algenarten produzieren Fettreserven, die bis zu 70 Prozent ihres Gesamtgewichts ausmachen. Aus einem Liter Mikroalgen könnten so rund hundert Gramm reines Öl gewonnen werden. Damit übertreffen sie Biokraftstofflieferanten wie Raps oder Sonnenblumenkerne um das 30-Fache, was bedeutet, dass man für die gleiche Menge an Treib-

stoff in Zukunft deutlich kleinere Anbauflächen benötigt. Es sei denn, der Treibstoffverbrauch steigt weiterhin an, dann werden wohl auch die Weltmeere eines Tages nicht mehr genügen.

Gibt es in der Antarktis Wasserpflanzen?

Als Antarktis bezeichnet man die am Südpol gelegenen Land- und Meeresgebiete. Das Leben am Meeresboden ist sehr vielfältig und umfasst neben unzähligen Tieren, die in bis zu 6 800 Meter Wassertiefe leben, auch eine Vielzahl an Wasserpflanzen. Dabei handelt es sich hauptsächlich um Flechten, über 130 Moosarten und über 350 Algenarten, die teilweise auf der Unterseite des Packeises gedeihen, und viele Pilzformationen. Die antarktischen Flechten entwickeln sich aus einer symbiotischen Beziehung zwischen einigen dieser Pilzarten und den grünen Algen und gedeihen teilweise nur in dieser Region der Erde. Einen wichtigen Lebensraum in der unwirtlichen Wasserumgebung der Antarktis bilden die bis zu 20 Meter hohen Kelpwälder, die ganze Unterwasser-Landstriche bedecken und den heimischen Tierarten, allen voran den Robben, ausreichend Nahrung bieten.

Wieso sinkt Holz?

Denken Sie jetzt nicht, Holz sinkt doch gar nicht. Holzstämme werden oft über viele Kilometer geschifft, Schiffe werden bereits seit Jahrhunderten aus Holz gefertigt und gehen (meist) nicht unter und die einfache Antwort „weil es Wasser aufsaugt" kann man besser erklären. Holz ist hygroskopisch, d.h. es ist stets bestrebt, mit der umgebenden Luft in ein Feuchtigkeitsgleichgewicht zu kommen. Jeder Unterschied zwischen zwei Drücken bewirkt einen Wasseraustausch. Dabei nimmt Holz Flüssigkeit durch die Kapillarkräfte auf, der Wassertransport geht von weiten zu engen Kapillaren, und das Holz sinkt. Wie schnell all das geht, hängt von der Dichte des Holzes (je dichter, desto langsamer wird Flüssigkeit absorbiert), der anatomischen Richtung des Holzes (in Faserrichtung geht die Aufnahme schneller als senkrecht dazu), von der Holzart sowie einer eventuellen Oberflächenbehandlung ab. Bei der thermischen Behandlung wird Holz erhitzt. Je nach Holzart reichen bereits 100 °Celsius, um eine molekulare Strukturänderung des Holzes zu bewirken. Die sogenannten Hemicellulosen (kurzkettige Zuckerbausteine) werden dabei abgebaut und die Wasseraufnahmefähigkeit von Holz stark verringert. Das Holz kann im Schiffbau verwendet werden und schwimmt auch lange über die Weltmeere.

Was ist der Lotus-Effekt?

Die selbstreinigende Eigenschaft von pflanzlichen Oberflächen wird in der Wissenschaft als Lotus-Effekt bezeichnet. Namensgeber ist die Lotusblume. Im asiatischen Raum wird sie als Symbol der Reinheit und Erleuchtung verehrt. An ihrer besonders strukturierten Oberfläche perlt jede Verschmutzung ab. Der deutsche Botaniker Wilhelm Barthlott untersuchte dieses Phänomen genauer und beschrieb dessen Eigenschaften 1997 in einer weltweit aufsehenerregenden Abhandlung. Die Lotusblätter weisen demnach mikroskopisch kleine Zellerhebungen auf, auf denen noch kleinere Wachskristalle sitzen. Von dieser eigentlich rauen Oberfläche werden auftreffende Wassertropfen einfach abgestoßen. Sehr schnell versuchte Barthlott, diese Eigenschaft auf technische Oberflächen zu übertragen. Er ließ sich das Markenrecht auf den Namen schützen und eine Vielzahl an Schutzanstrichen mit selbstreinigendem Effekt kam auf den Markt und wurde bevorzugt in der Schifffahrt angewendet. Diesen Selbstreinigungseffekt gibt es übrigens nicht nur bei der heiligen Lotusblume, sondern auch beim profanen Kohl und der Kapuzinerkresse. „Kohleffekt" wäre aber kein so griffiger Name gewesen.

Was ist die Rote Flut?

Bei Dinoflagellaten handelt es sich um eine Algenart einzelliger Organismen, die Bestandteil des Phytoplanktons sind. Kommen sie in Massen vor, wird das Wasser aufgrund der großen Menge an gebildeten Karotinoiden rot bzw. orange gefärbt. Daher der Name Rote Flut oder Rote Tide. Bereits in der Bibel wurde darüber berichtet, wodurch auch wahrscheinlich der Name des Roten Meeres herrühren dürfte. Verursachen bestimmte Algenarten einen solch biblischen Massenauflauf, wird das Meer mit hochgiftigen Substanzen angereichert, die nicht nur das maritime Leben massiv bedrohen bzw. ausrotten können, sondern auch für den Menschen lebensbedrohlich sind. Die Symptome einer Vergiftung reichen von Durchfall über Übelkeit bis zu Bewegungsstörungen, Atemschwierigkeiten und führen schließlich teilweise bis zum Tod. Zu den besonders gefährlichen Arten zählen u.a. Ceratium spp., Gonyaulax spp., Noctiluca spp., Ostreopsis spp. sowie Pfiesteria spp. Am gefährlichsten sind Alexandrium catenella und Gonyaulax tamarensis. Innerhalb von 30 Minuten kann es durch diese Algen zum Atemstillstand kommen. Für die mittlerweile bereits weltweite Verbreitung der Roten Flut machen Experten den Transport im Ballastwasser von Schiffen sowie Meeresströmungen verantwortlich. Umweltschadstoffe im Wasser, die zusätzliche Nährstoffe liefern, begünstigen die massenhafte Vermehrung. Wieder einmal trägt also der Mensch die Schuld an seiner eigenen Gefährdung.

Gibt es Unterwasserobst?

Eine bereits in Urzeiten beliebte Speise ist die Frucht der Wassernuss (Trapa natans L.), einer einjährigen Wasserpflanze. Da sie schwach giftig ist, sollte man sie vor dem Verzehr erhitzen. Die Heimat der Wassernuss sind stehende Gewässer, wo sie in bis zu 60 cm Tiefe im Boden wurzelt. Die rosettenartigen, fächerförmigen Blätter werden über Schwimmkörper an den Stielen an der Wasseroberfläche gehalten. Die Blüten sind weiß und unscheinbar. Die essbare dunkelbraune Frucht enthält einen weißen Kern, der zu 20 Prozent aus Stärke besteht. Die Wasserpflanze ist im gesamten Mittelmeergebiet, in Mittel- und Osteuropa sowie in Mittel- und Südasien, auf Formosa, Japan und in Mittelafrika zu finden. In Deutschland ist sie vom Aussterben bedroht und steht unter Naturschutz.

Gibt es Unterwasser-Rosen?

Weltweit gibt es rund 50 Arten von Seerosen (Nymphaea), Seerosen zählen zu den bedecktsamigen Pflanzen, die mit Ausnahme der polaren Klimazonen weltweit vertreten sind. Ihnen allen ist gemeinsam, dass sich die Blätter und Blüten an der Wasseroberfläche befinden und nur die Früchte unter Wasser reifen. Eine Rose unter Wasser wird man beim Tauchen nicht zu sehen bekommen – es sei denn, Ihr Tauchpartner schenkt Ihnen unter Wasser eine.

Was ist die Wasserpest?

Die Wasserpest (Elodea) ist eine bis zu vier Meter hohe Wasserpflanze, die ursprünglich aus den gemäßigten Breiten Nordamerikas stammt, und seit 1836 auch in Europa beheimatet ist. Sie wächst in warmen und nährstoffreichen stehenden und langsam fließenden Gewässern. Sie erobert schnell die Unterwasserwelt und bildet wahre Unterwasserwälder. Sie behindert dadurch Schifffahrt und Fischfang und kann sogar Kraftwerke und Schleusen verstopfen. Problematisch für ihr Heimatgewässer ist auch das Absterben der Pflanzen im Herbst. Durch die Übermenge an Biomasse kann das Gewässer kippen. Aber die Wasserpest hat auch Fans: Aquarianer und Fischliebhaber machen sich die starke photosynthetische Aktivität zunutze. Durch die hohe Sauerstoff-Produktionsrate kann ein Aquarium aber auch ein ganzes Gewässer deutlich belebt werden. Da die Wasserpest zudem auch noch radioaktives Kobalt speichert, ist sie sogar geeignet, Gewässer zu entseuchen. Man sieht also: Wo viel Licht, da auch viel Schatten.

Wie ernähren sich Wasserpflanzen?

Viele Wasserpflanzen nutzen ebenso wie ihre Verwandten über Wasser die Fotosynthese. Doch beileibe nicht alle. So gibt es fleischfressende Pflanzen, wie etwa die Wasserfalle und den Wasserschlauch, die sich unter anderem von Wasserflöhen, Mückenlarven und anderen Kleintieren ernähren. Rund die Hälfte ihrer Nahrung besteht aber aus Algen. In vielen Gewässern vermehren sich aber durch die unnatürliche Anreicherung des Wassers mit Stoffen, die wie ein Dünger wirken – zum Beispiel Nitrate und Phosphate – die Algen und nehmen den Fischen und Pflanzen den notwendigen Sauerstoff weg. Zudem gelangt durch das übermäßige Algenwachstum zu wenig Licht in die Tiefe, wodurch den Pflanzen das wichtigste Element für ihre Ernährung abhanden kommt: das Sonnenlicht, das sie zur Fotosynthese benötigen. Die Wasserpflanzen verhungern also buchstäblich durch Überdüngung.

Wracks

Was ist die Alabama-Frage?

Die CSS Alabama war ein Kaperschiff der Konföderierten (Südstaaten) im Amerikanischen Sezessionskrieg, das am 18. Juli 1862 im englischen Birkenhead unter dem Namen Enrica vom Stapel lief. Als sie am 24. August desselben Jahres von der Reederei an die Navy der Südstaaten übergeben wurde, wurde sie auf (Confederate States Ship) CSS Alabama umgetauft und im Nordatlantik, Südatlantik, der Karibik und dem Indischen Ozean eingesetzt. Sie versenkte 55 Schiffe der Nordstaaten. Nachdem sie am 19. Juni 1864 vor dem Hafen des französischen Cherbourg durch die USS Kearsarge versenkt wurde, kam es zu einem jahrelangen Rechtsstreit zwischen den USA und Großbritannien, das als Erbauer eines Schiffes für eine kriegsführende Nation für dessen Schäden verantwortlich gemacht wurde. Ein Schiedsgericht verurteilte die Briten schließlich zu einer Zahlung von 15,5 Millionen Dollar. Dieser Prozess ging als die Alabama-Frage in die Geschichte ein.

Gibt es Unterwasser-Bergeunternehmen?

Am Grund der Ozeane warten Unsummen auf ihre Entdeckung, was natürlich auch einige Unterwasser-Bergeunternehmen auf den Plan ruft. Zu den bekanntesten zählt die US-amerikanische Odyssey Marine Exploration Gesellschaft, die u. a. die Wracks der „HMS Sussex“ (Wert: 4 Mrd. Euro) und der „SS Republic“ (Wert: 100 Mill. Euro) aufspürten und deren Schätze bargen. Ein weiterer Branchenriese ist das ebenfalls US-ameri-

kanische Unternehmen Sub Sea Research. Sie fanden u. a. das Wrack der „Notre Dame de Deliverance“, das Gold, Silber und Edelsteine im Wert von 3 Mrd. Euro an Bord hatte. Hochprofessionelle Bergeunternehmen treten kaum in der Öffentlichkeit auf, denn Diskretion ist das oberste Gebot für die Investoren. Das Geschäft läuft folgendermaßen ab: Ein Wrack wird potenziell lokalisiert und man begibt sich auf die Suche nach finanzkräftigen Unterstützern. Diese erwerben, ähnlich einer Aktie, Anteile am Projekt. Ist es erfolgreich, verdienen die Investoren ein Vermögen. Ist es ein Flop, verlieren die Anleger auch nicht wirklich etwas, da sie den Verlust von der Steuer abschreiben können.

Wie funktioniert eine Wrack-Bergung?

Nur bei wenigen Wracks zahlt sich eine Bergung aus. Für die Bergung sind Tiefe und Zustand des Bergeobjekts wichtige Entscheidungskriterien. Zwei grundsätzliche Techniken stehen zur Wahl: das Heben mechanisch von der Oberfläche aus oder Heben mithilfe des Auftriebs. Beim ersten Verfahren, das bevorzugt in flacheren Gewässern angewandt wird, können Taucher das Wrack für die Bergung vorbereiten und Trosse oder Ketten daran befestigen, an denen es angehoben wird. Solange das Schiff nahe der Wasseroberfläche ist, wird es an schwimmenden Plattformen befestigt an die Küste transportiert, und dort durch Kräne ganz an die Oberfläche befördert. Besonders große und instabile Objekte werden zerteilt und stückweise mit Winden an die Oberfläche gehievt. Im Falle des U-Bootes Kursk etwa wurde der mit Torpedos bestückte zerstörte Bug mittels eines diamantbesetzten Sägeblattes abgetrennt und nachträglich geborgen. Die zweite Technik ist aufwendiger. Dabei wird versucht, alle Öffnungen eines Schiffs zu versiegeln. Das Wrack wird mit Pressluft gefüllt und steigt auf. Beim Auftauchen muss regelmäßig Druck abgelassen werden, um ein „Zerplatzen“ und Auseinanderbrechen des Schiffs zu verhindern. Ein Unternehmen, das sich das Verfahren, Hohlräume mit Styroporkugeln zu füllen, in den 1980er Jahren schützen lassen wollte, blitzte beim Patentamt ab. Begründung: Diese Methode sei nicht neu. Bereits in den 1950er Jahren wurde vom berühmten Comicautor und -zeichner Karl Barks in einem Donald-Duck-Heft das Heben eines Schiffs mit Hilfe von Pingpongbällen beschrieben.

Wie sank die Bismarck?

Als das deutsche Schlachtschiff Bismarck vom Stapel lief, war sie das größte und kampfstärkste Schlachtschiff ihrer Tage. Auf ihrer ersten Fahrt versenkte sie gleich mal die englische HMS Hood vor Island, was ihr den Zorn der Briten bescherte. Nur acht Tage nach dem Beginn ihrer Jungfernfahrt wurde sie auf dem Weg nach Breszt zuerst von einem kleinen Flieger manövrierunfähig geschossen und danach von mehreren britischen Zerstörern gleichzeitig angegriffen. Kapitän Ernst Lindemann sah keine andere Möglichkeit, als die Selbstversenkung anzuordnen. Am 27. Mai 1941 sank das 251 Meter lange und 36 Meter breite Schiff auf 4750 Meter Tiefe und riss 1947 Matrosen mit in den Tod. Nur 118 Mann überlebten. Nach langjähriger Suche fand der Titanic-Entdecker Dr. Robert Ballard vom amerikanischen Woods Hole Oceanographic Institute am 8. Juni 1989 die letzte Ruhestätte. Die Bismarck war fast vollständig erhalten, was die anfangs umstrittene Theorie der Selbstversenkung bestätigte. Und wer es immer noch nicht glaubt, kann sich im Zuge einer Tauchfahrt zur Bismarck selbst ein Bild machen. Diese werden bereits ab rund 30 000 Dollar angeboten.

Was war der Große Sturm?

Der Große Sturm fand zwischen dem 24. November und 2. Dezember 1703 auf und vor den Britischen Inseln statt. Er fegte mit 193 km/h über Land und Meer und richtete immense Schäden an. Unzählige Schiffe, die zuvor den spanischen König Philipp V. im Spanischen Erbfolgekrieg gegen die Franzosen erfolgreich unterstützt hatten, wurden Opfer der durch den Sturm aufgepeitschten Riesenwellen. Ihre Masten knickten wie Streichhölzer und die stolze Flotte ging auf offener See unter oder wurde von den Wellen an die Felsküste der Inseln geworfen. So die HMS Resolution, die von Sporttauchern im April 2005 entdeckt wurde, die HMS Stirling Castle, die 1979 von Sporttauchern gefunden wurde und an der Archäologen seit dieser Zeit intensive Untersuchungen anstellen, sowie die HMS Northumberland und die HMS Restoration. Zusätzlich wurden noch um die 700 Schiffe auf der Themse Opfer des Hurrikans, darunter die HMS Vanguard. 8000 Seeleute kamen ums Leben. Alle Wracks wurden als wichtige Kulturdenkmäler der britischen Geschichte unter Denkmalschutz gestellt und dürfen nur mit Sondergenehmigung betaucht werden.

Wie viele Wracks liegen in den Großen Seen?

Die Großen Seen sind eine Gruppe Süßwasserseen in Nordamerika, die an der Grenze der USA zu Kanada liegen. Das berühmteste Ausflugsziel der Großen Seen sind sicher die Niagarafälle, die zwischen dem Lake Erie und dem Lake Ontario rund 150 Meter herabstürzen. Im Lake Huron liegt die Manitoulin-Insel, mit 2766 Quadratkilometer die größte Binneninsel der Erde. Der ebenfalls zum Verbund gehörige Lake Michigan liegt als einziger der Seen vollständig in den USA und der letzte der fünf Seen, der Lake Superior, ist zugleich der größte der Gruppe und nach dem Kaspischen Meer flächenmäßig der zweitgrößte See der Welt. Da die Großen Seen durch den Sankt-Lorenz-Strom mit dem Atlantik verbunden sind, sind sogar die Gezeiten hier spürbar. In der Vergangenheit wurde das der Schifffahrt häufig zum Verhängnis. Geschätzte 6 000 Wracks liegen auf dem Grund der Seen, einige davon aus dem amerikanischen Bürgerkrieg. Um diese Wracks zu bewahren, haben sowohl die USA als auch Kanada Gesetze zu deren Schutz erlassen.

Wie viele Kriegswracks gibt es im Pazifik?

Besonders der 2. Weltkrieg zeichnet für einen Großteil der Wracks im Pazifik verantwortlich. Mit der japanischen Kapitulation am 2. September 1945 wurde der größte Seekrieg der Welt im Pazifik beendet. Es war zugleich der einzige Krieg, in dem atomare, biologische und chemische Waffen zum Einsatz kamen. Aus diesem Krieg liegen noch rund 1 080 Wracks auf dem Grund des Pazifik und rotten langsam vor sich hin. Die meisten dieser Tanker, Zerstörer und Flugzeugträger liegen im relativ flachen Wasser und bilden künstliche Riffe bzw. warten auf den Besuch von Tauchern. Insgesamt wurden Schiffe mit mehr als drei Millionen Bruttoregistertonnen (BRT) versenkt. Allein die Wracks vor den Salomonen haben einen Raumgehalt von einer halben Million BRT. Rund zwei Drittel davon sind japanische, die meisten anderen amerikanische Kriegs- und Handelsschiffe. Allein vor Truk Lagon liegen mehr als 400 japanische Flugzeug- und rund 60 Schiffwracks in einer Tiefe bis zu 70 Metern, wobei die Aufbauten bis zu fünf Meter hoch reichen.

Was ist das größte künstliche Riff der Welt?

Weltweit gibt es laut Expertenmeinungen in den Ozeanen bis zu 3 Mio. Wracks. Viele wurden absichtlich versenkt. Das größte dieser künstlichen Riffe wurde am 17. Mai 2006 vor dem Luftwaffenstützpunkt Pensacola der US Navy in Florida in den USA versenkt. Es war der ehemalige Flugzeugträger „USS Oriskany", der einst im Vietnamkrieg gedient hatte und der heute mit seinen 277,7 Meter Länge und 59,5 Meter Breite genug Platz für entspannte Tauchgänge bietet. „The Mighty O" (also das mächtige O), wie das Schiff innerhalb der US Navy liebevoll bezeichnet wurde, liegt heute kerzengerade in Nord-Süd-Richtung in 64 Metern Wassertiefe auf Sandgrund. Beim Abtauchen eröffnen sich einem bereits bei 31 Meter die ersten Aufbauten. In 45 Meter Tiefe erreichen die Taucher das Flugdeck. Das Betauchen des Wracks ist nur tagsüber gestattet. Abends herrscht Tauch-, Schwimm- und Fischereiverbot.

Wann sank die Lusitania?

Der britische Passagierdampfer RMS Lusitania zählte mit seinem Schwesterschiff Mauretania bei seiner Jungfernfahrt am 7. September 1907 zu den schnellsten und größten Passagierschiffen seiner Zeit und galt ebenso wie die Titanic als unsinkbar. Er eroberte das Blaue Band für die schnellste Atlantiküberquerung und galt als Aushängeschild der britischen Schifffahrt. Im Ersten Weltkrieg wurde die Lusitania umgebaut und diente der britischen Admiralität als bewaffneter Hilfskreuzer. Am 1. Mai 1915 legte die RMS Lusitania von New York zu ihrer letzten Fahrt ab. Neben 1959 Passagieren – 1390 Männer, 440 Frauen und 129 Kinder – hatte sie rund 10,5 Tonnen Sprengstoff an Bord. Am Morgen des 7. Mai 1915 traf die Lusitania nach der erfolgreichen Atlantiküberquerung vor der Südküste Irlands ein, wo sie gegen Mittag von dem deutschen U-Boot U 20 entdeckt wurde. Ein Torpedotreffer mit 160 kg Hexanit auf der Steuerbordseite, das eindringende Wasser und die Explosion des Dampfkessels im Kesselraum 1 gaben dem einstmals stolzen Schiff den Rest. Es neigte sich steuerbordseitig und begann zu sinken. Im Chaos konnten die Rettungsboote nicht rechtzeitig zu Wasser gelassen werden und der Großteil der Passagiere musste im nur elf Grad kalten Wasser ums nackte Überleben kämpfen. Insgesamt starben bei dem nur 18 Minuten dauernden Todeskampf der RMS Lusitania 1198 Menschen. Ihr Untergang zählt zu den größten Schiffsunglücken aller Zeiten.

Wo liegt die Lusitania?

Die 239 Meter lange, 27 Meter breite und 31 550 Bruttoregistertonnen schwere RMS Lusitania liegt heute in rund 90 Meter Tiefe rund 11,5 Seemeilen vor dem Kap Old Head of Kinsale an der Südküste Irlands. Wer sich zu einem Tauchgang zum Wrack aufmacht, muss besonders gerüstet sein: Mischgastauchen ist angesagt bei bescheidenen Sichtverhältnissen um fünf Meter. 1967 erwarb der ehemalige US-Navy-Taucher John Light für 1 000 Pfund Sterling von der Versicherung British War Risks Insurance Association die Bergerechte. Mit verschiedenen Partnern tauchte er mit normaler Sporttauchausrüstung bis 1992 am Wrack und barg eine Vielzahl an Utensilien. 1968 erwarb der US-Multimillionär Gregg Bemis von einem Partner von Light ebenfalls Bergerechte am Wrack. Er überbot einen Mitbieter, der unbekannt bleiben wollte: den britischen Secret Service. Nach dem Tod von Light im Jahr 1992 einigte er sich außergerichtlich mit dessen Witwe über die Bergerechte, doch schon 1995 erklärte das irische Ministerium für Kunst und Kultur das Wrack zum Kulturdenkmal und verbot die Bergung von Gegenständen ohne Genehmigung des Ministeriums. Erst im Jahr 2007 bekam Bemis vom Obersten Gerichtshof in Irland Recht und das Ministerium musste ihm eine Bergelizenz ausstellen. Grund für das dubiose Hin und Her sind wertvolle Gemälde und weitere Kostbarkeiten, die angeblich auf der RMS Lusitania transportiert worden sein sollen. Beweise dafür gibt es allerdings bis heute nicht.

Welche Fracht hatte die Maldive Victory?

Die Maldive Victory, das bekannteste Wrack der Maldiven liegt vor der Flughafeninsel Hulhumalé. Sie lief am 13. Februar 1981 auf ein Riff und sank binnen weniger Stunden. Der 110 Meter lange Frachter liegt heute, nur 30 Meter von der Landebahn entfernt, in einer Tiefe von 35 Metern aufrecht auf Sandgrund. Zum Zeitpunkt des Untergangs war das Schiff auf dem Weg nach Male, die Frachträume waren vollgestopft mit den für die Malediven lebensnotwendigen Baumaterialien und Nahrungsmitteln sowie Souvenirs für die unzähligen Touristen. Vom Untergang besonders betroffen gewesen war vermutlich der Staats- und Regierungschef, Präsident Maumoon Abdul Gayoom. Die beiden (übrigens auch heute noch) an Bord befindlichen Autos waren für seinen persönlichen Fuhrpark bestimmt und sollten die ersten Autos auf den Malediven sein.

Ist Munition auf Wracks immer noch scharf?

Unbedingt die Finger davon lassen! Die in den diversen Patronen, Granaten, Minen und Bomben zum Einsatz gekommenen Sprengladungen und Treibladungen sind alle durchwegs schlecht wasserlöslich. Sie beinhalten einen so hohen Anteil an mitgebrachtem Sauerstoff, dass sie sogar nach Jahrzehnten unter Wasser noch hochgefährlich sind und explodieren können. Die dabei zum Einsatz kommenden Sprengstoffe waren in den meisten Fällen das weitverbreitete Schwarzpulver, das einen Anteil von rund 75 Prozent Kaliumnitrat aufweist, das mit dem ebenfalls enthaltenen Kohlendioxid und dem Wasser reagiert, oder aber Glycerintrinitrat, das sich ähnlich verhält. Und schon haben wir unsere Explosion.

Wie sank die Salem Express?

Die Salem Express, die am 30. November 1964 unter dem Namen „Fred Scamaroni" im französischen Seyne sur Mer vom Stapel lief, ist eines der größten Wracks im Roten Meer. Auf ihrer letzten Fahrt befand sie sich am 15. Dezember 1991 auf dem Weg von Jeddah in Saudiarabien nach Safaga in Ägypten. Nur sechs Seemeilen vor dem Zielort übersah der Kapitän Hassan Moro bei Nacht und unruhiger See ein Riff. Binnen 90 Minuten lief die Fähre voll Wasser, Panik brach aus, viele konnten nicht schwimmen und die Rettungsboote konnten aufgrund des Sturms nicht zu Wasser gelassen werden. Die Katastrophe überlebten nur 180 Menschen. Die Zahl der Toten wurde von offizieller Seite mit 510 angegeben, inoffizielle Stellen sprechen jedoch von bis zu 3000 verkauften Tickets auf der heillos überladenen Fähre. Das 115 Meter lange und 18 Meter breite Schiff liegt nunmehr zwischen 10 und 32 Meter tief. Nur wenige Tauchbasen der Gegend bieten Tauchfahrten zum Wrack an. Es gilt als Seegrab und viele Mitarbeiter der ortsansässigen Basen haben Mitglieder ihrer Familien beim Untergang verloren. Ob man trotzdem das Schiff betauchen möchte, bleibt jedem selbst überlassen – die ägyptische Regierung akzeptiert es stillschweigend.

Wo liegt die Queen Anne's Revenge des Piraten Blackbeard?

Die „Queen Anne's Revenge" war das Flaggschiff eines der berüchtigtsten Piraten der Welt. Der um das Jahr 1680 geborene Edward Teach, von dem hier die Rede ist, machte unter dem Namen Blackbeard im frühen 18. Jahrhundert die Gewässer der Karibik und der USA unsicher. Als ihm das Handelsschiff „Concorde" 1717 in die Hände fiel, rüstete er den knapp 30 Meter langen Dreimast-Segler zu einem der kampfstärksten Schiffe der damaligen Zeit um: Die „Queen Anne's Revenge" war geboren. Rund 40 Bordkanonen sollten bis ins Jahr 1718 viele Schiffe der Admiralität das Fürchten lehren. Bei der Rückfahrt von einem neuerlichen Beutezug in den Heimathafen Beaufort an der Küste von North Carolina, lief das Schiff jedoch kurz vor der Küste auf eine Sandbank auf. Aufgrund der Aufzeichnungen eines der beim Unglück an Bord befindlichen Matrosen konnte der amerikanische Schatzsucher

Phil Masters nach über neun Jahren Suche schließlich im November 1996 das Wrack entdecken. Ein Teil der gefundenen Gegenstände kann heute im Maritime Museum von Beaufort besichtigt werden, darunter auch das nautische Werkzeug sowie die Ballaststeine und Kanonenkugeln. Unter Leitung des wissenschaftlichen Leiters werden kleine Spezialkurse in Unterwasser-Archäologie angeboten. Dabei kann auch ein Tauchgang am Wrack selbst durchgeführt werden.

Wie wird man Schatzsucher?

Experten zufolge warten über 100 Milliarden Euro auf dem Meeresgrund darauf, von findigen Tauchern entdeckt zu werden. Abgesehen von der rechtlichen Frage, ob man denn nun einen Schatz bergen darf oder nicht, gibt es auch etliches zu bedenken, bevor man sich an das Auffinden großer oder kleiner Unterwasser-Reichtümer macht. In den Jahrbüchern der Versicherung Lloyd's in London finden sich nützliche Hinweise über den Verbleib mancher Fracht. Zusätzlich zur normalen Tauchausrüstung braucht man für die Suche im Meer einen guten Unterwasser-Metalldetektor mit einer Suchtiefe von ein bis zwei Metern, den man zu einem Preis ab rund 1 000 Euro erwerben kann. Sehr nützlich sind auch ein Sammelnetz und Hebeballons. Diese können auch eingesetzt werden, wenn man zuvor von seinem Boot aus mittels Sidescan-Sonars oder Fishfinder ein unbekanntes Wrack geortet hat.

Wem gehören Unterwasser-Schätze?

Angenommen, sie finden beim Tauchen etwas Wertvolles unter Wasser, dann dürfen Sie es noch lange nicht behalten. Laut Gesetz muss man in Deutschland gefundene Gegenstände grundsätzlich im Fundbüro abgeben. Erst wenn sich nach sechs Monaten der Eigentümer nicht gemeldet hat, darf man die Fundsache behalten. Sollte sich der Eigentümer melden, gebührt einem bei einem Wert von über 500 Euro immer noch ein Finderlohn zwischen 3 und 5 Prozent. Bei Gegenständen, die keinem Eigentümer mehr zugeordnet werden können, hat man Anspruch auf die Hälfte des Wertes der gefundenen Kostbarkeit, die andere Hälfte gebührt dem Gewässer-Eigner. Historische Stücke muss man bei der Denkmalschutzbehörde abliefern oder – je nach Landesgesetz – an den Staat verkaufen. Und im Ausland regeln die jeweiligen nationalen Gesetze die Rechtslage. Man sollte sich in jedem Fall bei der Botschaft informieren.

Wo liegt der größte Schiffsfriedhof der Welt?

Wenn Schiffe sterben, sterben sie langsam. Manche gehen mit großem Donnerknallen unter, andere liegen seit Jahren friedlich auf dem Meeresgrund. Die meisten Schiffe, deren Ende gekommen ist, machen sich auf den Weg nach Indien. Im dortigen Alang, eine ehemals verschlafene kleine Küstenstadt im indischen Bundesstaat Gujarat, liegt das Zentrum der weltweiten Schiffsverschrottungsindustrie. Von den rund 700 größeren Schiffen, die weltweit pro Jahr außer Dienst gestellt werden, landen 350 an diesem Ort. Seit Juni 1983 werden die Giganten der Meere hier von Asbest und anderen giftigen Stoffen befreit, um anschließend den wertvollen Rohstoff Eisen freizulegen. Das „rostige Gold“ hat seinen Preis. Für rund zwei US-Dollar pro Tag riskieren die ungelernten Arbeitskräfte hier ihr Leben und die einstmals saubere Küste strotzt vor Dreck.

Warum werden Schiffe vorsätzlich versenkt?

In Kriegszeiten trachtet der Mensch danach, möglichst viele Schiffe der feindlichen Flotte zu versenken. Zahlreiche Seelenverkäufer werden aber in friedlicher Absicht versenkt, um eine neue Attraktion für Fischer und Taucher zu schaffen. Die derart geschaffenen künstlichen Riffe locken unzählige neue Fischschwärme an, die binnen kürzester Zeit ein neues Korallenriff bilden. Warum diese Praktik keine Naturschützer auf den Plan ruft, liegt daran, dass strenge Auflagen im Vorfeld eingehalten werden müssen. Alle öligen Teile, die Tanks und die Maschinen, müssen entfernt, Asbestrückstände beseitigt und das Schiff entfettet werden, bevor nach Öffnen der Seewasserventile oder durch Sprengung das Schiff auf den Grund sinken darf. Dadurch tritt der seltene Fall ein, dass ausnahmsweise beide etwas davon haben – der Tourismus und das Meer.

Was sind Westentaschen-Schlachtschiffe?

Nach dem Ersten Weltkrieg wurde es Deutschland verboten, Kampfschiffe mit mehr als 10 000 britischen Tonnen Verdrängung zu bauen. Man beschloss, kleine, wendige, aber mit sechs 28 cm-Geschützen stark bewaffnete Kriegsschiffe zu konstruieren, die als Deutschland-Klasse bezeichnet wurden. Bei der Deutschland (später in Lützow umbenannt), der Admiral Scheer und der Admiral Graf Spee kamen erstmalig Dieselmotoren in Großkampfschiffen zur Anwendung. Um das Gewicht zu reduzieren, wurde die Schiffshülle aus Aluminium geschweißt. Die drei Schiffe dieser Klasse zählten zu den schnellsten und stärksten Kriegsschiffen ihrer Zeit. Aufgrund ihrer Wendigkeit und Gefährlichkeit bezeichneten die Briten diese innovativen Schiffe als Westentaschen-Schlachtschiffe.

Welches ist das älteste Wrack der Welt?

Wir wollen bewusst jahrhundertealte Einbäume, wie sie etwa in österreichischen Seen gelegentlich gefunden werden, nicht in die Wertung mit aufnehmen. Sie geben für einen Tauchgang nicht wirklich viel her. Interessanter sind da schon Wracks wie jenes der „Vizcaina“, das der Schatztaucher Warren White 2001 in der Bucht von Nombre de Dios in Panama gefunden hat. Es handelt sich dabei vermutlich um eines der Schiffe, die Christoph Columbus auf seiner vierten Reise in die neue Welt begleitet hatten. Aber auch dieses älteste, jemals in Nordamerika gefundene Wrack ist bedeutend jünger als das weltweit älteste. Dieses liegt nämlich vor der türkischen Küste nahe Tektas Burnu. Das dort seit 1999 von Fachleuten aus aller Welt untersuchte Frachtschiff stammt aus dem 5. Jahrhundert v. Chr. In dieser Zeit gab es regen Handelsverkehr zwischen Griechenland und der Türkei, wovon auch die in rund 40 Meter Tiefe gefundenen 60 relativ gut erhaltenen Amphoren zeugen. Ein ebenfalls am Wrack befindlicher Metallanker bewies zudem erstmals, dass bereits in dieser Zeit Anker aus Metall gefertigt wurden.

Darf man in Wracks hineintauchen?

Auf hoher See kann einem niemand etwas vorschreiben – auch nicht das Betauchen des Wrackinneren. Anders ist es im Hoheitsgebiet (drei bzw. zwölf Meilen vor der Küste), der zwölf Meter breiten Anschlusszone und in der daran anschließenden Ausschließlichen Wirtschafts-

zone (AWZ). In der AWZ darf nach internationalem Seerechtsabkommen der Staat dort befindliche Wracks ausbeuten bzw. unter Schutz stellen. Großbritannien hat seit 1986 mit dem „Protection of Military Remains Act" eigene Vorschriften für das Betauchen von Militärflugzeugen und Kriegsschiffen. Danach sind Flugzeuge automatisch geschützt, Schiffswracks, auch wenn nur deren Name und nicht die Lage bekannt ist, müssen individuell unter Schutz gestellt werden. Das Gesetz erstreckt sich auf alle britischen Kriegsschiffe und Flugzeuge (auch in internationalen Gewässern) sowie Kriegsschiffe jeder Nationalität in britischen Hoheitsgewässern und wurde 2007 in abgeschwächter Form auf zivile Schiffe ausgedehnt. Diese dürfen zwar betaucht, nicht aber in sie hineingetaucht werden. Wie sagte schon Obelix: Die spinnen, die Briten!

Wie sank die Zenobia?

Vor der Küste von Agia Napa im Südosten Zyperns liegt ein wahrer Leckerbissen für Wracktaucher: Die Autofähre Zenobia, die von 41 Meter bis auf 18 Meter Wassertiefe emporragt und deren Laderäume immer noch mit Lkws gefüllt sind. Kaum war sie im Jahr 1979 vom Stapel gelaufen, sank sie schon auf der Jungfernfahrt nach Zypern direkt vor der Hafeneinfahrt. Das Computersystem, das die Verteilung des Wasserballasts in den Regeltanks regeln sollte, hatte eine Fehlfunktion. Die Tanks wurden ungleichmäßig geflutet, die Zenobia legte sich auf die Backbordseite und sank. So liegt sie bis heute. Auf dass der nächste Taucher sie besuchen möge.

Rekorde und Fakten

Gibt es Unterwasser-Briefkästen?

Wer seinen Liebsten aus dem Urlaub gerne eine Postkarte schreibt, kann dies auch aus den Tiefen des Meeres tun. Seit 1999 gibt es in der Susami Bay in Japan in zehn Meter Wassertiefe den ersten Unterwasser-Briefkasten der Welt. Täglich wird er von tauchenden Postboten geleert. Die Idee zu dieser Touristenattraktion hatte der Deutsche Heinz Piorkowski. Allein im ersten Jahr wurden laut dem Guinness Buch der Rekorde 4273 feuchte Grüße versandt. Im Inselparadies Vanuatu im Südpazifik ging man noch weiter. In drei Meter Wassertiefe steht bei Hideaway Island ein ganzes Postamt inklusive Postbeamten. Täglich eine Stunde lang kann man hier seine Post aufgeben. Die Nachricht an die Liebsten zu Hause wird in beiden Fällen auf wasserfesten Plastikpostkarten verfasst.

Woher kommen die Stufen beim Dekompressionsstopp?

Überschreitet man während eines Tauchgangs die Nullzeit, muss vor dem Auftauchen ein Dekompressionsstopp durchgeführt werden. Je nach Dauer der Dekompression kann dieser in mehreren Stufen erfolgen, wobei meistens auf neun Meter, danach auf sechs Meter und abschließend auf drei Meter eine gewisse Zeit verbracht werden muss. Diese Tiefenangaben stammen aus den ersten Austauchtabellen, die von der US Navy entwickelt wurden. Dort setzte man die Stopps auf 30 Fuß, 20 Fuß und 10 Fuß fest, was umgerechnet eben unseren metrischen Angaben entspricht. Kleiner Tipp: Setzen Sie den Drei-Meter-Stopp ruhig auf fünf Meter an. Sie werden die Wellenbewegung nicht so stark bemerken und haben einen kleines Sicherheitspolster, damit Sie nicht irrtümlich auftauchen.

Wie lange gibt es noch Fische im Meer?

Im Jahr 2048 soll es laut Untersuchungen von Forschern der Dalie-house University im kanadischen Halifax keine nennenswerten Bestände an Speisefischen und Meeresfrüchten mehr in den Weltmeeren geben. Für dieses biologische Ablaufdatum der Ozeane analysierten die Forscher um Studienleiter Boris Worm die Daten von 48 Studien und 32 Experimenten und werteten alle verfügbaren Fischfang-Daten der UNO seit 1950 und alte Fischereiakten, Archive und archäologische Funde der vergangenen 1 000 Jahre aus. Die Ergebnisse der Studien waren schlimmer als alles, das sie sich erwartet hatten. Der Weltklimarat der UNO (IPCC) gibt an, dass derzeit 78 Prozent der Fischbestände vor den Küsten der Industrieländer bereits abgefischt und 90 Prozent aller großen Raubfische aus den Weltmeeren verschwunden sind. Sollte die Menschheit also die Ozeane weiterhin so rücksichtslos ausbeuten, können nicht nur wir Taucher uns ein neues Hobby suchen, sondern die Weltmeere werden so massiv geschädigt, dass auch der Mensch dran glauben muss – immerhin stammen zwei Drittel des weltweiten Sauerstoffs aus dem Meer.

Wie weit tauchen Freitaucher?

Beim Apnoe, auch Freitauchen genannt, gibt es drei Arten, sich zu messen und Rekorde aufzustellen: Zeit, Länge und Tiefe. Bei den Disziplinen, die auf Länge gehen, wird unterschieden, ob der Sportler mit oder ohne Flossen taucht. In der Disziplin „Dynamic without Fins" (Streckentauchen ohne Flossen) wird der Rekord der männlichen Freitaucher mit 186 zurückgelegten Metern seit dem 7. Juli 2007 vom Dänen Stig Aavall Severinsen, bei den Frauen seit demselben Tag mit 149 Metern von der Russin Natalia Molochanova gehalten. Sie schaffte es zwei Tage davor bereits, auch in der zweiten Disziplin, „Dynamic with Fins" (Streckentauchen mit Flossen), mit 205 Metern den bis dahin gültigen Weltrekord zu brechen. Bei den männlichen Athleten hält seit dem 23. September 2007 der Neuseeländer Dave Mullins mit 244 Meter den Weltrekord in dieser Disziplin. Da alle diese Rekorde im selben Jahr aufgestellt wurden, kann man sich leicht ausrechnen, wie lange es dauern wird, bis ein Freitaucher die 250 Metern Marke erreichen wird.

Wer war der erste Gerätetaucher?

Ehrenhalber muss man die beiden Franzosen Benoit Rouquayrol und Auguste Denayrouze als die ersten Scubadiver, also Taucher mit einem autonomen Tauchgerät ohne Oberflächenversorgung, bezeichnen. Sie entwickelten das erste autonome, regulierte Tauchgerät im Jahr 1865. Die damaligen Zylinder konnten jedoch den erforderlichen Druck nicht aufrechterhalten und darüber hinaus fehlte ein zuverlässiger Atemregler. Somit muss hier auch das autonome Kreislauftauchgerät des Briten Henry Albert Fleuss aus dem Jahr 1879 Erwähnung finden. Sein System, das sich von den heutigen Kreislauftauchgeräten kaum unterscheidet und für einen bis zu dreistündigen Aufenthalt unter Wasser reichte, ermöglichte erstmals eine wirklich unabhängige Bewegung unter Wasser. Bei seinem ersten Test verbrachte er eine Stunde in einem Pool, bei seinem zweiten Versuch wagte er sich bereits auf 5,5 Meter Wassertiefe im Freiwasser. Dabei wurde er auch leicht verletzt, da sein Assistent Angst um ihn hatte und ihn zu schnell an die Oberfläche zog. Doch alles funktionierte perfekt. Was für uns Taucher heute eine Selbstverständlichkeit ist, war 1879 eine Sensation. Fleuss gilt somit zu Recht als der erste wirkliche Gerätetaucher der Welt.

Welches war der längste Höhlentauchgang?

Hier muss man zwei Rekorde trennen – jenen mit Tauchgerät, und jenen ohne. Der Direktor des Woodville Karst Plain Project (WKPP), Casey McKinlay, hält zusammen mit Jarrod Jablonski den Weltrekord für die größte während eines Tauchgangs in einer Höhle zurückgelegte Strecke. Gemeinsam tauchten sie 6705 Meter (22 000 Fuß) in die Höhle hinein – und anschließend dieselbe Strecke auch wieder zurück! Doch auch ohne Tauchgerät kann eine Höhle Platz für einen Weltrekord bieten. Der österreichische Freitaucher Christian Redl tauchte mit Flossen am 17.9.2006 für einen Eintrag ins Guinness Buch der Rekorde durch eine 101 Meter lange Höhle in Mexiko. Inklusive Ab- und Aufstieg (der Höhleneingang befand sich weit unterhalb der Wasseroberfläche) bewältigte er eine Wegstrecke von insgesamt rund 120 Metern. Bedenkt man den psychischen Druck der beengten Höhle (ohne zwischenzeitige Aufstiegsmöglichkeit) und die physische Anstrengung des Abtauchens zum Höhleneingang, ist diese Leistung mehr als beachtlich.

Welches war das tiefste Konzert der Welt?

Wer sagt denn, dass Tauchen immer nur bierernst sein muss und man nicht auch Spaß haben kann? So am 2. Oktober 2006 in einer Tiefe von 369 Meter am Meeresgrund, als die britische Popsängerin Katie Melua gemeinsam mit ihrer fünfköpfigen Band zu einem Rockkonzert antrat. Da bekommt der Begriff Tiefenrausch gleich eine ganz andere Dimension. Anlass des Auftritts war eine Feier anlässlich des zehnjährigen Bestehens der weltgrößten Bohrplattform der Gasbohrfirma Statoil vor der Küste Norwegens. Ein 40-köpfiges Publikum, das aus Pressevertretern, Technikern und Bohrarbeitern bestand, wurde Augen- und Ohrenzeuge dieses halbstündigen Ereignisses, bei dem die Sängerin zwei Songs zum Besten gab. Das Konzert brachte einen Eintrag ins Guinness Buch der Rekorde. Craig Glenday, der Chefredakteur, war selbst vor Ort und überwachte das Konzert akribisch genau.

Gibt es Live-Übertragungen aus der Tiefsee?

Es gibt sie tatsächlich. Das Guinness Buch der Rekorde verzeichnet die tiefste jemals stattgefundene Live-Übertragung am 24. Juli 2001 vom Wrack der HMS Hood aus 2 800 Meter Tiefe. Die Übertragung des ferngesteuerten Kameraschlittens wurde im Internet ausgestrahlt. Die tiefste Fernsehübertragung geschah am 29. September 2002 aus 2 400 Meter am Mittelatlantischen Rücken vor der Ostküste der USA. Der britische Moderator und Naturfilmer Alistair Fothergill berichtete live aus dem Tieftauchboot MIR für die BBC-Sendung „Abyss Live“. Ohne Bilder, aber fast ebenso tief, kam eine Radiosendung von CBC Radio Points North aus Kanada aus. Die Moderatoren berichteten aus einer überfluteten Mine in einer Tiefe von 2 340 Meter. Der Begriff „rasender Reporter“ bekommt hier eine ganz neue Bedeutung.

Wie viel Schätze liegen in den Weltmeeren?

Der erste je verzeichnete Schiffsuntergang berichtet vom Untergang eines Frachtschiffs um 2000 v. Chr. in Ägypten. Das Schiff hatte eine Ladung Kupfer an Bord. Seit damals sind rund 3 Millionen Schiffe in den Weltmeeren (und Seen) untergegangen, um die 300 000 davon transportierten wertvolle Fracht und riesige Vermögenswerte. Geschätzte 100 Milliarden Euro sollen weltweit auf dem Grund der Meere liegen und auf ihre Entdeckung warten. Zu den größten je geborgenen Funden zählt die HMS Sussex, die 1694 vor der Küste Gibraltars gesunken ist. Gold und Silber an Bord sollen rund vier Mrd. Euro einbringen. Platz zwei der größten je gefundenen Schätze belegt die Notre Dame de Deliverance, die seit 1755 zwischen Havanna und Key West liegt. Gold, Silber und die Edelsteine im Wrack waren drei Mrd. Euro wert. Platz drei dürfte die Flor de la Mar einnehmen, die 1512 zwischen Indonesien und Malaysia sank. Unzählige Diamanten, Rubine, Gold und mit Edelsteinen besetzte Statuen werden auf 1 bis 7 Mrd. Euro geschätzt.

Welches war der größte je von einem Sporttaucher entdeckte Schatz?

Bestes Beispiel für einen erfolgreichen Schatztaucher ist Sporttaucher Tilman Walterfang, der in nur 17 Meter Wassertiefe in der Karimata-Straße zwischen Sumatra, Borneo und Java einen der bedeutendsten Schatzfunde der Welt machte. Das von ihm entdeckte chinesische Schiff aus dem 15. Jahrhundert gilt nicht nur als das älteste je gefundene Schatzschiff. Die an Bord befindlichen wertvollen Keramiken aus der Tang-Dynastie sind zugleich auch die historisch bedeutendsten, die man je entdeckt hat. Also halten Sie in Ihrem nächsten Tauchurlaub ruhig mal genauer die Augen offen!

Wie schnell ist ein Taucher?

Berechnet man die Geschwindigkeit bei einem normalen Tauchgang auf einer Strecke von 150 Metern während einer Stunde, sind Gerätetaucher im Durchschnitt mit rasanten 0,15 km/h unterwegs. Geschwindigkeitsrekorde kann man so keine brechen, sehr wohl aber die Unterwasserwelt genießen. Weitaus schneller lieben es da die Freitaucher, die danach trachten, mit ihrer eigenen Luft eine möglichst große Strecke zurückzulegen. Hier führt die Statistik der neuseeländische Freitaucher Dave Mullins anlässlich seines 2007 durchgeführten Streckentauchrekords an. Für die 244 Meter unter Wasser benötigte er 4 Minuten und 2 Sekunden, was einer Geschwindigkeit von 3,65 km/h aus eigener Kraft entspricht.

Was ist die längste zurückgelegte Schwimmstrecke?

Nehmen wir einmal an, Sie werden nach einem Ihrer nächsten Tauchgänge vom Tauchboot auf dem offenen Meer vergessen und müssen das weit entfernte Ufer schwimmend erreichen. Eine Anleitung, wie das zu schaffen ist, kann man sich beim slowenischen Ausnahmeschwimmer Martin Strel holen. Seit Juli 2001 hält er mit einer Schwimmstrecke von 504 Kilometer, die er in 84 Stunden und 10 Minuten auf der Donau ohne Pause zurückgelegt hat, den Weltrekord im Non-Stop-Schwimmen. Neben etlichen anderen Weltrekorden schwamm er überdies – mit kurzen Pausen – in 66 Tagen von Peru bis zum Ziel in Belém, Brasilien, 5268 Kilometer im von Piranhas und Krokodilen wimmelnden Amazonas. Ein paar Haie können Sie doch wohl nicht davon abhalten, vom Tauchplatz auch ohne Tauchboot zum heimatlichen Strand zu finden.

Was ist der größte unterirdische See?

Die Antarktis birgt viele Geheimnisse, die erst nach und nach entdeckt werden. So beherbergt sie unter einer 4000 Meter dicken Eisdecke auch den seit über 500000 Jahren vom Rest der Welt abgeschotteten Wostok-See, ein flüssiges Relikt also. Der Süßwassersee ist 250 Kilometer lang, rund 50 km breit und soll eine maximale Wassertiefe von 1000 Metern haben. Da man während Probebohrungen im Eis oberhalb des Sees auch Mikroben entdeckte, gehen die Wissenschaftler davon aus, dass es Leben im See geben soll.

Wie beliebt ist Speerfischen?

Die Speerfischerei ist eine der der ältesten Tauchsportarten überhaupt. Seit der Gründung des weltweit ersten Speerfischereiclubs „The Bottom Scratchers“ im Jahr 1933 in Kalifornien erlebt die Unterwasserjagd weltweit einen wahren Boom. Eine Grundregel unter Speerfischern besagt, dass der Kampf Mensch gegen Fisch ausschließlich ohne Tauchgerät stattfinden darf. Viele Länder verlangen eine Registrierung der Speerfischer und haben eine gebührenpflichtige Bewilligung eingeführt. In Italien, wo dieser Sport sehr beliebt ist, haben sich bereits 3,5 Mill. Unterwasserjäger offiziell registrieren lassen. Im Nachbarland Kroatien, das hauptsächlich von den italienischen Speerfischern besucht wird, werden rund 45 Euro für eine einwöchige Bewilligung verlangt. Der weltweit größte je durch Speerfischerei gefangene Fisch ist übrigens ein 364,7 Kilogramm schwerer Zackenbarsch, den der Harpunetti Don Pinder am 10. Mai 1949 in den USA erlegte. Wie lange er daran gegessen hat, ist leider nicht überliefert.

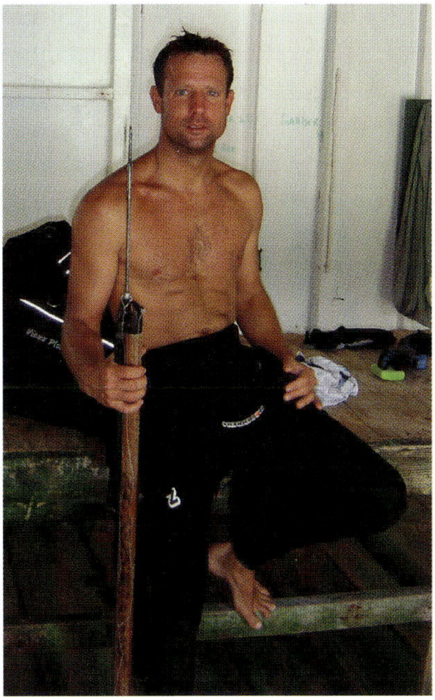

Kann man unter Wasser tanzen?

Der Tanzsport erlebt in den vergangenen Jahren einen wahren Boom. Nicht nur Fernsehsender folgen diesem Trend, sondern auch Taucher verlegen die Tanzstunde ins nasse Element. Neben einigen anderen Austragungsorten kann man eine Unterwasser-Tanzstunde auch gelegentlich im größten Indoor-Tauchzentrum Deutschlands absolvieren, dem Diver's in Aufkirchen bei München. Die dortige Unterwasser-Beschallungsanlage macht es möglich. Der größte jemals stattgefundene Tanzkurs im nassen Element fand übrigens am 27. Oktober 2006 im Olympic Park Aquatic Centre in Sydney, Australien, statt. Insgesamt 74 Teilnehmer wurden 13 Minuten und 30 Sekunden lang in der Kunst des richtigen Tanzschritts unterrichtet.

Seit wann tauchen Menschen?

Die ersten Taucher waren Menschen, die sich durch Luftanhalten lange genug unter Wasser bewegen konnten, um für den Tauschhandel notwendige Muscheln oder Schwämme zu sammeln oder Fische zu jagen.

Die ältesten überlieferten Geschichten zu solchen Völkern berichten über die Haen-Yo in Korea und die weiblichen Taucher der Ama in Japan, die übrigens auch heute noch auf diese Weise ihren Lebensunterhalt verdienen. Im Mittelmeer des antiken Griechenlands wurde das Tauchen vor allem zu Kriegszwecken eingesetzt. Der Historiker Herodot berichtete um 500 v. Chr. von Scyllis, der von Bord eines persischen Schiffes floh und untertauchte. Um atmen zu können, nutzte er ein hohles Schilfrohr als Schnorchel. Kurze Zeit später durchtrennte er die Ankerseile der Flotte des Persischen Königs Xerxes I. und schwamm 15 Kilometer zur Küste. Die Technik, durch ein hohles Rohr in bis zu einem halben Meter Tiefe zu atmen, diente auch in den folgenden Jahrhunderten als weitverbreitete Methode zu tauchen. Es sollte noch bis ins 16. Jahrhundert dauern, bis die ersten Taucherglocken und Tauchanzüge aus Leder entworfen wurden, die weitaus tiefere Tauchgänge gestatteten. Der weitere Verlauf der Entwicklung moderner Tauchgeräte schritt dann zügig voran, bis 1942 der Franzose George Commeinhes das Patent für einen bedarfsgesteuerten Atemregler anmeldete. Seine Landsleute Jacques-Yves Cousteau und Emile Gagnan entwickelten unabhängig davon ebenfalls einen Atemregler, den sie 1943 unter dem Namen Aqualunge CG45 zum Patent anmeldeten.

Wie beliebt ist Tauchen weltweit?

Nun ganz so einfach lässt sich diese Frage nicht beantworten. Zu diesem Thema gibt es unterschiedliche Untersuchungen. Die beliebteste Sportart in Deutschland ist Fußball, vor Leichtathletik und Schwimmen. Schwimmen rangiert übrigens bei den meisten Untersuchungen in den verschiedenen Ländern auf Platz 1 oder 2. Auf den Balearischen Inseln gehört Tauchen zu den fünf beliebtesten Sportarten. Ähnlich ist es in anderen Ländern in wärmeren Gefilden. Macht ja auch Sinn: Es ist warm, das Meer liegt vor der Tür – also ab ins kühle Nass auf einen Tauchgang. Auch in Japan ist der Tauchsport eine der drei beliebtesten Sportarten im Urlaub. Selbst von den deutschen Urlaubern, die aus sportlichen Beweggründen nach Österreich reisen, kommen beinahe 20 Prozent wegen dem Wassersport. Über ein Drittel aller Alleinstehenden sucht übrigens nach einem Sportler als Partner. Sie gelten als attraktiv und ausgeglichen. Vielleicht sollten Sie also doch Ihre sportlichen Ambitionen wieder etwas mehr aus dem Fernsehsessel in die Tiefen der Seen und Meere verlegen.

Welcher Taucher hat die meisten Tauchgänge?

Selbstverständlich ist es angesichts der Millionen Taucher weltweit nicht einfach, denjenigen mit den meisten Tauchgängen herauszufinden. Dennoch gibt es eine Organisation, die dies versucht und eigene Ehrungen dafür verleiht. Die Platinum Pro 5000 Diver Card von Scuba Schools International (SSI) wurde 1992 (ursprünglich noch als SSI Century Diver Card) erstmals eingeführt und wird an Personen verliehen, die entweder mindestens 5000 Tauchgänge absolviert haben, oder bei mindestens 2500 Tauchgängen auch noch einen essenziellen Beitrag für den Tauchsport geleistet haben. Einer der Glücklichen ist der in der Tauchbranche nicht unbekannte Tauchbasenbetreiber Werner Lau. Der Allgäuer Barakuda-Tauchlehrer kann über 20000 Tauchgänge in seinem Kopf Revue passieren lassen. Wenn man bedenkt, dass der gelernte Weinhändler erst 1980 mit dem Tauchsport in Berührung kam, bedeutet das, dass er im Durchschnitt rund 740 Tauchgänge pro Jahr durchführt!

Wie viele Tauchseiten gibt es im Internet?

Seit der Einführung des weltweiten Internets (World Wide Web) im Jahr 1993 hat sich einiges getan. Mit Stand Ende 2007 gibt es laut der Internetsuchmaschine Google bereits über 8 Milliarden Webseiten, die gelesen werden wollen. Bei ebenfalls dieser Suchmaschine finden sich über 218 Millionen Webseiten, die sich in den verschiedenen Sprachen mit dem Tauchsport beschäftigen. Sollten Sie in diesem Buch übrigens einen Irrtum entdeckt haben oder eine Verbesserung anregen wollen, besuchen Sie doch unsere Webseite: dasBuch.nullzeit.at – wir freuen uns über Ihren Eintrag!

Nachwort Gerhard Wegner

Noch mehr Fragen

Als ich 1973 damit begann, war Tauchen ein Sport mit sehr vielen offenen Fragen. Man brauchte viel Kondition und ebensolches Gottvertrauen, um sich ohne die heute so selbstverständliche Technik ins Wasser zu wagen. Tarierwesten kannte man noch nicht und wenn die Luft knapp wurde, zog man einfach am Reservehebel. Die Zeit der Tauchcomputer lag in weiter Zukunft und die alte Daumenregel ersetzte die vergessene Tabelle.
Doch heute sind die meisten Fragen beantwortet – dachte ich zumindest, bis ich das erste Buch von Leo Ochsenbauer in die Hände bekam. Die 333 Fragen zu „Nullzeit, Sex und Tiefenrausch" warfen mich um. Einerseits weil ich mich köstlich amüsierte, und parallel weil ich gleichzeitig doch immer wieder etwas Neues erfahren konnte.
Obwohl ich heute mit über 2000 Tauchgängen doch schon als eher erfahrener Taucher gelte und nach den ersten 333 Fragen tüchtig dazugelernt habe, hat dieser Leo Ochsenbauer doch noch einen drauf gesetzt und seinen Bestseller mit einer Fortsetzung übertroffen.

Nochmals 333 Fragen in einem neuen Buch – der traut sich was, der Leo, dachte ich mir. So viele neue Fragen kann es doch eigentlich gar nicht mehr geben? Doch er hat mich eines Besseren gelehrt und mit dem nun vorliegenden Nachfolgeband „Noch mehr Sex und Tiefenrausch" aufs Neue begeistert. Reinlesen ist Pflicht und das Buch dann dem Tauch-Buddy oder sich selbst schenken nur wärmstens zu empfehlen. Schon alleine wegen dem Spaß. Und den garantiere ich dem Leser von „Noch mehr Sex und Tiefenrausch"!

Apropos: Wer ist nur auf diesen Titel gekommen? Nun, vielleicht ist das schon die erste Frage des dritten Bandes – wer weiß. Dem Leo traue ich alles zu.

Gerhard Wegner
Präsident Sharkproject e.V.

Nachwort Dirk Steffens

Bei Journalisten ist der Zwang zur fragefreien Beantwortung von allem Möglichen eine Art Berufskrankheit. Insofern ist „Noch mehr Sex und Tiefenrausch" ein Füllhorn für Besserwisser wie mich. Danke dafür den Autoren! Und bei allem Spaß: Viele der 333 Antworten sind weder skurril noch absurd, sondern beziehen sich auf handfeste Taucherfragen und geben aktuelles Wissen wieder. Obacht also: Es gibt hier was zu lernen! Wie alle Besessenen, egal, ob sie sich nun als Briefmarkensammler, Saunisten oder Flaschenschiffbauer betätigen, streben auch wir Taucher einerseits nach Austausch mit Gleichgesinnten und andererseits nach Abgrenzung gegen die äußere Welt. Damit meine ich all die nichttauchenden Ignoranten, die weder Taucher-Kauderwelsch sprechen noch die zarte Schönheit der Frage erkennen, ob man sich durch seinen Atemregler gefahrlos erbrechen kann. Kann dieses Buch solch armen Geschöpfen helfen? Vielleicht! Haben sie es verdient? Sicher nicht!

Wir Erleuchteten jedenfalls lieben die Welt unter Wasser. Die Schwerelosigkeit, die wundervollen Tiere, die Stille. Deshalb saugen wir jedes Wissensdetail so gierig auf, wie den letzten Atemzug aus unserer Stage-Flasche. Egal, ob dieses Wissen nun von existentieller Bedeutung oder fröhlicher Nebensächlichkeit ist. Also, Taucher aller Länder: Lest dieses Buch! Die beiden Autoren geben uns Süchtigen die Droge, die wir brauchen, und sind dabei witzig und informativ – und so sollen gute Sachbücher meiner Meinung nach auch sein.

Glücklicherweise wissen aber selbst die schlauen Autoren nicht alles, und deshalb müssen sie auch mein Buch („Tierisch! Expeditionen an den Rand der Schöpfung") lesen. Da verrate ich zum Beispiel, warum ein Pimmelfisch immer nur da angreift, wo es weht tut! Vielleicht schaffe ich es mit dieser Information ja sogar in ihr nächstes Werk. Denn eines ist klar: dieses Werk muss fortgesetzt werden, es gibt 999 spannende Taucherfragen – mindestens!

Dirk Steffens
Tierfilmer und TV-Moderator

Register

Danksagung

Wir möchten uns, neben vielen anderen, speziell bei diesen Informationsquellen und Helfern bedanken, ohne die eine Vielzahl der Informationen in diesem Buch nicht zustande gekommen wäre:

Helfer bei der Umsetzung

Gerhard Wegner (Sharkproject),
Dirk Steffens (VOX Tierzeit),
Mag. Klaus-M. Schremser (Nullzeit.at),
Christine Gstöttner (Sharkproject),
Arnold Gerstl (UMEX),
Christian Redl (IANTD Freediving Instructor),
Walter Moraru (Stingray Divers),
Dr. Jörg Christoph Michael Klingmann (Heidelberger Tauchersprechstunde),
Armin Leeb (Nautilus Berufstauchschule),
Michael Waldbrenner
Barbara Koller (Projektleitung Medmedia Verlag)
Astrid Minich (Verlag Schendl)
Beatrice Gierer

Informationsquellen

AIDA International, Austria Presse Agentur APA, Census of Marine Life, CMAS, DAN – Divers Alert Network, Deutsche Marine, DIR Germany, Divetables.de, EnviroDive, Food and Agriculture Organization of the United Nations – FAO, Forbes Magazine, Geo Magazin Online, Gesellschaft für Tauch- und Überdruckmedizin e.V., Greenpeace, IANTD, IDSA, mare, dreiviertel verlag Gmbh & Co KG, NACD, Nautilus Tauchcenter Weyregg, Newsgroup de.rec.sport.tauchen, Nullzeit.at, Onmeda – medicine worldwide, Ozeane.de, PADI, Pm Magazin, Pruefraum-online.de, Holger Langer, Sharkinfo.ch, Sharkproject e.V., SSI, Taucher.net, Tauchersprechstunde.de, TSVÖ, Underwatersex.com, United Nations – UNO, Universität Bielefeld, Universität München, US Navy, VDST, Wikipedia – Die freie Enzyklopädie, Wissenschaft.de, World Health Organisation – WHO, WWF
„Der neue EHM, Tauchen noch sicherer", von Oskar F. Ehm, Max Hahn, Uwe Hoffmann, Verlag Müller Rüschlikon, 2007, ISBN: 978-3275016105
„Guinness Buch der Rekorde 2008", Bibliographisches Institut, Mannheim, 2007, ISBN: 978-3411140787
„Enzyklopädie des Sporttauchens", PADI EU Services AG, Produkt Nummer 70034G
„Tauchausbildung zum CMAS" von Thomas Kromp, Hans J. Roggenbach und Peter Bredebusch, Delius Klasing Verlag, 2006, ISBN: 978-3768817998
„Scuba Diving" von Dennis K. Graver, Human Kinetics Europe Ltd, 1993, ISBN: 978-0873224314
„Moderne Tauchmedizin" von Christoph Klingmann und Kay Tetzlaff, Alfons W. Gentner Verlag, 2007, ISBN: 978-3872476456
„Tauchsport-Lexikon" von Ulf König und Ingrid Fuckner, Delius Klasing Verlag, 2005, ISBN: 978-3768817011
„Traité de la construction théorique et pratique du scaphandre ou du bateau de l'homme", M. de la Chapelle, Paris, 1775
„Tauchertechnik", Stelzner, Lübeck, 1943
„Handbuch für Unterwasser Schatzsucher", Reinhold Ostler, Pietsch Verlag, 1995, ISBN: 978-3613502390

Fotonachweis

Mit 93 Fotos von Marcus Hantschel (Seite 4, 5, 29, 71, 119, 135, 171, 213), Hannes Fischer (Seite 25, 154), Walter Moraru (Seite 141), Christine Gstöttner, Sharkproject e.V. (Seite 114, 156, 158, 160), Martin Helmers (Seite 209), Gerhard Wegner, Sharkproject e.V. (Seite 216), Dirk Steffens (Seite 217), Buckingham Palace Camera Press (Seite 39), Statoil (Seite 62), Paul Allen Foundation (Seite 122), US Navy Newsstand (Seite 3, 16, 21, 26, 33, 46, 52, 73, 92, 123, 145, 146, 149, 192, 200), alle übrigen Fotos von Leo Ochsenbauer.
Die Grafik auf S. 96 stammt von Sonja Kadlec (Verlagsedition nullzeit.at), das Gemälde auf S. 192 von Edouard Manet (Philadelphia Museum of Art), die Briefmarke auf S. 206 von der Staatlichen Post von Vanuatu.

Impressum

Umschlaggestaltung von Stefan Schmid Design
unter Verwendung eines Fotos der Autoren.

Mit 92 farbigen oder schwarzweißen Fotos

Gedruckt auf chlorfrei gebleichtem Papier

ISBN 978-3-440-11443-8
Projektleitung und Redaktion: Monika Weymann
Satz und Gestaltung: DOPPELPUNKT Auch & Grätzbach GbR, Stuttgart
Produktion: Eva Schmidt
Printed in the Czech Republic / Imprimé en République Tchèque